WO WAR DIE GEMEINDE IN DEN LETZTEN 2000 JAHREN?

WO WAR DIE GEMEINDE IN DEN LETZTEN 2000 JAHREN?
Kirchengeschichte für Anfänger

David Pawson

Anchor

Copyright © 2025 David Pawson Ministry CIO

David Pawson ist gemäß dem Copyright, Designs and Patents Act 1988 der Urheber dieses Werkes. Herausgeber der deutschen Ausgabe 2025 in Großbritannien:
Anchor Recordings Ltd, DPTT, Synegis House, 21 Crockhamwell Road, Woodley, Reading RG5 3LE, UK.

Dieses Werk ist urheberrechtlich geschützt. Ohne vorherige schriftliche Genehmigung des Verlages darf kein Teil dieses Buches in irgendeiner Form vervielfältigt oder weitergegeben werden. Das betrifft auch die elektronische oder mechanische Vervielfältigung und Weitergabe, einschließlich Fotokopien, Aufzeichnungen und Systemen zur Informations und Datenspeicherung und deren Wiedergewinnung.

Übersetzung aus dem Englischen: Lisa Schmid

Weitere Titel von David Pawson, einschließlich DVDs und CDs
www.davidpawson.com

KOSTENLOSE DOWNLOADS:
www.davidpawson.org
Weitere Informationen:
info@davidpawsonministry.com

ISBN 978-1-917360-08-1

Inhalt

	Vorwort	7
1.	Wie hat die Urgemeinde die Welt erobert?	9
2.	Wie ist die Welt in die Urgemeinde eingedrungen?	37
3.	Das finstere Mittelalter (400–1000)	45
4.	Das Mittelalter (1000–1500)	55
5.	Die Reformation	69
6.	Reformatoren, Römische Katholiken und Radikale	89
7.	Das siebzehnte Jahrhundert	113
8.	Das achtzehnte Jahrhundert	131
9.	Das neunzehnte Jahrhundert (1800–1850)	155
10.	Das neunzehnte Jahrhundert (1850–1900)	175
11.	Einige Entwicklungen im zwanzigsten Jahrhundert	195
12.	Die Gemeinde in der Zukunft	217

VORWORT

Dieses Buch hat seinen Ursprung in einer Reihe formloser Vortragsabende, die ich als Pastor zweier Baptistengemeinden hielt. Eine befand sich in Chalfont St Peter, Buckinghamshire, die andere in Guildford, Surrey. Das erklärt einige Besonderheiten:

Erstens, den Plauderton meiner Ausführungen, der auf die Verschriftlichung der Audioaufnahmen zurückzuführen ist.

Zweitens, die Bezugnahme auf lokale geographische und historische Events.

Drittens, die Nichtbehandlung der letzten 50 Jahre, die uns bekannt sind.

Ich habe bemerkt, dass viele Gemeindemitglieder wenig oder gar nichts über die Geschichte des Christentums zwischen der Zeit des Neuen Testaments und heute wissen. Daher ist ihnen nicht bewusst, wie stark sie von Traditionen beeinflusst werden, die sich in dieser Zeit entwickelt haben. Diese Traditionen können sowohl Vor- als auch Nachteile haben.

Sie können nachteilig sein, denn „wer die Geschichte vergisst, ist dazu verdammt, sie zu wiederholen." Die meisten Fehler, die wir machen, und die meisten Irrtümer, denen wir verfallen, gab es schon vor uns – daher können wir von unseren Vorfahren lernen, um sie zu vermeiden. Traditionen können aber auch Vorteile haben, denn wir verfügen über ein solch reiches Erbe, dass es dumm wäre, es zu ignorieren. Wir haben die Möglichkeit, uns von den geistlichen Helden, die uns vorangegangen sind, inspirieren zu lassen und uns an ihnen ein Beispiel zu nehmen – und schließlich können wir uns freuen, ihnen einmal in der Herrlichkeit zu begegnen.

Ein beliebter Teil unserer gemeinsamen Zeit bei diesen Vorlesungen war, dass wir am Ende gemeinsam Kirchenlieder sangen, die von Christen aus dem Zeitabschnitt stammten, den wir gerade behandelt hatten. Das machte uns ihre Liebe zu unserem Herrn persönlich und lebendig. Wer in seiner Anbetung nur zeitgenössische Lieder singt, verpasst die Schätze, die in älteren Kirchenliederbüchern verborgen liegen.

Ich kann nicht behaupten, dass ich die Kirchengeschichte vollständig oder zufriedenstellend dargestellt hätte. Betrachten Sie dieses Buch als eine Sammlung impressionistischer Skizzen. Mein Hauptaugenmerk liegt auf der Frage, was wir aus der Vergangenheit für unseren eigenen Auftrag in der Gegenwart lernen können.

J. David Pawson

Kapitel 1

WIE HAT DIE URGEMEINDE DIE WELT EROBERT? 30–400 N. CHR.

Überall auf der Erde ist ihre Stimme zu hören; ihre Botschaft ist bis in die entlegensten Gebiete der Welt gedrungen.

RÖMER 10,18

Es ist eine höchst erstaunliche Geschichte. Angefangen mit einer Handvoll Fischer verbreitete sich das Christentum von 30–400 n. Chr. in der gesamten damals bekannten Welt und ersetzte viele andere Religionen. Die Christen erreichten dies ohne eine Armee (auch wenn sie tapfer kämpften), Geld oder einflussreiche Persönlichkeiten, und sie hatten dabei die gesamte Macht und Kraft des Römischen Reiches gegen sich. Ich möchte versuchen, für Sie zu analysieren, wie sie einen solchen Sieg erringen konnten.

In der Apostelgeschichte haben wir die ersten dreißig Jahre der Kirchengeschichte, von zirka 30–60 n. Chr. Allerdings ist es eine unvollendete Geschichte. Das Buch hat man folgendermaßen beschrieben: Wie sie die gute Nachricht von Jerusalem nach Rom brachten – aus der Hauptstadt der geistlichen Welt in die Hauptstadt der säkularen Welt. Doch die frohe Botschaft zog auch von dort weiter ihre Kreise.

Wir können die Situation damals, als die Geschichte der neutestamentlichen Gemeinde zu Ende geht, so zusammenfassen. Den Neubekehrten waren folgende Umstände eine große Hilfe:

- Gerade römische Straßen erschlossen den gesamten Mittelmeerraum.

WO WAR DIE GEMEINDE IN DEN LETZTEN 2000 JAHREN?

- Man sprach eine gemeinsame Sprache – Griechisch.
- Es herrschte Frieden – der berühmte *Pax Romana*.
- Man konnte ohne Reisepass von einem Land ins andere reisen.
- In den meisten großen Städten und sogar in einigen kleineren gab es jüdische Gemeinschaften, die bereits das Alte Testament kannten und bereit waren, zuzuhören.
- Das gesamte Römische Reich war moralisch und geistlich verkommen.

Dennoch war es ein erstaunlicher Triumph! Die Menschen, die Gemeinden gründeten, waren teils offizielle Missionare (das Neue Testament nennt sie Apostel), doch die meisten von ihnen waren ganz normale Männer und Frauen. Handelsreisende der Antike waren die ersten, die christliche Versammlungen ins Leben riefen. Anscheinend weiß niemand genau, wer die Gemeinde in Rom gegründet hat. Paulus war es jedenfalls nicht und Petrus auch nicht, trotz anderslautender Behauptungen. Es scheint, dass eine Gruppe einfacher Handelsvertreter, die nach Rom reisen mussten, die dortige Gemeinde gründeten.

Die Gemeinde bestand nicht aus einflussreichen Menschen (siehe 1. Korinther 1,26–31), und ihr gehörten auch Sklaven an, von denen es im Römischen Reich sechzig Millionen gab. Wie konnten diese frühen Christen das Römische Reich erobern, ohne Gebäude, ein eigenes Hauptquartier, finanzielle Mittel oder Komitees? Ihre Organisationsstruktur war äußerst simpel. Es gab einfach nur Ortsgruppen von Christen, die sie *Gemeinden* nannten. Jede Gemeinde hatte Älteste, die sie geistlich leiteten, und Diakone, die ihr praktisch dienten. Zwischen den Gemeinden waren die Apostel unterwegs, die neue Gemeinden gründeten und als Pioniere tätig waren, ebenso wie Evangelisten, die zum Predigen kamen und Menschen bekehrten sowie Propheten, die den Gläubigen Worte Gottes überbrachten. Das ist die einzige Organisationsform, die wir im Neuen Testament finden.

Ihre Gottesdienste waren äußerst einfach. Sie tauften Gläubige

Wie hat die Urgemeinde die Welt erobert?

durch Untertauchen im Wasser. Sie nahmen Brot und Wein beim Abendmahl zu sich. Ihre Gebete bestanden aus vorgegebenen Texten und freiem Gebet. Das zeigt sich im Neuen Testament ganz deutlich. Menschen beteten in der Gemeinde. Sie sprachen auch gemeinsame Gebete, die fest vorgegeben waren. Sie sangen sehr gerne, auch wenn sie weder Musikinstrumente noch Chöre hatten. Die Gemeindeglieder sangen Psalmen aus dem Alten Testament, christliche Loblieder und geistliche Lieder (eine besondere Form des Singens im Geist, die nur Christen kennen). So sah ihr Leben aus!

Sie verbreiteten sich von einem Ort zum nächsten. Wir nehmen den Faden am Ende der Apostelgeschichte wieder auf, im Jahr 60 n. Chr. Ich werde beschreiben, wie sie sich von dieser Ausgangslage, in der es eine winzige Gruppe von Christen in jeder größeren Stadt an der östlichen Mittelmeerküste gab, weiterentwickelten – von einer Minderheitsbewegung hin zu einer Situation, in der man die heidnischen Tempel als verlassen bezeichnen konnte und das Römische Reich, ja sogar der Herrscher selbst am Sonntag in die Kirche ging und Jesus Christus anbetete!

Wie haben sie das geschafft? Sie schafften es in dem Bewusstsein, dass es drei große Schlachten gab, die Christen zu bewältigen hatten – und in den ersten vier Jahrhunderten kämpften sie diese Schlachten und gewannen jede einzelne von ihnen: eine geistliche Schlacht, die mit den Juden begann; ein mentales Gefecht, das mit den Griechen anfing; und eine physische Schlacht, die mit den Römern ihren Lauf nahm. Heute stehen wir ebenso in diesen drei Schlachten. Wir können aus der Geschichte lernen, wie wir sie erfolgreich durchkämpfen und was es uns kostet, ein Soldat für den Herrn Jesus Christus zu sein.

EINE GEISTLICHE SCHLACHT – MIT ANDEREN RELIGIONEN

Es gibt heute eine weithin beliebte Idee, die schon damals vorherrschte, dass man das Christentum mit anderen Religionen vermischen sollte – dass alle Religion im Grunde dasselbe sind, dass wir uns alle auf denselben Gott zubewegen und alle am selben Ort enden werden; sie besagt, das Christentum sei nur eine Religion unter vielen, die mit allen anderen verglichen und ihnen gegenübergestellt werden könnte.

Ich nahm einmal einen jungen trampenden Studenten mit und fragte ihn: „Was studierst du?"

„Ich will Lehrer werden."

„Welches Fach wirst du unterrichten?"

„Religion."

„Ah, du glaubst also an Gott?"

„Nein, das tue ich nicht."

„Aber warum willst du dann Religion unterrichten?"

„Ich werde Kindern in meiner Schule alle Religionen der Welt beibringen und ihnen zeigen, dass sie im Grunde genommen alle gleich sind."

Genau diese geistliche Schlacht mussten sie in den ersten vier Jahrhunderten kämpfen. Sie mussten für das Verständnis kämpfen, dass das Christentum einzigartig ist und man es nicht mit den anderen Religionen auf eine Stufe stellen kann. Man kann es mit keinem anderen Glauben vermischen. Es wäre absolut tödlich gewesen. Hätten die Christen in den ersten vier Jahrhunderten an diesem Punkt nachgegeben, wären wir sonntags nicht in der Kirche, und es ist zweifelhaft, ob wir je von Jesus Christus gehört hätten. Das war der geistliche Kampf, und er begann mit den Juden.

Einen Anflug davon finden wir bereits im Neuen Testament. Damals sagten die Juden zu den Christen: „Ihr müsst eure Religion mit unserer vermischen." Der allererste Mann, der sein Leben für Jesus Christus opferte, war jemand, der sagte: „Wir werden das Christentum niemals mit dem Judentum vermischen. Das Judentum ist nicht mehr aktuell." Der Name dieses Mannes war Stephanus. Als er höchst gekonnt, liebevoll und unbeirrt dafür plädierte, dass sich das Christentum nicht mit der jüdischen

Wie hat die Urgemeinde die Welt erobert?

Religion vermischen würde, wurden sie so wütend, dass sie ihn vor die Stadtmauern brachten und zu Tode steinigten. Stephanus war der erste Märtyrer. Er starb für diese eine Sache: Das Christentum wird sich nicht mit irgendeiner anderen Religion vermischen. Es ist einzigartig. Es ist deshalb einzigartig, weil es exklusiv ist. Und es ist exklusiv, weil Jesus der einzige Sohn Gottes ist und das Christentum exklusiv gemacht hat, indem er sagte: „Es gibt nur *einen* Weg, auf dem ihr zum Vater kommen werdet, nämlich durch mich!" Deshalb gibt es in keinem anderen Namen unter dem Himmel Rettung, nur im Namen Jesu.

Interessanterweise wusste Jesus selbst, dass sich der christliche Glaube nicht mit dem Judentum vermischen würde. Er verglich es damit, neuen Wein in alte Schläuche zu gießen. Oder mit einem Stück neuen Stoff, der noch nicht eingelaufen war, ein Loch zu flicken oder daraus einen Aufnäher zu machen. Früher oder später würde er abreißen. Man kann die beiden nicht vermischen. Diese Schlacht wurde sehr hitzig gekämpft. Paulus hat sie gekämpft. Petrus wurde gegen seinen Willen in diese Schlacht geworfen. Gott musste ihm eine Lektion erteilen; und andere kämpften diesen Kampf, wie wir im Hebräerbrief sehen können.

Schließlich stürzte im Jahr 70 n. Chr. der Tempel in Jerusalem ein. Er wurde von römischen Soldaten in Schutt und Asche gelegt. Man könnte meinen, dies sei das Ende des Judentums gewesen – doch so war es nicht. Später stößt man auf so sonderbare Sekten wie die Nazarener und die Ebionäer – Menschen, die versuchten, Christen dem jüdischen Gesetz zu unterstellen. Sie taten es 300 Jahre lang. Heute machen die Siebenten-Tages-Adventisten dasselbe – viele von ihnen sind gute Christen, doch sie versuchen, uns erneut dem Sabbat-Gesetz des siebten Tages zu unterstellen. Es ist ein Kampf, den wir immer noch ausfechten müssen, sehr aktuell. Schließlich wurde entschieden, dass man Christ werden konnte, ohne zum Judentum zu konvertieren – und die Schlacht war gewonnen! Das Christentum war einzigartig.

Nachdem sie diesen Aspekt der Schlacht gewonnen hatten,

ging es genau um die andere Seite des Kampfes. Was war mit allen anderen Religionen? Wenn Sie verschiedene Religionen studieren wollen, beschäftigen Sie sich mit dem Römischen Reich. Die Menschen hatten dort alles, was man sich vorstellen kann. Sie konnten im Supermarkt der Religionen in Rom einkaufen gehen und dort fast jedes Götzenbild kaufen, das sie sich wünschten. So einfach konnte man dort seinen Glauben auswählen.

Ich weiß noch, wie ich ins Pantheon ging – eines der erstaunlichsten Gebäude, in dem ich je war. Sein Name bedeutet *Das Haus aller Götter*. Dort steht es also in Rom, erbaut im Jahr 27 v. Chr., und nach 2000 Jahren ist es immer noch am Platz. Es ähnelt der Royal Albert Hall, auch wenn es ein wenig kleiner ist, mit einem Loch in der Mitte des Daches und einer großen Kuppeldecke. Im Gegensatz zur Royal Albert Hall befindet sich nichts darin, mit Ausnahme von Nischen entlang der Wände, in denen alle Götter des Römischen Reiches standen. Sobald eine neue Religion ins Reich kam, wurde ihr Gott in eine Nische gestellt. Das war ihr Programm – eine Vorgehensweise, die wir *Synkretismus* nennen, was bedeutet: *Vermische deine Religion*. Da das Römische Reich immer größer wurde und sich dabei neue Völker mit neuen Kulturen und Religionen einverleibte, fügten sie dem Pantheon ständig neue Götter hinzu.

Es gab eine Nische, die sie den Christen für eine Statue von Jesus Christus anboten. Die Christen sagten: „Niemals!" Jesus kam nie in dieses Pantheon. Doch als ich hineinging, waren alle Nischen leer, mit Ausnahme einer Statue Jesu, die in einer von ihnen stand. Die Kirche hatte vom Pantheon Besitz ergriffen – und nun ist es ein Ort der Anbetung. Das ist interessant. Man würde über Jesus Christus nicht so denken, wie die Welt es heute tut, wenn man ihn damals mit allen anderen in eine dieser Nischen gestellt hätte.

Diese Schlacht mussten sie ausfechten. Sie sagten damals: „Wir werden unseren Glauben nicht mit den anderen vermischen." Das führte zu echten Problemen, denn die Römer registrierten alle

Wie hat die Urgemeinde die Welt erobert?

Religionen. Wurde die eigene Religion registriert, so wurde sie zu einer *Religio licita* (erlaubte Religion). Man gehörte dann nicht mehr einer unerlaubten Glaubensrichtung an, sondern zu einer erlaubten Religion, einem rechtmäßigen Glauben, der dann der Liste der übrigen hinzugefügt wurde. Doch die Christen lehnten es ab, zu einer *Religio licita* zu werden. Man könnte sagen: „Das war dumm von ihnen. Damit riskierten sie ihren Kopf." Doch sie erklärten: „Wir werden das Christentum nicht in diese Liste der Religionen eintragen lassen. Wir sind keine Religion. Wir sind Nachfolger Jesu Christi." Nach und nach etablierten sich die anderen Religionen in Rom, und schließlich stellten sie eine Caesar-Statue in eine der Nischen. Der Tag kam, an dem Caesar als Gott galt. Das Römische Reich sagte: Unsere Religion ist die Anbetung Caesars; von jetzt an betet ihr zu Caesar; von jetzt an bringt ihr Caesar Weihrauchopfer dar; von nun an sagt ihr: „Caesar ist Herr." Da begann die physische Schlacht für die Christen. Mehr dazu später.

Doch das Interessante ist, dass der Vorwurf des Atheismus wechselseitig war. Die Römer warfen den Christen vor, Atheisten zu sein, während die Christen den Römern dasselbe vorwarfen. Mit welcher Begründung behaupteten sie das? Die Römer sagten: „Ihr Christen seid Atheisten, weil ihr nicht an die Götter Roms glaubt." Und das stimmte. Die Christen erklärten: „Die Götzen sind Nichtse. Diese Götter existieren nicht." Und die Christen sagten folglich zu den Römern: „Ihr seid Atheisten." Das Wort *Atheist* kommt einmal in der Bibel vor, im Kapitel 2 des Epheserbriefs, wo Paulus schreibt: „Ihr wart Nichtjuden, ihr wart Heiden, ihr wart ohne Gott und ohne Hoffnung in der Welt." Dieser Begriff „ohne Gott" ist die Übersetzung von *atheas* – d.h. ein Atheist ist nicht jemand, der *nicht an Gott glaubt*, sondern eine Person, die *ohne* Gott ist. Das ist die wahre Bedeutung des Wortes *Atheist*. Es gibt Millionen von Atheisten. Sie sind nicht ungläubig. Sie sprechen ihre Gebete. Wenn man sie direkt darauf anspräche, würden sie sagen, dass sie an irgendetwas irgendwo oder irgendjemanden dort oben glauben. Doch sie sind Atheisten – sie kennen Gott nicht; sie haben weder seine Gnade, noch seine Kraft und seine Rettung in ihrem Leben.

Die Römer sagten also zu den Christen: „Ihr seid Atheisten; ihr glaubt nicht an die Götter", und die Christen sagten: „Ihr seid Atheisten; mit all euren Göttern fehlt euch Gott." Darum erklärte Paulus in Athen: „Ich habe alle eure Altäre gesehen, doch ich habe einen ganz am Ende bemerkt: für den Gott, den wir nicht kennen. Ich bin gekommen, um euch von diesem Gott zu berichten, dem einen, den ihr nicht kennt." (siehe Apostelgeschichte 17,23)

Das war die geistliche Schlacht, die wir heute immer noch kämpfen. In einer sogenannten christlichen Kirche – der bekanntesten Kirche in Cambridge – wurde ein Gottesdienst für den *Weltbund der Religionen* abgehalten. Diesen Gottesdienst besuchten Buddhisten, Hindus, Bahais, Juden und Christen, alle miteinander. Sie trafen sich, um gemeinsam anzubeten, sie waren gekommen, um so zu tun, als wären alle Religionen eins. Das Treffen fand unter der Leitung eines Mannes statt, der ordiniert worden war, um das christliche Evangelium zu predigen. Das ist der Kampf, den wir kämpfen müssen. Wenn solche Dinge geschehen, dann wird das die Schlacht der Zukunft sein, glauben Sie mir. Denn es gibt einen sich verstärkenden Trend, der auf etwas zusteuert, das die Bibel schon immer vorausgesagt hat: die Geschichte steuert auf die *eine Weltreligion* zu. An diesem Punkt sagen die Christen nein. Unsere Religion ist einzigartig. Sie wird sich mit keiner anderen vermischen. Eine Bedingung zur Teilnahme an diesem Gottesdienst war, dass Christus nicht erwähnt werden durfte. Das lässt das ganze Spiel sofort auffliegen. Diese Schlacht werden wir noch viel heftiger ausfechten müssen. Wir weigern uns, Jesus Christus neben Buddha oder Mohammed oder irgendjemand anderen zu platzieren. Er ist der *einzige* Sohn Gottes. Und wir weigern uns, das Christentum mit allen anderen Religionen in einen Topf zu werfen, es zu vermischen und es dann Glaube zu nennen. Wir *weigern uns*, dies zu tun.

Doch die Bibel sagt auch voraus, dass Menschen, die sich auf diese Art weigern, eine Zeit erleben werden, in der ihnen sogar nicht mehr erlaubt wird, Lebensmittel einzukaufen, bis sie diese eine Weltreligion akzeptieren. So wird Verfolgung kommen. Es ist eine Schlacht, die wir vielleicht zu unseren Lebzeiten ausfechten müssen. Dieser Konflikt ist bereits in unserem Land und in unseren Gemeinden angekommen, eine Schlacht, die sie in den ersten vierhundert Jahren kämpften und gewannen. Heute gäbe es kein Christentum, wenn sie diesen Kampf nicht ausgetragen hätten. Verstehen Sie nun, warum ich über die Vergangenheit schreibe? Weil es nicht nur Vergangenheit ist, sondern auch Gegenwart.

EINE MENTALE SCHLACHT, DIE MIT DEN GRIECHEN BEGANN

Die nächste Schlacht richtete sich nicht gegen eine Religion, sondern gegen eine Philosophie. Es war kein Kampf mit den Juden, sondern mit den Griechen. Die Griechen waren brillante Denker, Intellektuelle, die „Alleswisser". Sie waren die Gelehrten, Studenten und Philosophen. Früher oder später musste das Christentum den Intellektuellen begegnen. Die größte Gefahr war, dass die Intellektuellen das Christentum erfolgreich abänderten, indem sie nach eigener Aussage eine überlegene Version produzierten – durch Kompromisse und dadurch, dass sie die Wahrheit veränderten, damit sie sich dem Intellekt anpasste. Das ist immer noch eine der Hauptschlachten, die wir ausfechten müssen. Das Christentum kann nicht abgeändert werden, um sich dem Intellekt anzupassen. Es gibt viele Fragen in meinem Intellekt, die ich immer noch nicht beantworten kann. Doch Gott sei Dank erreichte ich den Punkt, an dem ich bereit war *zu glauben*, bevor ich meinen Intellekt vollständig befriedigt hatte.

Schauen wir, was passierte. Dies war eine viel schwierigere Schlacht, denn sie tobte innerhalb der Gemeinde, nicht außerhalb. Diese Schlacht musste mit Worten und der Schreibfeder ausgefochten werden. Einige der besten Schriften, die wir aus der

Geschichte der Urgemeinde haben, stammen aus dieser Schlacht.

Ein Mann namens Irenäus schrieb fünf Bücher mit dem Titel „Gegen die Häresien" (Irrlehren). Danken wir Gott, dass er es getan hat. Er war einer der großen Helden dieser Schlacht. Ein anderer Mann namens Origenes verfasste 6.000 Bücher, Briefe und Flugblätter in diesem Konflikt. Überlegen Sie mal: Was für ein Einsatz! Ich besitze ein kleines Buch, das die meisten dieser Schriften enthält – die Worte, die als *Waffen* in dieser Schlacht benutzt wurden. Wir werden uns einige Dinge anschauen, die sie bekämpfen mussten.

Dann gab es einen Mann namens Markion. Man könnte meinen, es handle sich um einen heutigen Oberstufenschüler, so sprach er. Markion sagte: „Ich mag einen Gott des Zorns nicht, und ich kann den Gott des Alten Testaments nicht verstehen. Ich bin mir ziemlich sicher, dass der Gott des Alten Testaments ein anderer ist als der Gott des Neuen Testaments und als Jesus." Das haben mir junge Leute in der heutigen Zeit auch schon gesagt. Dann fuhr er fort: „Wir werden das Alte Testament aus der Bibel herausschneiden; wir werden Menschen des Neuen Testaments sein." So schnitt er es heraus. Zu seinem Ärger entdeckte er dann, dass er Teile des Neuen Testaments ebenfalls wegschneiden musste. Das Buch der Offenbarung mochte er überhaupt nicht. Das war dem Alten Testament viel zu ähnlich. Das flog also auch heraus. Mit der Schere in der Hand begann er, Paulus anzuschauen und sagte: „Wisst ihr, Paulus hat ein paar hässliche Dinge gesagt." Und schon flogen sie raus. Dann stellte er fest, dass es selbst in den Evangelien Abschnitte gab, über die er nicht ganz glücklich war. Jesus sagte dort ein paar Dinge, die er nicht hätte sagen sollen. Markion entdeckte es als erster: Wenn man mit der Schere an die Bibel herangeht, kann man nicht mehr aufhören.

Das war eine der ersten Schlachten. Und am Ende hatte er zwei Götter: den Gott des Alten Testaments und den Gott des Neuen. Das ist eine Irrlehre, die wir immer noch bekämpfen müssen. Also kämpften die Christen – und der Grund, warum wir sowohl das Alte als auch das Neue Testament als vollständiges Wort Gottes lesen können, liegt darin, dass Markion diese Schlacht verlor – denn die Christen sagten: „Wir werden bei der gesamten Bibel bleiben. Wie schwierig es auch sein mag, Dinge im Alten Testament oder sogar im Neuen Testament zu verstehen, wie schwer das unserem Intellekt auch fallen mag, wir werden nicht beginnen, dieses Buch zu zerschneiden, sondern es so stehenlassen, bis wir es verstehen." Diese Schlacht wurde gewonnen, und daher haben wir heute die gesamte Bibel.

Eine weitere, viel größere Schwierigkeit war der *Gnostizismus*. Ein Gnostiker ist das Gegenteil eines Agnostikers. Ein Agnostiker ist jemand, der nicht weiß, ob Gott existiert. Ein Gnostiker weiß es. Und es gab viele Griechen, die sagten: „Ich bin Gnostiker. Ich weiß es!" Es gab eine Menge intellektueller Alleswisser, und sie kritisierten das Christentum. Was war der grundlegende Fehler ihres Denkansatzes? Er bestand aus einer Mischung von Ideen und stammte teils aus Ägypten, teils aus Persien, während andere Bestandteile offensichtlich aus Indien kamen. Doch ihre grundlegende Philosophie war folgende: Geistliche Dinge sind gut, materielle Dinge sind schlecht. Viele Menschen denken so. Selbst Personen, die sich Christen nennen, können so denken und in diese Falle geraten. Lassen Sie uns betrachten, wo das hinführte. Sie sagten nämlich: „Wenn die Materie schlecht ist, kann Gott sie nicht erschaffen haben." Das führte dazu, dass sie eine grundlegende Wahrheit leugneten. Dann sagten sie: „Wenn die Materie schlecht ist, kann Jesus nie einen fleischlichen Körper gehabt haben." Daher fingen sie an zu lehren, dass Jesus nur körperlich zu sein schien, eigentlich jedoch die ganze Zeit über ein Phantom war, dass er nicht real war und niemals Hunger hatte oder müde wurde. Dann gingen sie noch weiter und erklärten: „Jesus kann nicht gestorben sein, denn die Materie ist böse, und nur materielle Dinge sterben." Sie gingen sogar noch weiter und sagten: „Die Idee der Auferstehung des Körpers ist lächerlich."

So machten sie immer weiter. Ausgehend von dieser falschen

Grundidee, dass die Materie böse und der Geist gut ist, ging alles andere schief – genauso wie es heute mit der Christlichen Wissenschaft falsch läuft, einer modernen Form dieses Ansatzes. Wir kämpfen immer noch dieselbe alte Schlacht.

Daher machten es sich die klügsten Köpfe der Kirche zur Aufgabe, dieses Problem anzugehen. Wenn Sie wissen möchten, warum Johannes sein Evangelium und seinen ersten Brief schrieb – die Antwort lautet, dass er dieses Denken in der Gemeinde bekämpfte. Er sagte: „Hört mal. Das Wort war Gott, und das Wort wurde Fleisch. Versteht ihr das?" Und er erklärte: „Das, was wir berührt und gesehen haben, verkündigen wir euch – Jesus!" Bereits er kämpfte dagegen an, und dieser Kampf dauerte 150 Jahre. Gnostiker behaupten, dass Jesus, der Menschensohn, niemals wirklich Mensch war. Doch wenn Sie leugnen, dass er wahrer Mensch war, verleugnen Sie den Glauben. Dann hat man das Herzstück unseres Glaubens herausgeschnitten, dass Jesus uns helfen kann, weil er Fleisch wurde wie wir, dass er unsere Versuchungen kennt, weil er einen Körper hatte wie ich, weil er wirklich Mensch wurde. Die Gnostiker leugneten das.

Wir werden kurz die Namen der klügsten Köpfe erwähnen: Tertullian schrieb in Karthago, einer Stadt in Nordafrika, gegen den Gnostizismus, genauso wie Clemens und Origines (die in Alexandria lebten) und Cyprian. Da wir die meisten ihrer Schriften heute vorliegen haben, können wir nachlesen, wie sie mit ihrer Feder und ihrer Stimme gegen das kämpften, was den christlichen Glauben zerstören konnte.

Eine weitere Schlacht drehte sich nicht nur darum, was Menschen über Christus sagten, sondern was sie über Christen behaupteten. Christen wurden verleumdet. Manche sagten: „Sie sind Kannibalen – wir hören, dass sie Leichen essen und Blut trinken." Andere sagten: „Es ist fürchterlich – die Sexorgien, die in dieser Gemeinde stattfinden, sie nennen sie ‚Liebesfeste'". Sie behaupteten sogar, dass Christen einen Eselskopf auf einen Stab steckten und ihn anbeteten. Uns liegen manche Schriften vor, die Christen gegen solche Verleumdungen verteidigten. Sie kämpften eine mentale Schlacht. Sie taten drei Dinge in diesem Kampf, für die wir ihnen dankbar sind.

Das Erste war Folgendes: Wie konnten sie mit Bestimmtheit sagen, woraus der wahre Glaube bestand, wenn so viele christliche Prediger diese neue Art des Denkens verkündeten, dieses „philosophische Evangelium"? Die Antwort lautet, dass sie beschlossen, alle Bücher zusammenzuführen, die auf die Apostel zurückgingen und sie als Heilige Schrift zu bezeichnen. Im Jahr 200 n. Chr. hatten sie alle Bücher zusammengestellt, die direkt von den Aposteln stammten, welche die Wahrheit aus erster Hand von Jesus empfangen hatten. So wurde das Neue Testament erstellt: Der Kanon der Bibel war das Resultat dieses Kampfes. (Viele andere schrieben falsche Evangelien über Jesus, falsche Epistel von Paulus und falsche Bücher, die sie als Wahrheit bezeichneten. Selbst Paulus schreibt in seinem Brief an die Thessalonicher: „Lasst euch durch keinen Brief beunruhigen, der angeblich aus meiner Feder stammt. Jeden meiner Briefe werde ich selbst eigenhändig unterschreiben.")

Das Zweite, was sie taten, war, den Glauben in sogenannten *Credos* (Glaubensbekenntnissen, vom lateinischen Credo, „ich glaube") zu bekunden. Sie pflegten Listen der Dinge zu erstellen, an die sie glaubten, im Gegensatz zu diesen Gnostikern. Hier ist der Anfang eines Credos: „Ich glaube an Gott, den allmächtigen Vater, den Schöpfer des Himmels und der Erde." Die Gnostiker behaupteten: „Die Materie ist so böse, dass Gott sie nicht gemacht haben kann." Die Christen erklärten: „Ich glaube an Gott, den allmächtigen Vater, den Schöpfer des Himmels und der Erde, und an Jesus Christus, seinen einzigen Sohn, empfangen durch den Heiligen Geist, geboren von der Jungfrau Maria..." Er war kein Phantom. Er wurde empfangen. Er wurde geboren. Und dann sagten sie: „Gelitten unter Pontius Pilatus, gekreuzigt, gestorben und begraben." Er starb tatsächlich! Er hatte einen echten Körper an diesem Kreuz! Und ganz am Ende bekannten sie: „Ich glaube an die Auferstehung der Toten und an das ewige Leben." Sie kämpften diesen Kampf und sagten: „Das ist es, woran wir glauben." Und wir können die Glaubensbekenntnisse immer noch rezitieren und sagen: „Auch wir glauben daran!"

Das Dritte, was sie taten, war, sich in Konzilen zu versammeln – nicht, um die Kirche zu organisieren, sondern um sich in der Schlacht zu vereinen, ihre Reihen zu schließen und für den Glauben zu kämpfen. Heute tun Christen das immer noch.

Diese Schlacht wird *heute* geschlagen. Eine Philosophie, die wir heute bekämpfen müssen, wird nicht Gnostizismus, sondern *Existenzialismus* genannt. Selbst wenn Sie dieses Wort noch nie gehört haben, Sie begegnen diesem Phänomen fast jeden Tag. Sie finden es in der Literatur von Jean-Paul Sartre. Sie finden es in der Musik von Debussy – und in der Kunst von Picasso. Sie entdecken es in der Kultur unserer Zeit und in der Drogenszene. Sie finden es in der oft zitierten Aussage von Marshall McLuhan: „Das Medium ist die Botschaft." In der Theologie stoßen Sie in den Schriften von Bultmann, Tillich und vielen anderen darauf. Vielleicht sagen Ihnen diese Namen nichts, doch die Namen zweier Männer, die diese Denkweise im Zwanzigsten Jahrhundert befördert haben, sind einigen unter Umständen besser bekannt: John Robinson, der Bischof von Woolwich war, und Howard Williams, der als Präsident der Baptistischen Union diente. Sie gehören zu denen (und seither hat es viele weitere gegeben), die das Christentum mit den Begriffen einer heidnischen Philosophie neu definiert haben, die im Grunde genommen atheistisch ist und Gott als unpersönlich und sogar nicht-existent darstellt.

Haben Sie den Satz gehört: „Gott ist tot"? Er ist das Ergebnis, wenn christliche Theologen dieser Philosophie folgen. Die mentale Schlacht braucht immer noch die besten Denker, die wir hervorbringen können. Sie muss mit Worten und Schreibfedern ausgefochten werden, und wir müssen den Mut haben zu sagen, dass dies *nicht* der christliche Glaube ist.

Wir sollten uns weigern, irgendjemanden in unseren

Wie hat die Urgemeinde die Welt erobert?

Gemeinden predigen zu lassen, der solch „existenzialistische" Aussagen macht. Es ist ein Kampf. Wir müssen vielleicht nicht die physischen Schlachten ausfechten, denen sich so viele andere stellen mussten, und vielleicht haben Sie schon gedacht: „Warum ist es hier so einfach?" Doch es ist *nicht* einfach hier; es gibt eine andere Art der Schlacht, die so gesehen viel subtiler und daher schwieriger ist. Der physische Kampf ist ganz direkt. Sie wissen, wo Sie stehen. Sie wissen, was Sie erleiden werden. Sie wissen, auf welcher Seite Sie stehen. Die anderen leugnen, wofür Sie einstehen. Sie bekräftigen es. Das ist eine direkte Konfrontation, so hart sie auch sein mag. Doch der Kampf, den wir ausfechten müssen, ist dieser mentale Kampf. Die Urgemeinde hat ihn gekämpft und gewonnen. Interessanterweise ist eines der Probleme, welches sie bekämpften, mit den Zeugen Jehovas wiederaufgetaucht. Es ist zirka 1.700 Jahre alt, was ihnen nicht bewusst ist. Wir jedoch kämpfen dagegen.

Sie kommen im Namen Christi – das ist das Problem. Wenn ein Mann im Namen des Teufels auftritt, wissen Sie, woran Sie sind. Doch wenn er im Namen Jesu Christi erscheint und sagt: „Das ist die neue Theologie, die neue Moral, das neue Evangelium, das neue Christentum", dann müssen Sie sagen: „Es gibt kein neues Christentum, sondern nur das alte" – und wir müssen für den Glauben kämpfen, der den Heiligen einst anvertraut wurde. In den ersten vierhundert Jahren kämpften sie diesen Kampf in der Gemeinde und gewannen die Schlacht. Darum gibt es die Gemeinde heute noch.

EINE PHYSISCHE SCHLACHT, DIE MIT DEN RÖMERN BEGANN

Die christliche Gemeinde wandte in den ersten vier Jahrhunderten nie körperliche Gewalt an, um das Evangelium zu etablieren (die Inquisition kam erst später). Die Christen nutzten die Liebe, um Menschen für den Herrn zu gewinnen, auch wenn gegen sie immer und immer wieder körperliche Gewalt eingesetzt wurde.

WO WAR DIE GEMEINDE IN DEN LETZTEN 2000 JAHREN?

Warum mussten die Christen so viel leiden? Man sagt, es liege an diesen Gerüchten und Verleumdungen (über „Kannibalismus" und „Orgien"). Man behauptet, es liege daran, dass sie nicht an den gesellschaftlichen Gebräuchen des Götzendienstes, an den Spielen und dem Zirkus in Rom teilnahmen. Es liege an ihrer Intoleranz gegenüber anderen Religionen oder daran, dass sie eine Geheimgesellschaft waren und eine Bedrohung für die innere Sicherheit des Römischen Reiches darstellten, auch das wurde vorgebracht. Ich möchte behaupten, dass es keiner dieser Gründe war.

Den Grund, warum so viele Gläubige so sehr gelitten haben, finden wir in den Worten Jesu: „Sie haben mich ohne Grund gehasst." Daher gibt es nur eine mögliche Erklärung für die Leiden der Christen – es gibt keinen Grund. Die Menschen hassen Gott in der Tiefe ihres Herzens so sehr, dass sie sein Volk grundlos hassen. Es gibt eine irrationale Ablehnung der Christen auf dieser Erde. Etwas an diesem Anti-Christentum ist unerklärlich. Und die andere Seite des Antisemitismus ist die Haltung der Juden gegenüber den Christen. Es waren die Juden, die zuerst die Leiden der Christen verursachten, und das geschah immer wieder. Dafür gibt es keinen Grund. Ich möchte Ihnen ein wenig darüber berichten. Ich will nicht Ihre Gefühle manipulieren, doch ich will Ihnen etwas über die leidenden Märtyrer erzählen.

Es begann in den Tagen Neros im Jahr 64 n. Chr. Vor ein paar Jahren stand ich in den Ruinen der Palastgärten Neros. Es sind wunderschöne Gärten voller Blumen, doch ich wusste, dass ihr Boden blutgetränkt ist. Der verrückte Kaiser Nero ließ die Stadt Rom in Brand stecken, weil er den Ehrgeiz hatte, die Stadt als eine Metropole wiederaufzubauen, so berichtet es die Geschichtsschreibung. 14 von 17 Bezirken wurden dem Erdboden gleichgemacht und Hunderte von Menschen starben in den Flammen. Man sagt, dass Nero Geige spielte, als Rom brannte. Doch als man anfing, ihn zu beschuldigen, schaute er sich nach einem Sündenbock um und sagte: „Die Christen haben es getan, wir werden sie verhaften und dafür bestrafen." Und er bestrafte sie wirklich. Er ließ jeden Christen in der Reichweite Roms verhaften. Er zog wilden Tieren die Felle ab und bekleidete die Gläubigen mit diesen Fellen, bevor er Hunde auf sie hetzte. Er köpfte sie und kreuzigte sie. Schließlich bedeckte er sie mit Pech und steckte sie bei lebendigem Leib in Fässer, um seine Bosheit zu befriedigen. Dann zündete er sie an und nutzte sie als Fackeln für seinen Garten, während er wie ein Irrer mit einem Wagen im Kreis herumfuhr. Das war Nero.

So begannen die Leiden der Christen. Zwischen der damaligen Zeit und dem Jahr 300 n. Chr. erlitten sie zehn Phasen der schrecklichsten Verfolgung, welche die Gemeinde je erlebt hat. Ich besitze ein kleines Buch mit dem Titel *Foxes Book of Martyrs (Foxes Buch der Märtyrer)*, das ich in irgendeinem Laden entdeckte. Früher gehörte es zur sonntäglichen Pflichtlektüre für Christen. Sie sollten es einmal lesen. Es zeigt Folgendes: Bis zu seinem Erscheinungsdatum hatte es keine zehn Jahre gegeben, in denen Christen nicht den Märtyrertod starben, und das ist bis heute noch so. Lesen Sie die Anfangskapitel über die frühe Christenverfolgung.

Die nächste große Verfolgung kam um 100 n. Chr. Einer der Männer, die in dieser Verfolgungswelle leiden mussten, heißt Johannes, der letzte der zwölf Apostel. Er wurde in die Salzminen geschickt; dann verbannte man ihn auf die kleine Insel Patmos in der Ägäis, und er wurde an die Gefängnismauer angekettet. In seiner Gefängniszelle entstand das Buch der Offenbarung. Sie können Menschen einsperren, doch wie Paulus es im Gefängnis formulierte: „Ich mag in Ketten liegen, doch das Wort Gottes ist nicht gebunden."

Im Jahr 110 n. Chr. ließ sich ein neuer Gouverneur, Plinius, in Kleinasien nieder. Als er dort ankam, war er sehr erstaunt, dass die Tempel verlassen waren und die Götzenschreine keine Geschäfte mehr machten. So fragte er: „Was ist schiefgelaufen? Dies sind die Götter unseres großen Römischen Reiches! Warum kommt niemand mehr?" Man antwortete ihm: „Die Christen – es gibt zu viele von ihnen." Er sagte daraufhin: „Christen – diese abergläubischen Menschen? Verhaftet sie." Er erkundigte sich, wer Christ war, und ließ diese Menschen verhaften. Jeder, der verraten wurde, kam in Haft und wurde getötet. Doch schließlich wurde Plinius immer verblüffter – zunächst von der Anzahl der Christen, sie wurden immer mehr, und zweitens von ihrem moralisch einwandfreien Leben. Er sagte sich: „Ich muss mehr über diese Leute herausfinden." Eines Tages schickte er seinen Spion in einen ihrer Frühgottesdienste. Dieser kehrte zu Plinius zurück und berichtete ihm: „Sie treffen sich vor Tagesanbruch. Sie singen Christus Loblieder, den sie als Gott verehren. Dann legen sie gegenüber Jesus als Herrn einen Eid ab, ein Versprechen (auf Lateinisch ein Sakrament). Dabei versprechen sie, nicht zu stehlen, keinen Ehebruch zu begehen und nicht zu morden." Plinius war verwundert. Sofort schrieb er Kaiser Trajan einen Brief. Er schrieb: „Lieber Trajan, ich verhafte Christen und bringe sie zu Tode, doch ich bin etwas verblüfft darüber, was ich über sie herausfinde. Was soll ich tun?" Trajan schrieb zurück: „Wir sollten das lieber vorsichtig angehen. Wenn sie verraten werden, schenke anonymen Anzeigen keinen Glauben."

Das entschärfte die Situation in Kleinasien. Doch Trajan schrieb weiter: „Wenn du herausfindest, dass sie einer antirömischen Religion angehören, musst du sie auf die Probe stellen und sie auffordern zu sagen: ‚Caesar ist Herr.' Tun sie das nicht, musst du sie töten." Daher starben immer noch viele Christen.

Wir überspringen jetzt ein paar Jahre zu einem Mann namens Ignatius. Es ist eine ganz wunderbare Geschichte. Er war einer der jüngsten Kirchenvertreter der damaligen Zeit. Sie nannten sie *Bischöfe*. Jede Gemeinde hatte ihren Bischof. Das war einfach nur der Name für einen Gemeindeleiter. Er war der Bischof von Antiochia. Die Römer verhafteten ihn und stellten ihn auf die Probe. Er weigerte sich, daher eskortierte man ihn zum Kolosseum nach Rom, wo man ihn den wilden Tieren vorwarf.

Wie hat die Urgemeinde die Welt erobert?

Doch seine Reise nach Rom war ein reiner Triumphzug! Christen kamen aus ihren Häusern und begleiteten ihn mehrere Kilometer. Tatsächlich musste er kaum einen Kilometer ohne christliche Begleiter zurücklegen. Sie gingen mit ihm, hatten Gemeinschaft mit ihm, und er sprach zu ihnen, als er in den Tod ging. Nun, was sagt ein Mann zu seinen Glaubensgeschwistern auf dem Weg zu seiner Hinrichtung? Er sagte wunderbare Dinge. Ich habe eine Sache aufgeschrieben, die er ihnen sagte: „Jetzt fange ich an, ein Jünger zu sein. Wer dem Schwert nahe ist, ist Gott nahe. Wer sich unter wilden Tieren wiederfindet, ist in der Gegenwart Gottes." So ging dieser Mann in den Tod. Jeden Abend, wenn er sich ausruhte, schrieb er Briefe, angekettet an einen römischen Soldaten. Einen seiner letzten Briefe schrieb er an einen anderen Kirchenleiter in Smyrna, an einen Mann namens Polykarp. Er schrieb: „Halte am Glauben fest, unerschütterlich wie ein Amboss, auch wenn du oft geschlagen wirst."

Vierzig Jahre später starb Polykarp den Märtyrertod, und so geschah es: Damals war Polykarp ein sehr alter Mann. Eines Tages hielten sie die römischen Spiele zu Ehren des Kaisers ab, in der Stadt Smyrna, wo Polykarp christlicher Bischof war. Die Spiele wurden immer wilder, Blut begann zu fließen, und die Menge geriet in einen Rausch. Dann schrie jemand: „Nieder mit den Atheisten!" Daraufhin schleppten sie elf Christen in die Arena, nannten sie „Atheisten" und hetzten die Löwen auf sie. Schließlich geriet die Lage so außer Kontrolle, dass die Menge das Blut Polykarps verlangte. Ein römischer Soldat wurde mit einigen anderen losgeschickt, um ihn zu verhaften, und sie erreichten ein kleines Haus außerhalb von Smyrna, in dem Polykarp wohnte. Sie klopften an die Tür, und er öffnete ihnen. Sie wussten nicht, dass er es war, weil sie ihn nicht kannten. Sie fragten ihn: „Ist hier ein Mann namens Polykarp?" Er hätte sagen können: „Nein, er ist unterwegs", und er erklärte später, dass er versucht war, das zu tun. Doch der Herr schenkte ihm den Sieg, und er sagte: „Ich bin Polykarp." Dann hielt er ihnen die Handgelenke für die Ketten hin und wurde in die Arena gebracht. Als der Gouverneur sah, wie alt er war, sagte er: „Hab doch Mitleid mit dir selbst in deinem hohen Alter. Verfluche einfach Christus, dann kannst du zurück in dein kleines Haus gehen." Und Polykarp antwortete ihm: „86 Jahre habe ich ihm gedient, und er hat mir nie ein Leid getan. Wie kann ich jetzt meinen König verfluchen, dem ich diene?" Ihnen blieb nichts anderes übrig, als ihn zu töten. Die Löwen waren schon weggebracht worden, daher errichteten sie einen Scheiterhaufen und stellten ihn darauf. Doch es blies ein starker Wind, der die Flammen von Polykarp wegwehte, was die Menge zutiefst beeindruckte. Schließlich stieß ein römischer Soldat dem alten Mann aus Mitleid einen Dolch ins Herz. Die Christen zeichneten sein Martyrium auf und beendeten ihren Bericht mit den Worten: „Quintus statius Quadratus...", d.h. Quadratus geht als Gouverneur in die Geschichte ein, und sie fügten hinzu: „Aber Jesus Christus ist König für immer!"

Wir blättern weiter im Geschichtsbuch und kommen zum Jahr 177. Nun brach an einem Ort namens Lyon in Frankreich schwere Verfolgung aus. Der betagte Diener des Herrn Pothinus wurde ins Gefängnis geworfen und blieb dort bis zu seinem Tod.

Dann ergriffen sie ein kleines Sklavenmädchen, eine Jugendliche, deren Namen in die Annalen der Geschichte eingegangen ist: Blandina. Dieses junge Mädchen wurde verhaftet und der unglaublichsten Folter unterzogen. Man berichtet Folgendes über sie: „Die Folterknechte folterten sie von morgens bis abends, bis sie müde und erschöpft waren und zugaben, dass sie unterlegen waren und ihr nichts mehr antun konnten. Blandina fand Trost, neue Kraft und Erleichterung von ihrem schmerzhaften Leiden, indem sie ausrief: ‚Ich bin eine Christin, und bei uns wird nichts Schlechtes begangen.' Am nächsten Tag brachten sie sie in die Arena. Nach dem Auspeitschen, den wilden Tieren und dem eisernen Stuhl wurde sie schließlich in ein Netz gesteckt und einem Bullen vorgeworfen. Nachdem er sie herumgeschleudert hatte, erstach man sie schließlich. „Wie

Wie hat die Urgemeinde die Welt erobert?

eine tüchtige Mutter, die ihre (geistigen) Kinder ermuntert und sie siegreich zum König vorausgeschickt hatte ... eilte sie froh und jubelnd zu ihnen, als wäre sie zu einem Hochzeitsmahle geladen worden", schreibt Eusebius von Caesarea über ihr Ende. So starb Blandina.

Wir blättern weiter im Geschichtsbuch und besuchen ein Gefängnis in Nordafrika. Dort wird eine christliche Frau ins Gefängnis geworfen, ihr Baby steckt man in die Zelle neben ihr. Das Baby ist am Verhungern, doch sie darf es nicht stillen. Niemand anderes tut es für sie. Ihre Brüste sind geschwollen und wund; ihr Kind weint vor Hunger. Man sagt zu ihr: „Du darfst dein Baby stillen, sobald du sagst: ‚Caesar ist Herr.'" Würden Sie das aushalten? Hier kommt ihre Antwort: „Wir ehren Caesar als Caesar. Doch Ehrfurcht und Anbetung geben wir nur Christus als dem Herrn!" Was für ein Kampf!

Unter Decius, dem Römischen Kaiser, ging eine lange, dreißigjährige Ruhezeit zu Ende. Zum ersten Mal machte Rom sich systematisch daran, das Christentum im gesamten Reich zu zerstören. Zum ersten Mal geschah dies nicht nur lokal, sondern überall. Die Leiden dieser Zeit kann ich einfach nicht weiter ausführen. Doch nach Decius kamen 40 Jahre des Friedens, und die Gemeinde nahm an Mitgliedern, Wohlstand und Einfluss zu. Genau das scheint leider in angenehmen Zeiten zu geschehen.

Schließlich kam Satans letzter Versuch unter Kaiser Diokletian. Im Jahr 303 befahl er, jede Kirche zu zerstören, denn man hatte nun begonnen, Kirchen zu bauen. Er ordnete an, jede Bibel zu verbrennen, alle Christen aus öffentlichen Ämtern zu entlassen und jeden Christen zu enthaupten, zu verbrennen oder zu ertränken. Satan wusste, dass er die Schlacht verlor. Es gab mittlerweile so viele Christen, dass das Reich von ihnen überrannt wurde. Dies war die letzte Schlacht, und sie wurde gewonnen!

Es gibt zwei wichtige Punkte, die wir hinsichtlich dieser ganzen Verfolgung noch festhalten müssen. Erstens: Wir kennen viele der Märtyrer, doch wir kennen auch die traurige Tatsache, dass Tausende von Christen durch die Verfolgungen besiegt wurden. Manche gaben nach und sagten: „Caesar ist Herr." Andere bestachen die Beamten mit Geld, um mit heiler Haut davonzukommen. Wieder andere flohen ins Ausland. Leider gaben viele von ihnen nach. Stellen Sie sich vor, dass manche in Ihrer Gemeinde so verfolgt würden und dass einige der Verhafteten die Gnade empfingen und den Mut hätten, für den Herrn zu sterben. Stellen wir uns gleichzeitig vor, dass manche den Test nicht bestünden, nachgäben und leugneten, Christus zu kennen, und die Gemeinde daraufhin meiden würden. Doch später, in Friedenszeiten, würden sie wieder in die Gemeinde zurückkehren wollen. Was sollten wir dann tun?

Dieses Problem zerriss die Gemeinde, als leichtere Zeiten kamen. Manche sagten: „Sie können keine Christen sein. Sie haben den Herrn im Stich gelassen. Sie haben ihn verleugnet. Sie haben uns gemieden, als es Verfolgung gab. Warum sollten sie jetzt wieder dazugehören dürfen?" Ich fürchte, das hat die Gemeinden gespalten.

Zweitens: Die Gemeinde wuchs nie wieder so stark oder so schnell wie in dieser Leidenszeit. Das veranlasste den nordafrikanischen Kirchenvater Tertullian zu folgendem Zitat: „Das Blut der Märtyrer ist der Same der Kirche. Wenn du eine Gemeinde pflanzen willst, pflanze einen Märtyrer." Traurigerweise ist die Gemeinde Christi nie wieder so schnell gewachsen, was die Zahl ihrer Mitglieder betrifft, wie in den ersten dreihundert Jahren. Das ist die Antwort auf das Leiden. Ich verstehe es nicht, doch es stimmt: Wo die Gemeinde leidet, da wächst sie. Warum? Ich glaube, weil das Leiden die Mitglieder quasi „aussiebt": Es reduziert die Männer Gideons auf die 300, die es ertragen können; es macht die Gemeinde wirklich zu dem, was sie sein sollte – eine edle Armee!

Jetzt ist es Zeit, aus diesen Episoden eine Schlussfolgerung zu ziehen. Wir haben drei Jahrhunderte betrachtet und das Jahr 312 erreicht. In diesem Jahr wurde der Römische Kaiser Konstantin selbst Christ. Es ist eine höchst merkwürdige Geschichte, bei der ich mir nicht sicher bin, was Wahrheit und was Mythos ist. Doch es gibt eine bestimmte Brücke, die Milvische Brücke, nördlich von Rom. Konstantin zog aus, um dort den Feinden Roms entgegenzutreten, und sah eine Vision am Himmel. Er erblickte ein Kreuz und hörte eine Stimme: „In diesem Zeichen siege." Daher malte er dieses Kreuz auf den Schild jedes römischen Soldaten und erklärte: „Von jetzt an bin ich Christ, genau wie ihr auch."

Ich bin mir nicht sicher, ob das etwas Gutes war. Doch der Kaiser wurde Christ. Er sagte: „Von nun an ist der Sonntag ein Ruhetag." Es war das erste Mal, dass der Sonntag zu einem Ruhetag wurde. Die Christen hatten bisher noch nie einen Sonntag gehabt. Konstantin erklärte auch: „Frauen werden im ganzen Reich besser angesehen." Und: „Sklaven werden von jetzt an angemessen behandelt." Der Kaiser war Christ, was das Ende der physischen Schlacht bedeutete – zumindest im Römischen Reich. Es war das Ende der Verfolgungen und des Leidens. Doch ich möchte Folgendes sagen: Es bedeutete nicht wirklich das Ende der anderen beiden Schlachten, und dazu möchte ich noch ein paar Ausführungen machen.

Konstantin stellte alarmiert fest, dass sich die christliche Gemeinde in einem fürchterlichen Zustand befand. Ihre Mitglieder stritten, zankten und überwarfen sich. Er schaute es sich näher an und erklärte: „Was für eine Kirche! Jetzt, da sie frei ist, streitet sie sich." Zunächst tat er es als Launenhaftigkeit, lehrmäßige Spitzfindigkeiten und Konflikte zwischen unterschiedlichen Persönlichkeiten ab. Doch dann untersuchte er es sorgfältiger und erkannte, dass die mentale Schlacht immer noch tobte.

Weit weg in Alexandria gab es einen sehr mächtigen Prediger. Er war großgewachsen und attraktiv, ein guter Redner und Sänger, der auch Musik komponierte. Er hatte eine riesige Gemeinde und predigte etwas Furchtbares. Er verkündete genau das, was die Zeugen Jehovas heute noch lehren – dass Jesus nicht wirklich Gott ist. Dieser große Redner mit seiner anziehenden Persönlichkeit hatte unzählige Anhänger. Sie erinnern sich vielleicht, dass sich die erste mentale Schlacht mit dem Gnostizismus gegen die Annahme richtete, dass Jesus nicht ganz Mensch war. Doch jetzt, auf der anderen Seite des Spektrums, tobte die Schlacht um die Behauptung, Jesus sei nicht vollständig Gott. Der Name dieses Mannes war Arius. Seine Irrlehre fegte mitten durch die Gemeinde wie ein Wahn oder eine Modeerscheinung. Andere Prediger behaupteten von ihren Kanzeln dasselbe: Jesus sei nicht wahrer Gott; er sei erschaffen worden, nicht einziggeboren; er sei nur der Sohn Gottes und nicht Gott selbst. So begannen sie, den Glauben zu zerstören.

Es gab einen Mann, der erkannte, was da geschah, und zunächst war er allein. Er hieß Athanasius, ein junger Mann, ein Diakon, während Arius Bischof war. Dieser junge blonde Mann war sehr klein. Man sagte, er sei ein Zwerg, weil er so winzig war. Dieser kleine, blonde Diakon einer Gemeinde sagte: „Das ist nicht die Wahrheit des Christentums, und ich werde sie bekämpfen." Daraus entstand das Sprichwort: Athanasius gegen die ganze Welt (*Athanasius contra mundum*), da die ganze Welt Arius hinterherlief. Doch Athanasius erklärte: „Ich werde dagegen kämpfen. Darum muss ich mich streiten. Das muss ich bekämpfen." Jesus war wahrer Mensch *und* wahrer Gott. Wie attraktiv und beliebt der Prediger auch sein mag, wenn er behauptet, Jesus sei nicht ganz Gott, dann zerstört er den Glauben. Wie kann Jesus Gott und Mensch zusammenbringen, wenn er selbst nicht beides ist? Das ist die einfache Wahrheit, und Athanasius hatte sie erkannt.

Schließlich sagte Konstantin: „Hört mal, wir müssen das ein für alle Mal klären", und er rief zirka 300 Bischöfe zusammen. In seinem Palast gab es keinen Raum, der groß genug war. Übrigens war er aus Rom fortgegangen und hatte sich in Byzanz niedergelassen, das er in Konstantinopel umbenannte. Da sie keinen Raum finden konnten, der groß genug war, überquerten sie die Meerenge des Bosporus (oder das Marmarameer, wie sie es nannten) und versammelten sich in einer Stadt namens Nizäa. Dort, in einer großen Kirche, trafen sich diese Bischöfe. Ihre Körper waren von ihren Leiden gezeichnet; die Verstümmelten und Lahmen kamen herbei, und der Römische Kaiser begrüßte sie. Was für ein dramatischer Moment!

Der physische Kampf war zweifellos vorbei, doch die Schlacht tobte weiter. In einem Raum außerhalb der Kirche wartete Athanasius. Er war zu jung, daher erlaubte man ihm die Teilnahme an der Diskussion nicht, doch er war die Hauptfigur darin. Er ließ alle seine Argumente durch einen Freund in die Hauptdebatte einfließen. Und dieser Freund lief immer wieder nach draußen und fragte Athanasius: „Sie behaupten dies und jenes, was sagst du dazu?" Er antwortete ihm: „Sage ihnen diesen Bibelvers." Und wieder lief der Mann hinein, nannte ihnen den Bibelvers und sagte: „Dies ist das Wort Gottes." Athanasius kämpfte die Schlacht von draußen, außerhalb des Konzils!

Zwei griechische Worte waren es, die sie spalteten: *homoousios* und *homoiousios*. Man dachte: Erstaunlich, dass sich die Gemeinde wegen eines Wortes spaltete! Doch es war ein wichtiger Begriff: *Homoousios* bedeutet „aus ein und demselben Wesen". *Homoiousios* bedeutet „aus ähnlichem Wesen". Der Streitpunkt war folgender: Ist Jesus aus derselben Substanz wie Gott oder ist er nur Gott ähnlich? Während Athanasius von außen kämpfte, umgarnte sie Arius, dieser beeindruckende Prediger, innerhalb der Versammlung, doch Gott sei Dank gewann Athanasius die Schlacht.

Gott erwählt unbedeutende Menschen. Fünfmal musste Athanasius um sein Leben rennen, und er war im Exil. Doch er kämpfte weiter, denn das Konzil von Nizäa beendete den Konflikt nicht. Es gab jedoch eine Erklärung heraus (im Jahr 325; mit Ergänzungen, die beim Konzil von Konstantinopel 381 gemacht wurden), die noch heute in Gottesdiensten verwendet wird. Sie wird das Glaubensbekenntnis von Nizäa genannt. Hier kommt eine Übersetzung seiner frühesten Form (325):

WO WAR DIE GEMEINDE IN DEN LETZTEN 2000 JAHREN?

Ich glaube an den einen Gott, den Vater, den Allmächtigen, den Schöpfer alles Sichtbaren und Unsichtbaren. Und an den einen Herrn Jesus Christus, den Sohn Gottes, der als Einziggeborener aus dem Vater gezeugt ist, das heißt: aus dem Wesen des Vaters, Gott aus Gott, Licht aus Licht, wahrer Gott aus wahrem Gott, gezeugt, nicht geschaffen, (eines Wesens mit dem Vater); durch den alles geworden ist, was im Himmel und was auf Erden ist; der für uns Menschen und wegen unseres Heils herabgestiegen und Fleisch geworden ist, Mensch geworden ist, gelitten hat und am dritten Tage auferstanden ist, aufgestiegen ist zum Himmel, kommen wird, um die Lebenden und die Toten zu richten; und an den Heiligen Geist. Diejenigen aber, die da sagen „es gab eine Zeit, da er nicht war" und „er war nicht, bevor er gezeugt wurde", und er sei aus dem Nichtseienden geworden, oder die sagen, der Sohn Gottes stamme aus einer anderen Substanz oder Wesenheit, oder er sei geschaffen oder wandelbar oder veränderbar, die verdammt die heilige katholische und apostolische Kirche.

Seither hat die Gemeinde Jesu Christi in ihren Glaubensbekenntnissen die Wahrheit proklamiert, dass Jesus wahrer Gott ist: „wahrer Gott aus wahrem Gott." Jedes Jahr zu Weihnachten singen wir es: „Wahr Mensch und wahrer Gott..." Wir singen das, was in Nizäa geklärt wurde: Jesus ist Gott und zwar vollständig.

DIE GEISTLICHE SCHLACHT WURDE IM JAHR 400 GEWONNEN

Die geistliche Schlacht ging weiter. Konstantin hatte zwei Enkel, einer von ihnen hieß Julian, die sagten: „Uns gefällt nicht, was unser Großvater getan hat." Das ist nicht ungewöhnlich. Die Enkel erklärten: „Wir werden jetzt die Uhr zurückdrehen. Wir werden die römisch-heidnischen Götter wieder einführen, ebenso wie die Tempel, und sie wiedereröffnen." Genau das taten sie.

Wie hat die Urgemeinde die Welt erobert?

Doch niemand wollte sie besuchen, und sie erkannten, dass es zu spät war! Die geistliche Schlacht war gewonnen. Im Jahr 400 gab es nur eine Religion, die überall im gesamten Römischen Reich prominent war. Römische Soldaten brachten sie nach England. St. Alban war der erste Märtyrer in Britannien – ein römischer Soldat, der für Jesus Christus starb. Wir nennen den Ort immer noch St. Albans. Der christliche Glaube hatte sich bis hinunter nach Afrika ausgebreitet. Er war ostwärts nach Syrien und nach Indien gegangen. Die damals bekannte Welt hatte ihn kennengelernt. Die physische Schlacht war gewonnen, ebenso wie die mentale, und die Gemeinde hatte die Welt für Jesus Christus erobert.

Allerdings kämpfen wir immer noch in dieser Schlacht, und sie ist heftiger als je zuvor. In vielen Ländern war es (und ist es manchmal immer noch) ein *physischer* Kampf. In Europa war und ist es immer noch ein *mentaler* Konflikt. 1517 schlug Martin Luther das an die Kirchentür von Wittenberg, was *er* für die Wahrheit hielt. Wo können wir heute hingehen, um unsere Überzeugungen zu veröffentlichen?

Heute tobt der mentale Kampf *innerhalb* der Gemeinde. Sind wir bereit, uns ihm zu stellen und ihn mit allem, was nötig ist, auszufechten? Das kann schmerzhaft sein. Und die *mentalen* Qualen sind schlimmer als die *körperlichen*.

Richard Wurmbrand (1909-2001), ein bekannter rumänischer Geistlicher, wurde wegen seines Glaubens an Jesus Christus in der Zeit des Kommunismus wiederholt eingekerkert und gefoltert. Er sagte, er habe im Westen mehr gelitten als in seinem Heimatland, und manchmal sehnte er sich in seine Gefängniszelle zurück.

Vor vielen Jahren fragte mich jemand am Telefon: „Könntest du Richard Wurmbrand nach Cambridge fahren?" Leider hatte ich zu viele Verpflichtungen, aber ich hätte es sehr gerne getan. Man hatte ihm einen Brief mit einer Todesdrohung geschickt, und aus Sicherheitsgründen wollte er nicht mit öffentlichen Verkehrsmitteln reisen. Ich fragte: „Was will er denn in Cambridge?" Man sagte mir, dass er den damaligen Domherren

Montefiore in Cambridge zur Rede stellen werde, weil sich einige Wochen zuvor in seiner Kathedrale der Weltbund der Religionen getroffen hatte. In dieser Kirche hatte Montefiore Jesus als Homosexuellen bezeichnet, was der Gotteslästerung nahekommt. Wurmbrand, der in Osteuropa körperlich gelitten hatte, war der Mann, der diese Person herausfordern wollte, im Westen die Wahrheit zu predigen. Beschämt Sie das nicht auch? Diesen Kampf kämpfen wir heute, und wir müssen sehr deutlich und liebevoll sagen: „Wir werden den Glauben für die Intellektuellen unserer Tage nicht abändern. Es gibt nur ein Evangelium, das rettet!"

Kapitel 2

WIE IST DIE WELT IN DIE URGEMEINDE EINGEDRUNGEN?

Wir versuchen, sehr viel Stoff in einem kurzen Überblick zu behandeln. Das Ziel ist, den sich entfaltenden Plan Gottes zu erkennen und zu verstehen, wie es zu Phänomenen kommen konnte, die wir nur zu gut kennen. Im vorangegangenen Kapitel haben wir betrachtet, wie die Gemeinde die Welt erobert hat (in den ersten vierhundert Jahren), indem sie eine physische Schlacht um das Leid, eine mentale Schlacht um Irrlehren und eine geistliche Schlacht mit anderen Religionen gewann. Etwas Wichtiges müssen wir noch hinzufügen: Die Christen gewannen diese Kämpfe, weil sie mehr als alle anderen lebten, dachten und starben. Das ist nicht mein Zitat. Es stammt von dem baptistischen Geistlichen T.R. Glover.

In diesem und im nächsten Kapitel wenden wir uns nun einem unerfreulichen und ernsten Thema zu, nämlich der Frage, wie die Welt die Gemeinde eroberte.

Es gibt ein Gemälde aus dem Mittelalter, das die Gemeinde als Rettungsboot darstellt. Im aufgewühlten Meer versuchen die Christen im Rettungsboot, Menschen aus den Wellen zu fischen, die am Ertrinken sind. Das ist ein sehr passendes Bild für die Gemeinde. Sie ist ein Rettungsboot und in die Welt hinausgefahren, weil sie auf das SOS-Signal reagiert hat – *Save Our Souls* (Rettet unsere Seelen). Das Rettungsboot muss aufs Meer hinaus, doch wenn das Meer in das Rettungsboot eindringt, dann ist die Not groß. Die Gemeinde muss in die Welt hinaus, doch wenn die Welt in die Gemeinde eindringt, ist sie erledigt und sinkt. Die Geschichte der nächsten tausend Jahre dreht sich darum, wie das Meer in das Rettungsboot eindrang, wie die Welt in die Gemeinde kam.

In diesem Kapitel betrachten wir, wie dies in der frühen Phase von zirka 100 bis 400 n. Chr. geschah. Daher werden wir noch einmal in die Zeit zurückkehren, die wir gerade behandelt haben. Inmitten dieses großen Triumphes begann die Welt, in die Gemeinde hinein zu sickern. Später, im Kapitel 3, betrachten wir die Zeit von 400 bis 1000 n. Chr., die oft als das finstere Mittelalter bezeichnet wird, bevor wir das Mittelalter (1000–1500) betrachten, nur wenige Jahre vor Martin Luther.

Die erste Frage lautet: Wie kam nun in den ersten 400 Jahren die Welt in die Gemeinde, als es solche Märtyrer gab, wie wir sie bereits betrachtet haben, als es großartige Prediger gab und die Schlacht gewonnen wurde? Vier Dinge geschahen während dieser ersten vier Jahrhunderte, die anfingen, die Gemeinde Jesu Christi zu verwässern:

- Regional Bischöfe;
- Eine „magische" Sicht der Sakramente;
- Etablierte Religion;
- Nominale Mitgliedschaft.

REGIONALE BISCHÖFE

Zur Zeit des Neuen Testaments hatte jede Gemeinde mehrere Bischöfe. Sie wurden Älteste oder Bischöfe oder Presbyter genannt. Diese Namen bezeichnen dasselbe Amt: Es waren geistliche Leiter. Bischöfe im Neuen Testament waren also das Gleiche wie Gemeindeälteste heute.

In der nächsten Phase reduzierte jede Gemeinde die Anzahl ihrer Bischöfe auf einen. Dann, noch später, gab es nur noch einen Bischof für viele Gemeinden, und die Leitung konzentrierte sich auf eine geringere Anzahl von Personen.

Dieses Phänomen finden wir im Neuen Testament nicht. In den ersten hundert Jahren der christlichen Gemeinde kam es nicht vor. Der Wandel geschah vielmehr im zweiten Jahrhundert. Nun traten Männer mit viel Macht und Einfluss auf den Plan – nicht viele Bischöfe für eine Gemeinde, sondern viele Gemeinden für einen Bischof. Diese Abkehr von der göttlichen Ordnung im Neuen Testament gehörte offensichtlich zu den ersten Dingen, die begannen, den Charakter der Gemeinde zu verderben und zu verändern. Diese Veränderung ahmte übrigens das Römische Reich mit seinen Statthaltern nach.

EINE „MAGISCHE" SICHT DER SAKRAMENTE
Betrachten wir die Taufe. Statt sie als äußeres Zeichen und Siegel der geistlichen Abwaschung von Sünden zu betrachten, fing man an, Folgendes zu glauben: Das Wasser und der Gebrauch der richtigen Formel retteten eine Person von ihren Sünden, unabhängig von ihrem Alter; sündigte man nach seiner Taufe erneut, machte man diese unwirksam und konnte sie nicht wiederholen, daher ließ man es besser bleiben! So beschloss man, dass man Menschen erst taufte, wenn sie auf dem Sterbebett lagen. Denn wurde man getauft, bevor man im Sterben lag, bestand das große Risiko, danach wieder zu sündigen und damit die Abwaschung von den Sünden ungültig zu machen. Daher schoben die Menschen tatsächlich ihre Taufe hinaus, bis der Arzt sagte: „Es gibt keine Hoffnung mehr." Dann ließen sie schnell den Geistlichen kommen und forderten ihn zur Taufe auf. Wieder andere sagten: „Vielleicht bekommen wir ein Baby, das im Kindbett stirbt. Wir hätten die Taufe lieber am Anfang des Lebens, sodass der Säugling von seinen Sünden reingewaschen wird. Wir wollen doch nicht, dass unser Baby in die Hölle kommt!" Beide Ansichten waren abergläubisch und magisch.

Leider setzte sich der Ansatz der Säuglingstaufe durch. Daher begann man nach zirka 150 Jahren, Babys zu taufen, eine Praxis, die bis heute besteht, nicht in der Mehrheit aller Kirchen weltweit, aber in zirka der Hälfte. Diese Praxis bedeutet, dass Menschen sich als Christen bezeichnen, die als Babys getauft wurden. Das untergräbt die Gemeinde Jesu Christi.

In ähnlicher Weise wurde das Abendmahl als etwas Magisches behandelt. Innerhalb der ersten 400 Jahre fing man an zu glauben, das Brot sei tatsächlich der Leib Christi und der Wein tatsächlich sein Blut. Da sein wahres Fleisch und Blut gegeben wurden, handelte es sich folglich um ein Opfer – daher musste die Person, die Brot und Wein austeilte, Priester sein.

ETABLIERTE RELIGION

Da der Kaiser zur Kirche ging, taten es nun auch seine Untertanen. Als Kaiser Konstantin sagte: „Von jetzt an gibt es nur noch eine offizielle Religion und zwar das Christentum", sprangen allen anderen auf diesen Zug auf, da er zum neusten Trend wurde. Das können wir uns leicht vorstellen. Man gewann an Ansehen, wenn man in die Kirche der etablierten Religion des Landes ging. Ich glaube, eine etablierte Religion produziert ein trendiges und ansehnliches Christentum. Es geht gar nicht anders, doch ich finde das nirgendwo im Neuen Testament.

NOMINALE MITGLIEDSCHAFT

Auf diese Weise kam es zur nominalen Kirchenmitgliedschaft. Am Ende des zweiten Jahrhunderts schrieb jemand: „Um 50 n. Chr. gehörte jemand zur Gemeinde, der die Taufe und den Heiligen Geist empfangen hatte und Jesus seinen Herrn nannte. Doch um 180 n. Chr. war man Kirchenmitglied, wenn man die Glaubensregel, d.h. das Glaubensbekenntnis anerkannte sowie den Kanon des Neuen Testaments und die Autorität der Bischöfe akzeptierte."

Mit anderen Worten, Menschen hatten andere Gründe, sich der Gemeinde anzuschließen, als den Glauben an Jesus und den Empfang des Heiligen Geistes. Die Kirche war jetzt *eine Institution*.

Natürlich gab es jedes Mal, wenn die Kirche auf Abwege geriet, Proteste. Diese Proteste kamen in den ersten 400 Jahren von

Wie ist die Welt in die Urgemeinde eingedrungen?

zwei Bewegungen, die Montanismus und Mönchstum genannt wurden. Beide protestierten dagegen, dass die Kirche wohlhabend und weltlich wurde und sich mit Menschen füllte, die sich nicht bekehrt hatten.

MONTANISMUS

Der Montanismus entstand in Kleinasien, der heutigen Türkei. Ein Mann namens Montanus bemerkte, dass es bei unzähligen Kirchenmitgliedern keine Spur des Heiligen Geistes gab, daher begann er, den Heiligen Geist zu suchen – und es kam zur Erweckung in Kleinasien. Falls Sie sich fragen, mit wem er heute vergleichbar wäre, dann vermutlich mit der Pfingstbewegung. Sie entdeckten den Heiligen Geist wieder und so kamen durch den Montanismus die Geistesgaben zurück in die Kirche. Das Leben kehrte in den Gottesdienst zurück. Durchschlagskraft und Realität kamen wieder hinein – durch diesen pfingstlerischen Protest gegen die Leblosigkeit der Kirche und die Verweltlichung ihrer Mitglieder.

Diese pfingstlerische Erweckung forderte die bestehende Kirche heraus – mit einer starken Betonung der Wiederkunft Jesu, mit dem Beharren darauf, dass niemand Mitglied werden konnte, der nicht wirklich an Christus glaubte und das auch bekannte, mit Heiligung und Fasten und einem ernsthaften christlichen Lebenswandel.

Doch die Bischöfe wehrten sich vehement dagegen. Sie können sich wahrscheinlich vorstellen, warum. Die Tragödie war, dass, wie schon so oft, diese erste pfingstlerische Bewegung der Geschichte in die Irre ging – und zwar, weil ihre Mitglieder keine Lehre empfingen. Sie wollten „die Hitze" ohne „das Licht". Doch wir brauchen beides. Licht ohne Hitze ist sehr kalt. Hitze ohne Licht ist zu heiß. Sie hörten nicht auf biblische Lehre, wie Geistesgaben zu gebrauchen sind. Insbesondere die Frauen dieser Bewegung schlugen Irrwege ein. Sie brachten Prophetinnen und andere hervor, die unausgewogen, ungestüm und fanatisch waren und sich jeder Kontrolle oder Lehre entzogen.

Tragischerweise endete diese erste pfingstlerische Erweckung im Fanatismus und verpuffte schließlich. Der Protest bewirkte nichts. Meiner Meinung nach sollte jede pfingstlerische Erweckung das wissen. Wir können aus der Geschichte lernen. Zunächst war der Protest etwas Gutes, er richtete sich gegen die Leblosigkeit der Gemeinden, so, wie die aktuelle pfingstlerische Erweckung vor über einem Jahrhundert genau aus denselben Gründen in England entstand. Doch eine solche Erweckung muss immer mit Lehre ausbalanciert werden, mit einem ausgewogenen Gebrauch der Gaben, mit geistlichen „Bremsen", sonst wird sie ungestüm und fanatisch.

MÖNCHSTUM

Der andere Protest (einige Jahre später in dieser Anfangszeit) war ganz anders. Es gab bestimmte Christen, die sagten: Diese Kirche ist so verweltlicht, so tot, dass die einzige Hoffnung für die Wiederentdeckung des Christentums darin besteht, sowohl die Kirche als auch die Welt zu verlassen.

Einige der Ersten beschlossen, es allein zu tun. Sie waren Einsiedler. Es ist eine höchst merkwürdige Geschichte. Da gab es zum Beispiel den ersten von ihnen, Antonius den Großen. Er entschied, dass er nur ein echter Christ sein konnte, wenn er mitten in der Wüste lebte. Das Problem war: Als er dort ankam, beschlossen viele andere Christen, sich ihm anzuschließen, was er jedoch nicht wollte. Vor allem stellte er fest, dass seine Versuchungen genauso weltlich waren, während er in einer Höhle in der Wüste saß, wie damals in der Kirche.

Es gab einen anderen Einsiedler, der noch extravaganter war: Simon Stylitis (der Säulensteher). Er baute sich eine 18 Meter hohe Säule mit einem Garten oben darauf. Er stieg hinauf und lebte dort zirka 60 Jahre lang. Er stand sogar ein Jahr lang auf einem Bein, um aus Protest der Kirche zu verdeutlichen, dass Christsein etwas Schweres sei. Da war er nun, quasi auf die Palme getrieben, übersät mit Geschwüren und Würmern, in einem

Wie ist die Welt in die Urgemeinde eingedrungen?

fürchterlichen Zustand. Der arme alte Simon Stylitis ging als jemand in die Geschichte ein, der versuchte, die wahre Askese des christlichen Glaubens wiederzuerlangen, die wahre Lebendigkeit und Selbstdisziplin des Glaubens in einer verweltlichten Kirche.

Erfolgreicher als die Einsiedler waren Menschen, die christliche Gemeinschaften gründeten. Ein Mann namens Benedikt initiierte diese Bewegung. Auf dem Monte Casino, auf halbem Weg zwischen Rom und Neapel, scharte er eine Gruppe echter Christen um sich, die begriffen, dass die Kirche so verweltlicht und so tot war, dass sie ihr nicht mehr helfen konnten. Sie sagten: „Wir werden zusammenkommen und als Christen gemeinsam leben. Statt reich zu sein, leben wir in Armut; statt lüstern zu sein, leben wir zölibatär; statt rebellisch zu sein, werden wir gehorchen." Sie leisteten den dreifachen Schwur von Armut, Enthaltsamkeit und Gehorsam. Das Ganze wurde geführt wie ein Truppenstandort römischer Soldaten. Dieses Kloster war der Protest gegen eine verweltlichte Kirche.

Tragischerweise ging auch dieser Protest daneben, genauso wie der vorherige. Denn Christus wollte nicht, dass wir unser Christsein abgesondert von allen anderen leben. Später wurden diese Mönche, die mit der guten Absicht begonnen hatte, das Christentum wiederzuentdecken, so fokussiert auf ihre eigene Errettung, so introvertiert, dass sie sich von der Welt und der Kirche isolierten.

Darüber hinaus setzten die Mönche leider die Idee in die Welt, dass es zwei Arten von Christen gäbe – zwei Standards und zwei Stufen. Christen zweiter Klasse heirateten demnach, Christen erster Klasse nicht. Christen zweiter Klasse lebten in der Welt, während Christen erster Klasse sich von ihr fernhielten. Doch das hat Jesus nicht gelehrt. Unser Herr war kein Mönch. Er hat sich nicht aus der Gesellschaft zurückgezogen. Er lebte ein reines Leben inmitten der Gesellschaft und beauftragte seine Jünger, in der Welt zu leben, ohne zu ihr zu gehören. Daher war auch diese Protestbewegung nicht die richtige, auch wenn sie aufrichtig war.

Kapitel 3

DAS FINSTERE MITTELALTER
400–1000 N. CHR.

DER FALL ROMS
Im Jahr 410 kam es zur Katastrophe. Die Barbaren aus dem Norden bedrängten die Stadt Rom. Die Vandalen (so nennen wir immer noch Menschen, die alles, was ihnen in den Weg kommt, zerstören) rückten an, die Franken, die Hunnen und die Goten – diese „Barbaren" (so genannt, weil ihr Schlachtruf „Barbar, Barbar!" lautete).

Das Rom der damaligen Zeit fiel. Im selben Jahr verließen die Römer Großbritannien, um zurückzukehren und die Stadt zu verteidigen, doch es gelang ihnen nicht. Sobald die Römer die Insel verließen, fielen die Jüten, die Angeln und die Sachsen hier ein und zerstörten das Christentum in England und im südöstlichen Schottland. So verschwand das Christentum, das durch römische Soldaten hierhergebracht worden war und in den ersten 400 Jahren in England Bestand hatte, als die Römer Großbritannien verließen. Die Angelsachsen kamen und eroberten alles.

Als Rom fiel, schien das Ende der Zivilisation gekommen. Hieronymus schrieb damals aus Jerusalem, dass die Menschheit nun ebenfalls in Trümmern liege. Es verblüffte viele Menschen: Rom, das Jahrhunderte lang als heidnisches Reich überlebt hatte, ging nun als christliches Imperium unter.

AUGUSTINUS VON HIPPO
Doch es gab einen Mann, der es gründlich überdachte und dann eine unglaubliche Erklärung abgab, nämlich, dass es das

Beste war, was je hätte geschehen können. Sein Name lautete Augustinus, und bis heute können Sie seine Bücher in Flughafen-Buchläden kaufen. Sie werden einige Zitate dieses berühmten Mannes wiedererkennen: „Unruhig ist unser Herz, bis es Ruhe findet in dir" – vermutlich das am häufigsten zitierte Gebet der Geschichte. Es war Augustinus, der betete: „Gib mir Keuschheit und Enthaltsamkeit – aber jetzt noch nicht." Von ihm stammt auch der Satz: „Liebe und tu, was du willst." Er übte größeren Einfluss auf die Kirchengeschichte aus, als alle anderen, außer dem Apostel Paulus. Augustinus wurde in Nordafrika geboren und ging als Student an die Universität von Karthago. Dort geriet er in die falsche Gesellschaft junger Männer und hatte recht bald eine Geliebte, die ihm einen Sohn gebar. Er lebte mit seiner Geliebten zirka 20 Jahre in nichtehelicher Gemeinschaft. Sein Vater war Heide, doch seine gottesfürchtige, gläubige Mutter betete jeden Tag unter Tränen für ihn.

Später wurde er wegen seines brillanten Verstandes und seiner akademischen Karriere als Professor für Rhetorik an die Universität von Mailand berufen. Dort hörte er den gläubigen Bischof Ambrosius, dessen Grab ich besichtigt habe. Durch die Predigten von Ambrosius wurde dieser junge Augustinus mit seinem brillanten Verstand und seinem durch und durch lasterhaften Leben eindrücklich seiner Sünden überführt, was ihn in große Unsicherheit stürzte. Eines Tages saß er in einem Garten und weinte über das Chaos, das er aus seinem Leben gemacht hatte. Da hörte er die Stimme eines Kindes, eines Jungen hinter einer Gartenmauer, der sagte: „Nimm, lies! Nimm, lies!" Er erfuhr nie, wer dieser Junge war. Doch er bemerkte eine Schriftrolle auf dem Stuhl neben sich, nahm sie zur Hand und las sie. Es war der Brief des Paulus an die Römer! Augustinus las ihn durch, und ihm ging ein Licht auf. Als er danach die Straße entlangging, sah ihn die Frau, mit der er zusammenlebte, doch er rannte von ihr fort. Sie folgte ihm und rief: „Augustinus, ich bin es, ich bin es!", und er rief über seine Schulter: „Aber ich bin es nicht, ich bin es nicht!"

Schritt für Schritt brachte er sein Leben in Ordnung und begann zu schreiben. Sie können die ganze Geschichte seiner Bekehrung in seinem Buch *Bekenntnisse* lesen. Als Augustinus mittleren Alters war, fiel Rom, und seine gesamte Welt schien zusammenzubrechen. Er fing an, darüber nachzudenken, und schrieb schließlich ein weiteres wichtiges Buch (unter vielen anderen!) mit dem Titel *Der Gottesstaat*. Darin erklärte er, es sei gut, dass die heidnische Stadt Rom und das dazugehörige Reich kollabiert wären, denn jetzt könnte der Gottesstaat sie ersetzen. Es war positiv, dass ein irdisches Reich zu Ende gegangen war, denn nun konnte das himmlische Reich etabliert werden. Dieses Buch brachte vielen Menschen Hoffnung und neues Leben. Sie erkannten dadurch, dass es einen Gottesstaat gab, der überlebte, auch wenn der Weltstaat der Menschen zerstört wurde.

Doch das Problem war, dass sich viele Menschen fragten: Was ist dieser Gottesstaat? Ist er etwas Sichtbares? Oder ist er unsichtbar? Handelt es sich um einen irdischen oder um einen himmlischen Staat? An diesem Punkt sorgte Augustinus bei vielen durch sein zweites Buch für ein Missverständnis. Das Komische ist, dass Jahrhunderte später, in der Reformation, Protestanten erklärten: „Wir folgen Augustinus!", und die Katholiken behaupteten genau dasselbe. Allerdings folgten die Protestanten seinen *Bekenntnissen*, während sich die Katholiken auf den *Gottesstaat* beriefen. Genau das geschah damals. Die Gemeinde sagte: „Wenn das die Wahrheit ist, dann ist die Kirche jetzt das neue Reich", und eines der ersten Resultate war, dass der römisch-katholische Bischof nun zum Herrscher erhoben wurde.

Zur damaligen Zeit gab es eine große Diskussion über das Wort „Papst". Es bedeutet eigentlich „Vater". Trotz der Tatsache, dass Jesus gesagt hatte: „Nennt niemanden auf dieser Erde Vater. Ihr habt einen Vater im Himmel", fing man an, den örtlichen Priester „Vater" zu nennen. Dann redeten sie die regionalen Bischöfe mit „Vater" an. Als Nächstes beanspruchten einige große Bischöfe, z.B. die Bischöfe von Jerusalem, Alexandria, Konstantinopel und Rom diesen Titel für sich. Der Bischof von Rom sagte: „Schaut mal, die Stadt Rom steht nicht mehr, doch ich bin jetzt der Herrscher. Ich bin der höchste Bischof, und von jetzt an nennt ihr mich nur noch Papst, nur noch Vater" – und so entstand das Papstamt, wie wir es heute kennen.

Interessanterweise nahm der Papst die Titel und sogar die Roben des Römischen Herrschers an! Er gab sich den Titel Pontifex Maximus – heute auch Pontifex oder Papst genannt. Das war der Titel des Römischen Kaisers. Augustinus Vorstellung war falsch, doch die Menschen glaubten nun, die Kirche sei das neue Kaiserreich. Daher musste sie seinen Kaiser, seine Roben und seine Zeremonien übernehmen, genauso wie seinen Thron. Der Papst wurde zu einem König.

Natürlich sollte man meinen, dass die Christen das überhaupt nicht akzeptieren konnten. Auf die französischen Christen traf das auch zu, genauso wie auf die irischen, die walisischen und die schottischen Christen. Doch leider akzeptierten es die englischen Christen.

Zu einem bestimmten Zeitpunkt sah es so aus, als würden die britischen Inseln zerrissen – zwischen denen, die nicht an einen christlichen Papst glaubten, und denen, die es sehr wohl taten. Kolumban der Ältere kam aus Irland nach Iona und dann nach Schottland, das er zu Christus führte. Dann bereiste Aidan, der Apostel von Northumbrien, die Insel Lindisfarne, von der aus er Northumbrien evangelisierte. Dort, auf dieser kleinen Insel, können Sie immer noch die Ruinen der Kirche des Heiligen Aidan besichtigen. Dieses nicht-päpstliche, keltische Christentum kam also durch Irland und Schottland in den Norden Englands. Doch später sagte der Papst: „Wir müssen England haben. Wir müssen diese Angeln bekommen." Er schickte einen Missionar, einen weiteren Augustinus, der auf der Insel Thanet landete und schließlich nach Canterbury kam. Diese beiden Strömungen des Christentums, die keltische und die römische, hatten ihr

Das finstere Mittelalter (400–1000)

berühmtes Zusammentreffen in Whitby. Man kann die Ruinen dieses Aufeinandertreffens über dem Hafen von Whitby sehen. Dort, im Jahr 660 n. Chr., prallten das päpstliche und das keltische Christentum aufeinander, und tragischerweise gewannen die Anhänger des Papstes, sodass die britischen Inseln unter die Herrschaft des Papsttums gerieten. Schottland tauschte sogar seinen Schutzpatron aus – von St. Johannes zu St. Andreas. Die ganze Lage veränderte sich.

Die andere große Gruppe von Christen, die das nicht akzeptierten, lag im östlichen Mittelmeerraum: die Kirchen Griechenlands, Kleinasiens, Syriens und Ägyptens. Sie erklärten: „Wir erkennen das nicht an. Es ist nicht biblisch, dass es einen ‚Papa', einen Vater der gesamten Kirche geben soll. Das entspricht nicht dem Neuen Testament." Sie initiierten eine Abspaltung, die im Jahr 1054 schließlich vollzogen war und die östlichen und westlichen Kirchen bis in die 1960er Jahre voneinander fernhielt. Erst im 20. Jahrhundert begannen die Kirchen des Ostens und des Westens miteinander zu sprechen. 1000 Jahre lang waren sie in dieser Frage gespalten – und natürlich müssen sie dieses Problem immer noch lösen.

Die Kirche wurde also zu einem Kaiserreich, und der Mann, der das am meisten forcierte, war natürlich Papst Gregor. Nach ihm kam Leo der Große, der behauptete, Nachfolger des Petrus zu sein. Etwas Unglaubliches geschah. Im Jahr 850 n. Chr. sagte der Papst: „Ich habe bestimmte Dokumente aus dem allerersten Jahrhundert gefunden, die beweisen, dass Petrus den ersten Papst ernannte, der dann den zweiten, und dieser dann den dritten", und so weiter und so fort. Wir wissen jetzt, genau wie die römisch-katholische Kirche, dass diese Dokumente eine Fälschung waren. Sie sind als die gefälschten *Dekretalien* bekannt, doch das Papsttum nahm sie als Grundlage. Es gab eine weitere Fälschung, die *Konstantinische Schenkung*, die behauptete, ganz Italien gehöre dem Papst. Der Papst entdeckte dieses gefälschte Dokument und sagte: „Da ist es! Ganz Italien gehört mir!" So sieht also das Fundament aus, auf dem diese ganze Struktur steht. Selbst die römisch-katholische Kirche weiß das heute, doch sie besteht immer noch auf diesen vermeintlichen Rechten. So dehnte sich ihr Machtbereich aus.

KARL DER GROSSE

Im Jahr 742 wurde ein Mann geboren, der davon träumte, das Römische Reich wieder zu errichten, mit ihm selbst als Kaiser und einem Papst, der unter ihm stand. Sein Name, Karl der Große, lässt einen erschauern, wenn man ihn hört. Dieser rücksichtslose Mann sagte: „Wir werden das Römische Reich wiedererrichten, und sein Oberhaupt wird kein Papst, sondern ein Kaiser sein." Karl rettete dem Papst zweimal das Leben, einmal als die Barbaren ihn angriffen, das andere Mal, als ihn wütende Menschenmassen in Rom bedrängten. Der Papst fragte: „Du hat mir zweimal das Leben gerettet; was soll ich für dich tun?" Karl antwortete: „Kröne mich am ersten Weihnachtstag zum Kaiser!"

Im Jahr 800 n. Chr., am ersten Weihnachtstag, im Morgengottesdienst der größten Kirche in Rom, krönte der Papst den König der Franken, zu „Karl dem Großen, dem Kaiser des Römischen Reiches". Tausend Jahre später existierte das Heilige Römische Reich immer noch.

Der Kreis schließt sich. Das Römische Reich war 410 n. Chr. zusammengebrochen. Die Kirche übernahm das Reich. Dann, im Jahr 800 n. Chr., übernahm der Kaiser das Reich von der Kirche. Es sah so aus, als ob alles wieder da angekommen war, wo es begonnen hatte.

Karl der Große tat einige gute und einige schlechte Dinge. Er beendete die Praxis der Geistlichen, sich Geliebte zu nehmen, Tavernen zu besuchen und jagen zu gehen, und er gründete Schulen, was zu den positiven Entwicklungen gehörte. Nun zu den negativen: Er verbot den Geistlichen grundsätzlich zu heiraten. Daher geht das Zölibat der römisch-katholischen Kirche auf Karl den Großen zurück.

Zu Karls Vorstellungen vom Königreich gehörte es, dass er

Das finstere Mittelalter (400–1000)

und der Papst Partner waren, wobei Karl selbst die Position des Seniorchefs innehatte. Er prägte den Begriff des Christentums, d.h. eines Königtums, das unter der Herrschaft des Kaisers christlich war. Der Begriff beschreibt eine Idee, die bis heute fortbesteht, und es gibt immer noch Menschen, die hoffen, dass es eines Tages ein Christentum geben wird, das aus dem Königtum Christi besteht.

PROTESTE
Die Kirche war korrupt, da sie mächtig und reich geworden war. Erneut möchte ich Ihnen von den Protesten erzählen, die sich dagegen erhoben. Jetzt hatten wir eine Kirche, der ein Papst vorstand, eine Kirche, die Bilder verehrte und die Menschen lehrte, dass sie durch Pilgerreisen und Bußübungen gerettet würden. Diese Kirche verkündete den Menschen alle möglichen Dinge, die man nicht im Neuen Testament findet. Die Proteste erhoben sich im Osten und im Norden.

Im Osten ergaben sie sich aus zwei Entwicklungen. Die erste war das größte Gerichtshandeln, das die christliche Kirche je getroffen hat, nämlich der Aufstieg des Islam. Ich habe selbst in Arabien gelebt und einiges von dieser Religion mitbekommen. Ich will Ihnen ein wenig darüber erzählen.

Mohammed wurde 571 in einer Stadt namens Mekka geboren – dem Zentrum des götzendienerischen Aberglaubens der Araber. In der Mitte von Mekka stand ein riesiges quadratisches Gebäude, das mit schwarzen Vorhängen verhängt war. Darin befand sich ein heiliger Stein, die Kaaba, ein Meteorit, der vom Himmel gefallen war. Doch es gab auch noch zahlreiche andere abergläubische und götzendienerische Praktiken in Arabien. Dieser Mann, Mohammed, wuchs mit dem Götzendienst und dem Aberglauben der Araber auf, der ihn abstieß und anekelte, und daher...hören Sie sich das an! Er wandte sich zuerst an die Juden und dann an die Christen und fragte sie: „Habt ihr die wahre Religion?" Die Tragödie war, dass Mohammed nie einem wirklich bekehrten Christen begegnete! Tragischerweise sah er nie das wahre Christentum nach der Art des Neuen Testaments! Alles, was er sah, waren Priester mit Roben, Heiligenbildern und Kreuzen und er sagte: „Das ist genauso götzendienerisch wie bei den Arabern." Hätte Mohammed am Ende des sechsten Jahrhunderts nur einen wahren Christen getroffen – doch das tat er nicht, daher sagte er: „Okay. Ich werde nach einer neuen Religion suchen, die rein ist." Und er wandte sich von diesem erbärmlichen, pervertierten Christentum ab, das zum damaligen Zeitpunkt alles war, was er finden konnte.

So heiratete er eine wohlhabende Witwe, verbrachte Jahre in der Wüste und berichtete, dass dort zu ihm gesprochen wurde. Eine Stimme sagte zu ihm: „Es gibt keinen Gott außer Allah und Mohammed ist sein Prophet." Er fing an, dies zu predigen. Durch einen Sekretär ließ er das, was er in seinen Visionen gehört hatte, in einem Buch aufschreiben – dem Koran. Er wurde verfolgt und musste im Jahr 622 nach Medina fliehen. Dieses Datum legen die Araber ihrem Kalender zugrunde. Er kehrte nach Mekka zurück und zwang der Stadt diese neue Religion auf – mit einer Armee! Von diesem Zeitpunkt an musste jeder in Richtung Mekka beten. Es wurde gelehrt, dass man folgendermaßen in den Himmel kommen konnte: durch gute Werke, durch Fasten, durch Gebet (fünfmal am Tag), durch Fasten während des Ramadans, durch eine Pilgerfahrt nach Mekka und durch Almosen an die Armen.

Mohammeds Religion verdrängte das Christentum aus dem Mittelmeerraum. Es vertrieb das Christentum von der Küste Nordafrikas und aus dem Heiligen Land selbst, aus Jerusalem, dem Ort, wo Jesus gestorben war. Der Islam fegte durch Spanien und durch Kleinasien. Er drang bis nach Frankreich vor, bis an die Stadttore von Lyon. Er breitete sich rasch in Osteuropa aus und erreichte Wien. Es schien, dass Mohammeds Glaube das Christentum in einer riesigen Umklammerung zerdrücken würde. Es war das größte Gerichtshandeln, das Gott je gegen die christliche Kirche zugelassen hat, und es war verdient.

Das finstere Mittelalter (400–1000)

Das Christentum verschwand von den meisten Orten der Mittelmeerküste.

Doch bis hierher und nicht weiter. Gott ließ das Christentum nicht untergehen und stoppte die Eindringlinge in Lyon und in Wien. Daraufhin zogen sie sich auf ihre heutigen Grenzen zurück, hauptsächlich auf die Küste Nordafrikas und auf die Türkei. Denn damals gab es in ganz Europa kleine Gruppen von Christen, die sich um das Wort Gottes versammelten. Sie erkannten, dass die offizielle Kirche korrupt war, und trafen sich einfach in kleinen Gruppen. Sie lasen die Bibel und sagten: „Wir werden Gott in aller Einfachheit anbeten. Wir werden das gemeinsam tun. Wir brauchen keine Priester. Wir haben Jesus, unseren Hohepriester. Wir brauchen keinen Papst. Wir haben einen Vater im Himmel. Wir brauchen dieses ganze Zubehör nicht. Wir brauchen nur das Wort Gottes und den Heiligen Geist", und so trafen sie sich.

Wir wissen kaum etwas über sie, denn sie wurden so stark verfolgt, dass selbst ihre historischen Aufzeichnungen vernichtet wurden. Ich frage mich, wie viele jemals von einer Gruppe gehört haben, die Bogomilen genannt wurde. Sie trafen sich in ganz Europa, um Gottes Wort zu studieren, hauptsächlich in Bulgarien und Bosnien. Der Begriff „Bogomilen" ist das bulgarische Wort für „Freunde" – Freunde Gottes.

Es gab die Paulikianer, die sich in Armenien, Thrakien und Kleinasien versammelten. Sie waren die Katharer – ein Name, der „die Reinen" bedeutet, was dieselbe Bedeutung wie der spätere Begriff „Puritaner" hat – und sie trafen sich auf dem Balkan.

In meiner Naivität glaubte ich, dass es eintausend Jahre lang nur die römisch-katholische Kirche und die Ostkirchen gab, doch das stimmt nicht. Begeistert habe ich entdeckt, dass es durch all diese Jahrhunderte Gruppen einfacher Christen gab, die sich in Ortsgemeinden um das Wort Gottes versammelten. Sie bezahlten dafür mit ihrem Leben, doch sie trafen sich, und die Flamme des Glaubens wurde so für nachfolgende Generationen am Lodern gehalten.

Kapitel 4

DAS MITTELALTER
1000–1500 N. CHR.

Wir nennen den Zeitabschnitt von 1000 bis 1500 n. Chr. das „Mittelalter", weil es die Phase zwischen dem „dunklen Mittelalter" und der „Moderne" ist.

HILDEBRAND
Dieser Mönch wurde Papst und ihm gefiel es nicht, die „Nummer zwei" zu sein. Es gab jetzt ein wiederhergestelltes Römisches Reich mit einem neuen Kaiser, und der Papst war nur die Nummer zwei. Hildebrand beschloss, der Papst sollte die Nummer eins sein. Ich formuliere das sehr einfach, aber genau das geschah – und Hildebrand erreichte sein Ziel. Er bewirkte viel Gutes. Er beseitigte einen Teil des Ämterkaufs in der Kirche. Er schaffte viele falsche Dinge ab. Doch er tat es, weil er glaubte, der Papst sollte alles kontrollieren, einschließlich der Könige. Die Schlacht zwischen Hildebrand und dem damaligen König Heinrich IV. wurde höchst dramatisch und schrecklich entschieden. Heinrich widersetzte sich Hildebrand und erklärte: „Ich bin die Nummer eins." Hildebrand sagte: „Nein, das bist du nicht! Lass das Volk entscheiden." Und das Volk entschied sich für Hildebrand. In der Abgeschiedenheit der Alpen traf der Papst auf Heinrich IV., der aus Nordeuropa kam. Der Papst befand sich in einem Haus in den Bergen und ließ den König drei Tage lang barfuß draußen im Schnee warten, bevor er mit ihm sprach. Auf diese Art verwies er ihn sehr deutlich in seine Schranken – und auf den zweiten Platz.

Von da an war der Papst für die nächsten 500 Jahre die einflussreichste Person. Das Papsttum war die Macht, die die westliche Welt beherrschte. Jetzt war die Kirche wieder das Königreich, und es war dieser Papst, der das päpstliche Symbol einführte, das eines meiner Kinder zu meinem großen Ärger auf seiner Schuluniform trug: die gekreuzten Schlüssel von Chalfont St. Peter. Einer ist der Schlüssel der heiligen Autorität über die Kirche, der andere ist der Schlüssel der weltlichen Autorität über den Staat. Die gekreuzten Schlüssel des heiligen Petrus, die zu unserem Ortswappen gehörten, zeigten tatsächlich den Anspruchs Hildebrands, der „Boss" von Kirche und Staat zu sein.

Dies stellte die körperliche Kraft von Armeen in den Dienst der Kirche. Es entsprach Hildebrands Auffassung, und daher begann er, Gewalt anzuwenden, um das Reich Christi zu errichten. Nie wurde ein größerer Fehler begangen.

KREUZZÜGE INS HEILIGE LAND

Das erste Resultat dieser Auffassung, dass die Kirche Gewalt anwenden durfte, waren die Kreuzzüge. Mittlerweile waren die heiligen Stätten, einschließlich Jerusalem, in der Hand der Muslime. Ermutigt durch andere entschied der Papst, dass die Kirche sich durchkämpfen und das Heilige Land für Christus erobern sollte. Der erste Kreuzzug entstand 1095. Er war Hildebrands Idee, doch er starb, bevor er sie umsetzen konnte. Schon zu seinen Lebzeiten machten sich allerdings Menschen auf den Weg. Genau wie heute einige ganz wild auf das Wandern sind (ich werde so und so viele Kilometer zurücklegen und du bist mein Sponsor etc.), war ein Kreuzzug damals *der* Anlass, sich in Bewegung zu setzen. Es gab überall Pilgerfahrten zur Unterstützung dieses Vorhabens. Man wanderte, weil man einen Kreuzzug machte. Man trug ein Kreuzabzeichen auf seiner Schulter, wovon dann das Wort Kreuzzug abgeleitet wurde. Man marschierte einem Banner mit dem Kreuz hinterher oder trug Kreuze auf den Schultern, wie Schulterklappen.

Der erste Kreuzzug wurde durch einen ungepflegten, ungehobelten, fanatischen Prediger namens Petrus der Eremit

Das Mittelalter (1000–1500)

auf die Beine gestellt. Er machte sich mit 600.000 Männern auf den Weg, von denen nur ein Zehntel ihr Ziel erreichte. Die meisten von ihnen starben im türkischen Hochgebirge. Doch sie schafften es. Sie nahmen Jerusalem ein und brandschatzten es. Sie vergewaltigten die Frauen und errichteten die sogenannte „Herrschaft Christi" in Jerusalem, indem sie alle Sarazenen der Stadt abschlachteten. War das christlich? Natürlich nicht. Sie waren fehlgeleitet, doch Tausende von Menschen dachten, so sollte die Kirche sein, ein irdisches Reich, das sich selbst mit Gewalt etablierte. Dazu gab es Anreize. Man bot den Menschen Sündenvergebung an, wenn sie losziehen und für Christus kämpfen würden. Man bot ihnen den Ablass an, d.h. so und so viele Jahre weniger im Fegefeuer, woran man jetzt glaubte. Man erklärte ihnen, ihre Schulden würden von Rechts wegen aufgehoben, wenn sie losmarschierten. Verbrechern wurde Begnadigung angeboten, wenn sie das Gefängnis verließen, um loszuwandern und zu kämpfen. Sie können sich den zusammengewürfelten Haufen vorstellen, der daraus hervorging.

Philipp von Frankreich war darin verwickelt, genauso wie König Richard Löwenherz aus England. Achtmal machten sich die Kreuzfahrer auf den Weg, um Jerusalem einzunehmen. Man kann die Ruinen von Kreuzfahrerfestungen immer noch im gesamten Heiligen Land sehen – in Akko, auf dem Berg Hermon, dort stehen sie. Es war das größte Desaster, das es je gegeben hat.

Einer dieser Kreuzzüge war ein Kinderkreuzzug, bei dem sich 2.000 kleine Zwerge auf den Weg durch ganz Europa machten, um das Heilige Land für Jesus zurückzugewinnen. Keiner von ihnen kam jemals an. Der Papst sagte: „Engel werden euch auf wundersame Weise Essen bringen, wenn ihr euch auf den Weg macht", doch das Essen kam nicht, ebenso wenig wie die Engel. Es ist eine unglaubliche Geschichte, die Sie lesen sollten, wenn Sie den Hintergrund der Reformation verstehen wollen.

Was war der grundlegende Irrtum? Die Antwort lautet: Man dachte, man könnte das Königreich Jesu mit Gewalt errichten.

Der Johanniterorden in Jerusalem, die Templer und andere Orden christlicher Ritter gründeten sich. Es klang alles großartig, als wäre es lohnenswert, dafür loszumarschieren. Es beflügelte die Fantasie junger Menschen, die begeistert zu Tausenden aufbrachen – in ihren Tod.

Der letzte Kreuzzug war ein absoluter Fehlschlag. An den Hörnern von Hittim, einem oben abgeflachten Berg, verdurstete die letzte Kreuzfahrer-Armee, besiegt von den Sarazenen. Daher atmete Europa im Jahr 1270 auf, als der Papst das ganze Unterfangen abblies. Es ist eine der traurigsten Episoden in der gesamten Kirchengeschichte. Man erreichte nichts damit, sondern verschlimmerte die Lage nur noch mehr.

Nachdem er außerhalb der Kirche Gewalt angewendet hatte, beschloss der Papst nun, es innerhalb der Kirche zu tun und schlug ein weiteres schreckliches Kapitel auf.

DIE INQUISITION

Ich wage nicht, die Dinge detailliert zu beschreiben, die im Namen Christi verbrochen wurden. Die Bischöfe weigerten sich, diese schreckliche Maschinerie der Grausamkeit, Bosheit und Verdächtigung in Betrieb zu nehmen, um Menschen dazu zu zwingen, sich den kirchlichen Anforderungen zu fügen. Doch die Dominikaner nahmen es in die Hand, sodass zahlreiche Menschen viele Jahre lang in Todesangst dieses Schreckensinstrument durchliefen, das wir die Inquisition nennen.

Das Grundproblem war, dass die Kirche sich selbst als weltliches Königreich betrachtete, in dem es legitim war, die Sache Christi mit Gewalt voranzubringen. Wir wissen heute, dass dies der falsche Weg ist. Wir wissen, dass die Kirche keine andere Macht als die Macht der Liebe nutzen und niemals einen Menschen dazu zwingen darf, Christus anzunehmen. Ihre einzig zulässigen Mittel sind Liebe und die Predigt des Evangeliums. Natürlich wird diese Form der gewalttätigen Verdorbenheit schnell selbstzerstörerisch. „Macht korrumpiert", sagte Lord

Das Mittelalter (1000–1500)

Acton, „und absolute Macht korrumpiert absolut." (Das ist übrigens die korrekte Wiedergabe seines Zitats.) Und so geschah es. Sehr schnell gab es statt eines Papstes zwei Päpste, die um den Thron kämpften. Dann wurden es drei Päpste, und die Menschen fragten sich, wo um alles in der Welt das hinführen sollte. Es gab einen Papst in Avignon *(Sur le pont, d`Avignon)*. Dort war der Papst. Und es gab woanders noch einen Papst, nämlich in Rom. Wer war nun der legitime „Heilige Vater"? Diese Art von Verhalten führte recht zügig zu einer gewissen Zerrüttung. Es gelang ihnen zwar, das Papsttum zu einen, doch dann sickerte die Korruption immer weiter nach unten durch.

Die Klöster wurden korrupt, sie wurden zu wohlhabend. Die Bischöfe wurden zu mächtig. Die Pfarrgemeinden verfielen der Korruption, und die ganz normalen Praktiken der christlichen Religion wurden verdorben. Man betete zu Maria. Uns ist nie aufgetragen worden, zu Maria zu beten. Sie war ein Mensch wie wir alle auch. Man betete für die Toten und zu den Heiligen. Es gab eine Doktrin, die am meisten Angst verursachte: Die Lehre vom Fegefeuer – wie viele Jahre man leiden muss, nachdem man gestorben ist. Es gab die Lehre von der „Messe", vom sogenannten „Opfer" beim Abendmahl, das vom Priester dargebracht wurde. Es gab die Beichte gegenüber dem Priester und den Ablasshandel, durch den man sich von einer gewissen Anzahl von Jahren im Fegefeuer freikaufen konnte. Es gab Pilgerfahrten sowie die Anbetung von Reliquien und Bildern. Nichts davon steht im Neuen Testament. Doch wenn eine solche Verdorbenheit einsetzt, dann scheint alles schiefzugehen. Wenn so viel Macht und Reichtum in die Kirche kommen, dauert es nicht lange, bis die Anbetung und andere Dinge zerstört werden.

Was war der grundlegende Irrtum bei alledem? Was ging schief? Ich sage es Ihnen in einem Satz: Die Kirche hatte begonnen zu glauben, sie sei Christus – und das tut sie immer noch.

Ich habe einen leitenden Priester gefragt: „Gilt das immer noch?" Und er antwortete: „Ja, und das wird sich auch nicht ändern." Ich stellte ihm Fragen zum Vatikanischen Konzil und diskutierte mit ihm darüber. Ich sagte: „Sehen Sie, der entscheidende Unterschied, mein einziges Problem ist: Ich glaube nicht, dass die Kirche Christus selbst ist, ich glaube nicht, dass sie Prophet, Priester und König ist. Ich glaube, Jesus selbst ist das alles."

Er sagte mir ganz offen: „Darüber werden weder wir noch das Vatikanische Konzil diskutieren, weil sich das niemals ändern wird."

Hier liegt der grundlegende Irrtum: Wenn ich glaube, dass ich der Prophet für diese Welt bin, kann ich der Welt vorschreiben, was sie glauben soll, und ich kann ihr die „unfehlbare" Wahrheit sagen. Wenn ich der Priester für diese Welt bin, kann ich sagen: „Ihr müsst an meinen Sakramenten teilnehmen, ihr müsst mir eure Sünden bekennen, wenn ihr gerettet werden wollt." Halte ich mich dann auch noch für den König der Welt, werde ich meine Autorität so weit ausbauen, wie ich nur kann.

Hier wird das Haupt mit dem Körper, dem Leib der Gemeinde, verwechselt. Das Haupt ist göttlich. Der Leib ist menschlich. Christus ist das Haupt, er ist der Prophet, Priester und König. Die Kirche ist das alles nicht. Das ist der grundlegende Unterschied zwischen Protestantismus und Katholizismus; er ist heute so groß, wie er schon immer war, und es gibt keine Veränderung der Lage. Man hat sich in dieser Frage um keinen Zentimeter weiterbewegt.

Während des Mittelalters begann das Pontifikat, sich für den Propheten, Priester und König zu halten sowie für den Stellvertreter Christi auf Erden. Das bedeutet, wenn der Papst auf seinem Thron spricht, dann redet Christus. Das ist nun etwas sehr Grundlegendes. Ich sage es in Liebe, doch das ist immer noch das Problem. Es hat sich überhaupt nicht verändert und stellt immer noch die größte Frage dar, mit der wir uns auseinandersetzen müssen. Ein Buch, das dies verdeutlicht, stammt von einem Italiener, Vittorio Subilia, und trägt den Titel *The Problem of Catholicism* (Das Problem des Katholizismus).

Das Mittelalter (1000–1500)

Ich habe es Priestern ausgeliehen. Nachdem sie es gelesen hatten, sagten sie mir ganz offen: „Das ist ein gutes Buch, das beste protestantische Buch, das es über Rom gibt." Genau dasselbe steht auch in den Buchbesprechungen der römisch-katholischen Presse. Ein Kommentar lautete: „Es ist das beste protestantische Buch über Rom, das es gibt, und es stellt das, was wir glauben, absolut richtig dar. Wir ändern unseren Glauben nicht, und dabei bleibt es."

Die Kirche ist nicht Christus, daher ist sie auch nicht der König; die Stadt Gottes wird von Gott erschaffen und gebaut, nicht von Menschen. Christus hat gesagt: „Ich werde meine Gemeinde bauen." Er hat nicht gesagt, ihr werdet es tun. Christus ist das Haupt der Gemeinde, niemand anders ist ihr Haupt und niemand anders darf es sein. Selbst in einer Ortsgemeinde kann der Geistliche versuchen, das Haupt der Gemeinde zu sein; die Ältesten können dasselbe tun. Doch mein Gebet lautet, dass die Herrschaft über jede Gemeinde auf *seiner* Schulter liegt und dass Christus ihr Haupt ist. Es gibt kein anderes und es kann auch keines geben. Wenn die Kirche beginnt so zu tun, als sei sie Christus, dann halten diese Dinge Einzug.

Ich freue mich nun, sagen zu können, dass man dagegen protestierte, und im gesamten Mittelalter, von 1000 bis 1500 n. Chr. gab es Menschen, die sagten: „Das stimmt nicht! Das ist nicht das Christentum. Jesus wollte nicht, dass dies geschieht." Diese kleinen Gruppen waren unter verschiedenen Namen bekannt. Ich will nur vier erwähnen, damit Sie einen Eindruck von ihnen bekommen.

In den Niederlanden gab es die Begarden. Sie waren einfache Leute, die sich zum Bibelstudium versammelten und sagten: „Christus ist das Haupt unserer Gemeinde." Dann gab es die Waldenser, die nach dem Waldensertal in Norditalien benannt wurden, wo sie ihren Anfang nahmen. Die Waldenser sagten: „Wir glauben, dass dieses Buch, die Bibel, uns sagt, wie Jesus die Kirche gemeint hat." Sie gingen zum Papst und erklärten:

WO WAR DIE GEMEINDE IN DEN LETZTEN 2000 JAHREN?

„So sehen wir das. Können wir als rechtmäßiger Teil der Kirche anerkannt werden, wenn wir diesem Buch folgen?" Was hätten sie noch tun können? Sie wollten in der römisch-katholischen Kirche bleiben. Der Papst antwortete ihnen: „Nein, wenn ihr das tut, was ihr vorhabt, werden wir euch verfolgen." Und genau das geschah. Die Waldenser flohen von einem Tal ins nächste.

Die nächste Gruppe waren die Albigenser in Südfrankreich. Sie lasen die Bibel und sagten: „Jetzt erkennen wir, wie die Kirche und wie die Christen sein sollten." Leider wurde die blutigste Kampagne, die jemals vom Papsttum ausging, gegen diese lieben Menschen gerichtet, die Albigenser. Doch es gab zwei spanische Adlige, vom Papst gesandt, die sie umbringen sollten. Sie kehrten zum Papst zurück und erklärten: „Aber diese Leute sind gute Christen. Sie sind keine Verbrecher. Sie bekämpfen euch nicht. Sie wollen Teil der Kirche sein und gemäß ihrem Verständnis der Bibel leben." Diese beiden Männer, von denen einer Dominik hieß, sagten: „Wir werden versuchen, sie in die Kirche zu integrieren" – und sie gründeten den Dominikanerorden (den Predigerorden). Sie glaubten genau dasselbe wie die Albigenser. Es ist eine Tragödie, dass die Dominikaner später so korrupt wurden, dass sie bereit waren, die Inquisition durchzuführen.

Es gab noch andere, z.B. die Brüder vom gemeinsamen Leben in Deutschland. Sie alle waren unabhängig von der römisch-katholischen Hierarchie. Sie stellten alles auf das Fundament der Bibel, in der Sprache des Volkes, und sie alle erlitten Verfolgung bis in den Tod. Die wahre Kirche ist immer verfolgt worden.

Unter denen in der Kirche, die dies auch erkannten, gab es Menschen, die sich zurückzogen und ihren Glauben nur im Privaten lebten. Bernhard von Clairvaux war einer von ihnen. Er war ein sehr ernsthafter junger Mann, auch wenn er in seiner Jugend der Anführer einer echten Diebesbande gewesen war. Nachdem er jedoch zwei Jahre als Kriegsgefangener in den italienischen Kriegen verbracht hatte, kam er zur Besinnung. Er erkannte, dass er sein Leben verschwendete, und wurde ein ernsthafter Mann.

Das Mittelalter (1000–1500)

Als Sohn eines französischen Barons wandte er sich von seinen Reichtümern ab und zog mit zwölf Freunden in ein Tal voller Räuber im Süden Frankreichs. Dort lebten sie in schrecklicher Armut und ernährten sich von gekochten Buchenblättern und Kräutern. Er weckte seine Freunde morgens um 2.00 Uhr zum Gebet auf. Er ließ sie bis abends um 8.00 Uhr arbeiten, und sie errichteten eine Lebensgemeinschaft im Tal von Clairvaux. Bernhard wurde zu einem der mächtigsten Christen in Europa. Er bestimmte sogar einen Papst. Dabei hatte er weder ein Amt, noch Geld noch irgendwelche materiellen oder psychologischen Kräfte. Er konnte das alles tun, weil er ein so guter Christ war. Menschen kamen von überall her zu ihm und baten ihn um Rat. Dann zog er los und predigte überall. Bernhard von Clairvaux wurde zu einem sehr berühmten und einflussreichen Mann, weil er Charakter hatte. Er wurde später der Papstmacher genannt, da er Innozenz III. auf den päpstlichen Thron beförderte. In seinem persönlichen Leben liebte er Jesus. Martin Luther hat einmal gesagt: „Von allen Mönchen und Priestern der Geschichte habe ich die größte Hochachtung vor Bernhard von Clairvaux." Leider fühlte er sich in der Öffentlichkeit verpflichtet, das Papsttum zu unterstützen, und ein weiser Mensch sagte über ihn: „Er hat die Reformation um mindesten zwei Jahrhunderte verzögert." Leider hat dieser Mann mit seiner wunderschönen privaten Liebe zum Herrn das, was hätte geschehen können, öffentlichkeitswirksam aufgeschoben.

Von Franziskus, der fast ein Zeitgenosse Bernhards war und in der Kleinstadt Assisi geboren wurde, werden Sie schon gehört haben. Er wurde mit dem echten Leben konfrontiert, als er einen bettelnden Leprakranken auf der Straße sah, die Straßenseite wechselte und an ihm vorbeiging. Als er dies tat, dachte er: „Was für ein Mensch bin ich, dass ich mich von meinem Mitmenschen abwende?" – und er kehrte um und küsste den Leprakranken. Dann begann er, ein ernsthaftes Leben zu führen; er suchte und fand Christus. Franziskus scharte mehrere Freunde um sich, die in absoluter Armut, immer zu zweit, auszogen, das Evangelium predigten und Menschen für Christus gewannen. Obwohl er für seinen bemerkenswerten Umgang mit Tieren und Vögeln besser bekannt ist (seine Liebe zur Natur war einzigartig), sollte man Franziskus als ersten Missionar im Gedächtnis behalten, der zu den Muslimen ging. Er riskierte sein Leben und ging zum Sultan selbst, dem Oberhaupt der Muslime, um das Evangelium von Jesus Christus zu verkünden. Statt mit einer Armee von 600.000 Mann loszuziehen, um sie zu bekämpfen, ging Franziskus allein und in Armut zu ihm, um ihm die Liebe Jesu zu predigen.

Diese Männer fielen auf. Franz von Assisi und seine Nachfolger trugen graue Roben und wurden als die „Grauen Brüder", englisch *Greyfriars,* die Franziskaner, bekannt. Sie werden diesen Namen auf Straßenschildern finden. Die Dominikaner trugen schwarze Roben und wurden „Schwarze Brüder", englisch *Blackfriars*, genannt. Auch sie hat man auf Straßenschildern in London verewigt. Die Greyfriars und die Blackfriars versuchten also, das einfache christliche Leben zurück in die Kirche zu bringen. Doch das Traurige ist, dass auch sie versagten und korrupt wurden. Aus den Franziskanern wurden professionelle Bettler, während die Dominikaner, wie schon gesagt, die Inquisition durchführten.

Die ganze Situation verlangte danach, dass jemand die Wahrheit beim Namen nannte – und dies so gut tat, dass alle es hören und verstehen würden. Ein Mann namens Arnold von Brescia fing 1150 n. Chr. an zu erklären, dass Reichtum und weltliche Macht nicht in die Hände der Kirche gehörten. Doch leider stellte sich Bernhard von Clairvaux gegen ihn und brachte ihn zum Schweigen. Dann stand ein Mann namens Marsilius auf, ein Arzt. Er las seine Bibel und sagte: „Die Bibel ist der Standard für die Kirche, es gibt keinen anderen, und Bischöfe und Päpste sind menschliche Erfindungen." Auch er wurde zum Schweigen gebracht. Ein Engländer, der als Professor an der Universität von Paris lehrte, Wilhelm von Ockham, sagte dasselbe, und auch er wurde mundtot gemacht.

Das Mittelalter (1000–1500)

Schließlich fiel es einem Mann aus Yorkshire zu, der sogenannte „Morgenstern" der Reformation zu werden. Der Morgenstern ist der Stern, den Sie immer noch sehen können, wenn die Sonne aufgeht. Er kam als brillanter Student nach Oxford, wurde dort Professor, reiste viel und erhielt den Spitznamen „Doktor Evangelicus". Sie können sich vorstellen, warum. Sein Name war John Wycliffe, und er entdeckte die Bibel wieder, vermutlich mehr als jeder andere vor Martin Luther. Er konnte sich verständlich machen und protestierte gegen den päpstlichen Missbrauch.

Es gab fünf päpstliche Dekrete gegen ihn. Damals nannte man sie „Bullen". Er wurde nach Canterbury gebracht und dort vor Gericht gestellt, doch er berief sich auf die Bibel, das einzige Recht der Kirche, und erklärte: „Ich werde diese Bibel aus dem Lateinischen ins Englische übersetzen. Ich werde die Bauernjungen dazu bringen, dieses Buch zu kennen." John Wycliffe übersetzte die Bibel gewissenhaft. Dabei wusste er: Wenn er sie in die Hände einfacher Männer und Frauen legte, würde er ihnen die Antwort auf die gesamte Korruption der Kirche geben. Daher stürzte er sich auf diese Aufgabe und bewältigte sie auch.

Er scharte eine Gruppe von Predigern um sich, die ganz einfach mit Wycliffes Bibelübersetzung in den Dörfern umherzogen und auf den Marktplätzen predigten – zudem waren sie auch gute Sänger. Sie sangen das Evangelium, und wo immer Sie das Evangelium wirklich gepredigt hören, wird es auch gesungen. Sie wurden als die bezeichnet, die Wiegenlieder sangen, Lollards (abgeleitet vom niederländischen löllen, zu Deutsch lullen, d.h. durch beruhigenden Singsang zum Schlafen bringen). Hier geschah etwas, das zu großen Umwälzungen führen sollte.

Falls Sie einmal Amersham besuchen, wandern Sie die Station Road hinauf, biegen Sie dann links ab und gehen Sie zwischen den Häusern hindurch aufs Feld. Dort steht ein Denkmal für Menschen, die von ihren eigenen Kindern bei lebendigem Leibe verbrannt wurden. Die Kinder wurden gezwungen, die Scheiterhaufen anzuzünden und ihre Eltern zu verbrennen. Warum? Weil sie in den Wäldern von Amersham dabei erwischt wurden, ihre Bibeln zu lesen. Es war die Folge des Handelns von Wycliffe und den Lollards, dass dies geschah, und das Denkmal steht dort immer noch. Das sollten Sie wissen. Es geschah auch in den Chiltern Hills, Wycliffe war überall unterwegs. Interessanterweise starb er friedlich als anglikanischer Pfarrer in Lutterworth (an der Autobahn M 1, südlich von Leicester). Ich habe diese Kirche in Lutterworth besucht. Sie hätte John Wycliffes Herz gebrochen. Sie war päpstlicher als der Papst. Vor lauter hochkirchlichem Weihrauch konnte ich kaum etwas erkennen, so sah es dort aus. Das war der Ort, an dem Wycliffe das Wort Gottes gepredigt und die Korruption in der Kirche verurteilt hatte.

Er war auch in Oxford. Und es gab eine weitere Universität in Europa mit engen Beziehungen nach Oxford, die Universität von Prag. Der Hochschulrektor von Prag war ein armer Bauernjunge gewesen, der allein durch harte Arbeit diesen Posten errungen hatte. Auch er hieß John. John (Jan) Huss. Huss hörte von Wycliffe und begann, dessen Bücher zu lesen und dieselben Inhalte in Prag zu predigen. Schließlich wurde er verhaftet, und der Papst verurteilte ihn zum Tod auf dem Scheiterhaufen. Und seine Anhänger, die Hussiten, wurden ebenfalls getötet.

Als die Nachricht England erreichte, dass der Papst Jan Huss hatte verbrennen lassen, wissen Sie, was dann geschah? Die Kirchenoberen gingen nach Lutterworth, gruben die Leiche von John Wycliffe aus und verbrannten sie auf einem Scheiterhaufen. Seine Asche streuten sie in den Swift-Fluss in Lutterworth. Jemand kommentierte das folgendermaßen: „So, wie der Swift die Asche in den Fluss Avon tragen und wie der Avon sie weitertragen wird in den Severn und wie der Severn sie in die Kanäle an unseren Küsten transportieren wird, die sie dann in die Meere tragen werden, so werden sich die Lehren von John Wycliffe auf der ganzen Welt verbreiten." Was für eine erstaunliche Prophetie.

Jetzt stehen wir an der Schwelle von etwas Spannendem. Sind

Das Mittelalter (1000–1500)

Sie nicht auch gespannt? Sie sehen, dass es so nicht weitergehen konnte. Ein solcher Missbrauch der Gemeinde Christi konnte von Männern und Frauen nicht toleriert werden. Ihnen begann ein Licht aufzugehen – und zwar dadurch, dass sie anfingen, die Bibel in ihrer Muttersprache zu lesen. Die Bibel hat immer diese Wirkung, wo sie auch hinkommt. Sie bringt die Dinge in Ordnung.

Jetzt komme ich zu meinem letzten Punkt: Der andere Grund für die Reformation, zusätzlich zum Missbrauch der Kirche, war die Tatsache, dass die Menschen in ein Zeitalter der Entdeckungen eintraten und begannen, neue Ideen zu entwickeln.

Das galt für die *materielle* Welt. Christoph Kolumbus entdeckte Amerika, Kopernikus fand heraus, dass die Erde sich um die Sonne drehte und nicht umgekehrt, während Galileo sich das Teleskop vor seine erblindenden Augen hielt und so die Sterne betrachtete. Es war der Anfang des wissenschaftlichen Zeitalters, in dem Menschen Dinge infrage stellten.

Zudem war es ein neues Zeitalter in der geistlichen Welt: Die griechische Literatur und Kunst wurden wiederentdeckt. In den Gemälden Raphaels erkennen Sie die Wiederentdeckung der Kultur der Antike, denn Konstantinopel war in die Hände der Türken gefallen und die griechischen Kunstschätze wurden nach Italien geschwemmt, wodurch sich ein neues Kunst- und Bildungsverständnis verbreitete.

Der Buchdruck wurde erfunden, was die Bildung förderte. Einer der großen neuen Gelehrten war ein Mann namens Erasmus. Unter vielen anderen Dingen begann er, das griechische Neue Testament und das hebräische Alte Testament wiederzuentdecken. Es war eine Wiederentdeckung von Altem und Neuen. Erasmus sagte: „Ich werde ein so akkurates Neues Testament produzieren, dass sogar Frauen, Schotten, Iren, Türken und Sarazenen es verstehen werden!" Ich entschuldige mich dafür, aber genau das hat er gesagt. Also gab er ein korrektes Neues Testament heraus, in dem statt des Wortes „Selbstkasteiung" der Begriff „Buße" stand. Dadurch wurden viele Dinge berichtigt, die in ihren damaligen

Bibeln falsch waren.

Bei all diesen enormen Entdeckungen geistiger Dinge in der Kunst und Musik, in der Bildhauerei, bei allem, was wir die Renaissance nennen, fand man heraus, dass Menschen nicht moralisch besser werden, wenn sie sich intellektuell weiterentwickeln. Während dieser Zeit füllten die Päpste ihre Paläste mit Kunstschätzen. Es war das Zeitalter von Cesare und Lucrezia Borgia, der moralisch am meisten verdorbenen Papstfamilie, die es je gegeben hat.

Die Renaissance war etwas rein Mentales und Kulturelles. Sie bot keine Lösung für das Problem der Sünde. Die ganze Welt wartete auf einen Mann, der die Errettung wiederentdecken und sich mit dem moralischen Problem der Menschheit auseinandersetzen würde, mit der Gemeinde in der Welt; ein Mann, der sich der Bibel zuwenden sollte und aus seiner eigenen Erfahrung von Sünde und Errettung das Geheimnis christlicher Kraft neu entdecken würde, welche die Welt verändern konnte und den Menschen gleich mit. Dieser Mann war ein Mönch, Martin Luther. Er machte die wichtigste Erfahrung des 16. Jahrhunderts, veröffentlichte diese und brachte Tausende von Menschen zur Erkenntnis der Wahrheit über Jesus Christus. Es war höchst dramatisch. Die Renaissance war mental, doch die Reformation war moralisch. Sie löste das wahre Problem, das weder aus unserem Mangel an Wissen und Wissenschaft noch aus unserem Mangel an Musik, Kunst und Kultur besteht, so hilfreich diese Dinge auch sein mögen. Das Einzige, was die Menschen entdecken mussten, war, dass ihnen Jesus Christus und das rettende Evangelium fehlten.

Kapitel 5

DIE REFORMATION

Am 31. Oktober 1517 nagelte Martin Luther seine 95 Glaubenssätze oder Thesen zur Diskussion an die Tür der Schlosskirche in Wittenberg – eine Tür, die als Schwarzes Brett diente, um öffentliche Debatten anzuregen. Dieses Datum gilt normalerweise als der Beginn der Reformation. Andere denken jetzt, es war der 1. November. Es war entweder der Abend vor Allerheiligen oder Allerheiligen selbst. Jedenfalls geschah es irgendwann während der damaligen Woche. Ein Datum, das ich für noch wichtiger halte, ist der 10. Dezember 1520, an dem Martin Luther einen Holzstapel entzündete, auf dem er drei Dinge verbrannte: ein Pergament mit der Unterschrift des Papstes, das ihn aus der Kirche exkommunizierte; ein Buch, das *Kirchenrecht* hieß, auf dessen Grundlage er als Mönch und Priester sein Leben führen sollte; und ein Dokument, von dem wir heute wissen, dass es gefälscht war – es enthielt die Behauptungen des Papstes, Stellvertreter Christi auf Erden zu sein.

Dieses Feuer war sogar noch wichtiger als das Annageln der Thesen und zwar aus folgendem Grund: In den dazwischenliegenden drei Jahren war Luther zur entscheidenden Frage durchgedrungen, die er noch nicht gestellt hatte, als er die Thesen annagelte. 1517 wandte er sich nicht gegen das System selbst, sondern gegen seinen Missbrauch. Doch 1520 ließ er das System in Flammen aufgehen.

Lassen Sie es mich so formulieren: Stellen Sie sich vor, dass zumindest einige Bürger eines Landes ein wenig unzufrieden mit ihrer Regierung werden. Sie müssen sich dann die Frage stellen: Liegt es an den Persönlichkeiten in der Regierung oder am Regierungssystem selbst? Wo liegt hier genau das Problem? Das ist die große Frage, die man sowohl in der Gemeinde als auch in der Politik stellen muss.

Als Martin Luther seine Thesen annagelte, ging er davon aus, das System sei in Ordnung, denn eine seiner Thesen lautete: „Wenn der Papst das Geldeintreiben der Ablassprediger kennte, wäre es ihm lieber, dass die Basilika des Heiligen Petrus in Schutt und Asche sinkt als dass sie erbaut wird aus Haut, Fleisch und Knochen seiner Schafe." Der arme Mann wurde sehr schnell durch den Papst selbst desillusioniert. Als der nämlich erfuhr, dass die Gelder aus Deutschland sich um ein Drittel verringert hatten, exkommunizierte er Martin Luther als Verursacher dieses Einnahmenschwundes. Der Papst zog es vor, die Basilika des Heiligen Petrus aus Haut, Fleisch und Knochen seiner Schafe zu erbauen; d.h. Luther irrte sich. Das ließ ihn fragen: Könnte es sein, dass das *System* falsch ist? Er kam zu der Schlussfolgerung, dass es so war. Daher entzündete Luther 1520 ein Feuer, was wirklich den Bruch mit der Kirche symbolisierte. Zuvor versuchte er nur, die Kirche einem „Frühjahrsputz" zu unterziehen. Drei Jahre später begann er, sie niederzureißen. Zunächst hatte er gedacht, man würde nur Reformen brauchen. Jetzt erkannte er, dass viel mehr als das nötig war.

Nun möchte ich fragen: Ist die Reformation eine alte Geschichte? Ist sie heute nicht mehr aktuell? Ich habe um heilige Kühnheit gebeten, diese Frage fair und offen anzusprechen. Beginnen wir mit der Offenheit. Ich nahm einmal an einem Treffen einheimischer protestantischer Pfarrer und Gemeindemitglieder teil. Und als der Dumme, der immer seinen Mund aufmacht und ins Fettnäpfchen tritt, erwähnte ich die Reformation. Mir wurde sehr deutlich zu verstehen gegeben, dass es sich um mehr als einen Fehlgriff meinerseits handelte. Protestanten ist die Reformation heute egal. Es ist ein Stück alter Geschichte, und man thematisiert sie in protestantischen Kreisen nicht. Man ließ mich abblitzen, weil ich es gewagt hatte, gegenüber Protestanten die Reformation

Die Reformation

zu erwähnen.

Doch ich hatte die Ehre, ein römisch-katholisches Priesterseminar in Arklow, im Südosten Irlands, zu besuchen und dort zu Studienleitern und Dozenten dieser Hochschule u.a. über die Reformation zu sprechen. Sie wollten wissen, was ich darüber dachte, und es in einem offenen Forum diskutieren. Ich sagte: „Ich glaube, diese Probleme, die damals angesprochen wurden, existieren immer noch, und sie sind noch nicht gelöst worden."

Sie antworteten: „Genau das meinen wir auch."

Wir hatten eine sehr freundliche Diskussion, dann tranken wir gemeinsam einen guten Tee, und nach einem dreistündigen Gespräch machte ich mich auf den Heimweg. Es ist schon bemerkenswert, dass ich mit Katholiken über die Reformation sprechen kann, mit Protestanten jedoch nicht! Das ist schon ein Hinweis auf die abschließende Antwort, die ich auf diese Frage geben möchte: Ist die Reformation eine alte Geschichte? Ist sie heute nicht mehr aktuell? Kurz zusammengefasst lautet meine Antwort: Sie ist immer noch aktuell! Doch da wir nicht gegen Menschen, sondern gegen Prinzipien kämpfen, müssen wir erkennen, wo die Gefechtslinie verläuft – und heute wird die Frontlinie ganz anders gezogen als damals zu Lebzeiten Martin Luthers.

Ich möchte noch sagen, dass Martin Luther während dieser drei Jahre zu einem Mann wurde, der seine Prioritäten richtig setzte. Es gibt sieben Prioritäten, die er richtig erkannte, sieben Dinge, die bei ihm zunächst untergeordnete Bedeutung hatten, die er dann aber an die erste Stelle setzte. Ich glaube, jeder Christ muss heute diese Prioritäten richtig setzen, genau wie Luther es tat.

1. GEWISSEN IST WICHTIGER ALS AUTORITÄT

Die Welt ist schon immer von Menschen verändert und geführt worden, die ihr Gewissen für wichtiger hielten als die Autorität. Die Welt wird nicht von Quallen angeführt, die kein Rückgrat haben und mit dem Strom schwimmen. Allein die Menschen führen die Welt, die den Mut haben, zu ihren Überzeugungen zu stehen, und es wagen, Falsches beim Namen zu nennen und zwar klar, fair und liebevoll. Martin Luther war ein solcher Mann.

Uns, die wir in einer Gesellschaft leben, in der die Gewissensfreiheit selbstverständlich ist, fällt die Vorstellung schwer, wie das Leben in einem Land aussieht, wo dies anders ist; wo man nicht das glauben darf, was einem das eigene Gewissen sagt, wo man nicht den Glauben wählen darf, der der eigenen Gewissensüberzeugung entspricht. Doch zirka die Hälfte unserer Welt lebt unter solchen Bedingungen, in sogenannten totalitären Staaten, in denen der Staat die absolute Kontrolle über seine Bürger beansprucht, sowohl über ihr Denken, als auch über ihren Körper. Im England des 20. Jahrhunderts tendieren wir dazu, das Recht auf freie Meinungsäußerung als selbstverständlich zu betrachten. Doch wir müssen bedenken, dass Martin Luther in einer Welt erzogen worden war, in der Menschen nicht so frei denken durften, wie es ihnen ihre Gewissen nahelegte.

Das begann sich zu ändern. Doch wenn Sie wissen wollen, in was für einer Welt er großwurde, beschäftigen Sie sich mit der tragischen Geschichte von Galileo, der durch sein Teleskop Neues über das Universum entdeckte. Die Kirche sagte: „Du darfst das nicht glauben! Du darfst das nicht lehren. Wir werden dir sagen, was die Wahrheit über das Universum ist." In der damaligen Welt war es nicht der Staat, der so redete – sondern die Kirche. Sie schrieb den Menschen vor, was sie glauben und wie sich verhalten durften. Martin Luther war daher ein Held, denn er gehörte zu denen, die sagten: Ich stelle mein Gewissen über alle Macht und Autorität, mit der man mir zu Leibe rückt. „Hier stehe ich, ich kann nicht anders. Gott helfe mir, Amen!" Doch was ging diesen Worten voraus? Er sagte: „Es ist nicht geraten, etwas gegen das Gewissen zu tun." Hier war ein Mann, der seinem Gewissen den Vorrang gab, und die Welt braucht immer noch Menschen, die ihr Gewissen wichtiger nehmen, als alle Arten sozialen Drucks. Sein kleines Traktat „Von der Freiheit

Die Reformation

eines Christenmenschen" offenbart mehr als alles andere seinen Glauben an die Freiheit einer Person, in Fragen von Religion und Glaube ihrem eigenen Gewissen zu folgen, eine Freiheit, die man oft für selbstverständlich hält, während die Mehrheit der Erdbevölkerung sie immer noch nicht genießen kann.

Selbst Außenseiter scheinen sich heute anzupassen. Man kann uns so leicht führen, so leicht unter Druck setzen. Junge Menschen, die gegen das Establishment aufstehen – beobachten Sie, wie leicht sie sich einander anpassen! Was wir wollen, sind echte Außenseiter, die sagen: „Hier stehe ich. Es ist mir egal, wieviel Druck auf mich ausgeübt wird. Dies ist richtig und ich werde es tun, was auch immer die anderen denken, sagen oder mir antun. Hier stehe ich." Martin Luther war ein Mann, der das Gewissen für wichtiger hielt als die Autorität und als jeglichen Druck, der auf ihn ausgeübt wurde.

2. WAHRHEIT IST WICHTIGER ALS EINHEIT

Das Gewissen ist unbeständig; es kann uns in die Irre führen, wenn wir die zweite Priorität nicht richtig setzen. Martin Luther war ein Mann, dem die Wahrheit wichtiger war als die Einheit. Sein Gewissen erlaubte ihm nicht, jeder Laune, jedem Verlangen oder jeder willkürlichen Neigung seines Herzens zu folgen. Sein Gewissen war gefangen. Er sagte: „Mein *Gewissen* ist gefangen in *Gottes Wort*." Und als er dies sagte, zog er die Wahrheit der Einheit vor.

Ist Ihnen bewusst, dass es in Westeuropa fast 1000 Jahre lang nur *eine* Hauptströmung, nur eine Kirche gab? Einer der Vorwürfe gegen Martin Luther, der in den letzten zehn Jahren oft erhoben worden ist, lautet: Er hat sich des Verbrechens schuldig gemacht, die Kirche zu spalten; er war ein Spalter – und zu den schlimmsten Dingen, die er getan hat, gehört, dass er die Kirche Jesu Christi spaltete. Heute hört man das öfter als je zuvor. Ich jedoch kann ihn gar nicht genug dafür loben, dass er die Wahrheit der Einheit vorzog und sagte, es gebe eine Sache, die sogar noch wichtiger sei, als eine Kirche zusammenzuhalten, nämlich die *Wahrheit*. Er erkannte: Was Männer und Frauen rettet, ist nicht die Einheit der Kirche, sondern die Wahrheit des Evangeliums. Selbst wenn Sie morgen alle bestehenden Kirchen einen, wird dies nicht die Zahl der Bekehrten ansteigen lassen. Was wir wirklich brauchen, ist, dass die Wahrheit des Evangeliums in diesen Gemeinden gepredigt wird. Mit anderen Worten: Wahrheit ist wichtiger als Einheit.

Ich möchte sagen, dass wir dies heute dringend brauchen, denn das gängigste Schlagwort ist *Einheit*! Der Zug, auf den alle aufspringen, heißt Einheit – und wenn Sie nicht mit dabei sind, machen Sie sich höchst unbeliebt. Es ist der Schlachtruf einer Welt, die kleiner wird, weil sie transporttechnisch immer mehr zusammenrückt und die Bevölkerung kontinuierlich wächst. Wir wissen jetzt, dass wir lernen müssen, zusammenzuleben. Politisch, wirtschaftlich und auch sonst ist *Einheit* das Schlagwort unserer Zeit. Dabei scheint die Kirche diesen Ruf aufzugreifen und weiterzuverbreiten: „Einheit! Einheit! Einheit!"

Ich möchte das sehr deutlich sagen: Unsere Zeit ruft nach Männern und Frauen, die der Wahrheit den Vorzug vor der Einheit geben und sagen: „Wir werden Einheit nur auf *einer* Grundlage leben, und das ist die Wahrheit des Evangeliums." Unter dieser Voraussetzung wollen wir so viel Einheit wie möglich, doch ohne sie sind wir an Einheit nicht interessiert. Das war Martin Luthers Position. Man sagte ihm: „Schau mal, du wirst eine Kirche spalten, die 1000 Jahre geeint war. Begreifst du das nicht? Widerrufe und lass die Kirche intakt. Wenn du so weitermachst, wirst du sie zerstören." Doch Martin Luther erklärte, er sei gefangen in Gottes Wort, und die Wahrheit komme zuerst. Die Wahrheit des Evangeliums war sogar wichtiger als die Einheit der Kirche. Meiner Ansicht nach brauchen wir dies heute ebenfalls, zirka 500 Jahre später, angesichts eines so starken Rufes nach Einheit, der zulasten der Wahrheit geht. Was ist Wahrheit? Hier kommt nun unsere dritte Priorität. Wo finden Sie die Wahrheit?

Die Reformation

Woher wissen Sie, dass jemand die Wahrheit ergriffen hat, oder, dass Sie sie ergriffen haben? Wo ist diese Wahrheit, auf die wir unsere Einheit gründen können?

3. BIBEL IST WICHTIGER ALS TRADITION

Es mag Sie überraschen, aber Martin Luther erhielt erst mit 20 Jahren eine eigene Bibel, obwohl er als gläubiges Kirchenmitglied erzogen und auf ein heiliges Leben vorbereitet wurde. Als er diese Bibel las, entdeckte er erstaunt, dass vieles von dem, was man ihm als wichtigen Bestandteil des christlichen Glaubens und Verhaltens beigebracht hatte, nicht in der Heiligen Schrift stand. Er untersuchte sie gründlich und dachte: „Hier steht nichts darüber, zu Maria zu beten oder zu den Heiligen. Reliquien und Bilder kommen auch nicht vor, genauso wenig wie das Fegefeuer und die Selbstkasteiung." Er forschte weiter und fragte: „Wo sind all diese Dinge hergekommen?" Man gab ihm die offizielle Antwort: „Dies sind die kirchlichen Traditionen, die genauso das Wort Gottes darstellen wie dieses Buch."

Er stand vor einem Dilemma – vor zwei Arten von Gottes „Wort": vor einem geschriebenen und einem gesprochenen, das eine war die Bibel, das andere nannte man Tradition. Man sagte ihm: „Beide sind die Wahrheit, und du musst beide akzeptieren." Doch Martin Luther gelangte zu folgender Überzeugung: „Das (die Bibel) ist die Wahrheit, und an jede Tradition jeder Kirche, die es je gegeben hat, muss man diesen Maßstab anlegen und sie daran prüfen." Und als er dies tat, begann er, Traditionen abzuschaffen.

Wir alle sind traditionelle Wesen. Unsere Gemeinden haben ihre eigenen Traditionen. Wir haben unbiblische Traditionen in unseren Kirchen. Jede Kirche oder Gemeinde entwickelt ihre Tradition, die sorgfältig an neue Mitglieder weitergegeben wird – in der Annahme, dass sie genauso berechtigt ist, wie alles andere, was wir innerkirchlich tun und sagen. Doch das stimmt nicht. Die Traditionen jeder Gemeinde müssen immer dem Wort Gottes unterstellt werden, die Bibel ist wichtiger als die Tradition. Wir haben das heute dringend nötig, denn ich glaube, wir brauchen Veränderungen in unseren Gemeinden, die von folgender Frage bestimmt werden müssen: Was sagt das Wort Gottes dazu? Das ist das Grundgesetz jeder Gemeinde, die es wagt sich nach Christus zu benennen. Wir überprüfen alle unsere Traditionen anhand der Bibel.

Ich habe einen Mann namens Edoardo Labanchi kennengelernt. Er war Dozent für neutestamentliche Theologie an einer Hochschule in Rom, die die Elite der römischen Priester ausbildete: die Jesuiten. Labanchi hatte Zeit als Missionar in Sri Lanka verbracht, wo er in eine Pfingstgemeinde geraten war, was ihn ins Nachdenken brachte. Danach kehrte er nach Rom zurück und lehrte Neues Testament. Doch dann gelangte er durch seine Bibelstudien zu folgender Schlussfolgerung – genau wie Martin Luther Jahrhunderte zuvor (der ebenfalls Theologieprofessor war): Er konnte seinen Studenten nicht länger beibringen, dass bestimmte Dinge das Wort Gottes und die Wahrheit darstellten, wenn sie nicht in der Bibel standen. So gab er seine Arbeit auf und begann, Evangelisten in Rom auszubilden, die nach ganz Italien ausschwärmten. Dieses Buch hatte es bewirkt, und er war zur selben Schlussfolgerung gelangt: Die Bibel ist wichtiger als die Tradition. Jede Tradition, die wir haben, müssen wir anhand der Wahrheit des heiligen Wortes Gottes prüfen. Wir brauchen Männer, die hier die richtigen Prioritäten setzen.

Der Britische Rat der Kirchen in Nottingham sagte einmal: „Wir können diese Frage aus dem Inneren einer geeinten Kirche heraus klären." Ich war begeistert, als der Baptistenbund gemeinsam mit anderen Kirchenströmungen in England folgendermaßen darauf antwortete: „Nein, wir müssen diese Frage erst klären und dann eins werden." Das bedeutet es, die Wahrheit höher zu bewerten als die Einheit und die Bibel höher als die Tradition. Wir werden niemals vorwärtskommen, wenn wir versuchen, Traditionen zusammenzuführen. Sie sind zu unterschiedlich

Die Reformation

und zu sehr vermischt. Wenn wir sagen „die Schrift zuerst" und unsere Traditionen an zweite Stelle setzen, dann glaube ich, dass wir etwas erreichen werden.

4. GLAUBE IST WICHTIGER ALS WERKE

Die wichtigste Frage, die man sich je stellen kann, lautet: Wie bekomme ich Frieden mit Gott? Wie können mir meine Sünden vergeben werden? Wenn diese Frage Sie noch nie beunruhigt hat, ob und wie Sie Sündenvergebung erhalten können, wie meinen Sie dann, Gott gegenübertreten zu können? Martin Luther starb fast in einem Gewitter, was bei ihm Todesangst auslöste. Er fürchtete sich davor, mit Gott konfrontiert zu werden, da ihm seine Sünden noch nicht vergeben worden waren. Verzweifelt versuchte er, in dieser Frage seinen Weg zu finden. Es war für ihn ein echtes Problem, das auch jeden einzelnen Menschen betrifft, denn wir alle müssen einmal sterben und danach kommt das Gericht.

Wie kann Ihnen vergeben werden? Als Johannes Tetzel vorbeikam und Vergebung durch Ablassbriefe verkaufte, war sich Martin Luther ziemlich sicher, dass dies nicht die richtige Art war. Er sagte, man könne sich Vergebung nicht erkaufen. Doch dann ging er noch einen Schritt weiter und erkannte: Wenn man Vergebung nicht kaufen kann, dann kann man sie sich auch nicht verdienen.

Ich glaube nicht, dass ein Christ jemals behaupten würde, man könne sich Vergebung von Gott mit Geld erkaufen. Doch ich frage mich, wie viele immer noch glauben, dass man sie sich verdienen kann! Ich weiß, dass es Hunderte von Menschen in vielen Gemeinden gibt, die das immer noch denken. Sie haben es mir gesagt. Sie sagten: „Ich habe noch nie jemandem Schaden zugefügt und ich habe versucht, anderen Gutes zu tun." Wenn man dann fragt: „Warum sagen Sie das?", erfährt man, dass sie hoffen, sich so den Weg in den Himmel zu verdienen. Wenn Sie die Welt nun fragen würden, wie man gerettet wird und in den Himmel kommt, käme folgende Antwort: „Man tut gute Werke."

Hätte man die Kirche zu Lebzeiten Luthers dasselbe gefragt, wäre die Antwort gekommen: „Nein, das ist nicht genug. Du brauchst zwei Dinge. Du musst glauben und gute Werke tun." Hätte man Martin Luther diese Frage gestellt, hätte er gesagt: „Nein, du brauchst nur eines: du musst glauben."

Das waren die drei Antworten. Jeder Glaube passt in eine dieser drei Kategorien, und das Christentum gehört zur dritten: „Glaube an den Herrn Jesus und du wirst gerettet werden." Martin Luther hatte diese Priorität richtig gesetzt: *Glaube*. Sie werden nicht durch eine Mischung aus Glauben und guten Werken gerettet und bestimmt nicht durch gute Werke. Denn offen gesagt gibt es niemanden auf der Welt, der jemals genug gute Werke tun könnte!

Doch das Manifest der Reformation, das aus dem Alten Testament in das Neue vordrang und dann weiter zu Martin Luther, lautete: Der Gerechte wird aus Glauben leben. Das ist das Manifest – nicht durch gute Werke, nicht aus Glauben und guten Werken, sondern aus Glauben, Punkt. Und dieses lateinische Schlagwort *sola fide*, was „allein durch Glauben" bedeutet, wurde zum großen Banner der Reformation. Allein durch Glauben – eine Person glaubt und kommt in den Himmel.

An diesem Punkt sagt bestimmt jemand: „Aber gute Werke haben doch etwas mit dem Leben als Christ zu tun, oder?" Ja, das haben sie, und Martin Luther erkannte dies auch und formulierte es so (ich könnte das nicht besser sagen): „Wir werden nicht *durch* gute Werke, sondern *für* gute Werke gerettet." Das bringt es auf den Punkt. Sie vollbringen keine guten Werke, um in den Himmel zu kommen, sondern Sie tun gute Werke, weil Sie in den Himmel kommen. Das ist eine ganz andere Denke. Daher hatten bei Martin Luther gute Werke ihren Platz, jedoch nicht, um sich Vergebung zu verdienen oder in den Himmel zu kommen, sondern um dem Glauben Ausdruck zu verleihen, der das Himmelreich tatsächlich allen Gläubigen aufgeschlossen hatte. Daher hatte er die Priorität richtig gesetzt: Glaube ist wichtiger als Werke.

Ist diese Frage nun veraltet? Keinesfalls! Sie können jeden auf der Straße ansprechen und ihn fragen: „Haben Sie die Hoffnung, in den Himmel zu kommen, wenn es ihn tatsächlich gibt? Wie, glauben Sie, kommen Sie dorthin?" Sie werden merken, dass dies heute eine genauso aktuelle Frage ist wie damals. Die Welt wird Ihnen antworten: „Durch gute Taten, durch Nächstenliebe und Hilfe für die Bedürftigen." Unser Herr hat uns aufgefordert, uns so zu verhalten, aber er hat nicht gesagt: „So kannst du dir Vergebung verdienen." Er hat nicht gesagt: „So kommst du in den Himmel." Die Tragödie unserer Tage ist, dass es, wie zu Luthers Zeiten, Prediger gibt, die lehren, dass man eine Mischung braucht aus Glauben plus Werken. Eine der letzten Publikationen unseres mittlerweile eingegangenen Baptistenverlags war das Buch eines Theologen, der genau das behauptete – könnten wir uns darauf einigen, dass wir durch Glauben plus Werke gerettet werden, stände einer Wiedervereinigung mit den Katholiken nichts mehr im Weg. Doch wir werden aus Glauben gerechtfertigt und haben dadurch Frieden mit Gott. Martin Luther hat die Prioritäten richtig gesetzt. Wir werden nicht *durch* gute Werke gerettet, sondern *für* gute Werke.

5. GNADE IST WICHTIGER ALS DIE SAKRAMENTE

Luther wurde gelehrt zu glauben, dass es sieben Sakramente gab. (Vor seiner Zeit waren es 14). Man sagte ihm, dass jeder die Gnade Gottes brauche, die in die Sakramente verpackt worden sei – wenn man sie empfangen wolle, müsse man die Sakramente in Anspruch nehmen. Die Überzeugung hatte sich entwickelt, dass ein Sakrament automatisch funktionierte, unabhängig davon, wer es austeilte und wer es empfing, da die Gnade Gottes in ihm enthalten sei. Daher gab es eine „magische" Sicht der Taufe: Sie rettete angeblich ein Baby, das keine Ahnung von ihr hatte, vor der Verdammnis, auch wenn sie von einem Priester mit zweifelhaftem Charakter durchgeführt wurde.

Zudem glaubte man, dass Brot und Wein sich in einem christlichen Gottesdienst zu einem bestimmten Zeitpunkt verwandelten und zum echten Leib und Blut Jesu wurden. Sie wurden dann durch einen Priester Gottes als Opfer dargebracht, nicht auf einem Tisch, sondern auf einem Altar. Man durfte den Kelch nicht nehmen, und wer die Oblate empfing, bei dem kam die Gnade Gottes automatisch in sein Leben.

Martin Luther dachte gründlich darüber nach und beschloss, er könnte es nicht glauben. Er wusste, dass die Gnade Gottes notwendig war, doch er fand in der Bibel nichts darüber, dass sie in Sakramente eingehüllt sei, die automatisch funktionierten. Ihm wurde bewusst, dass die Sakramente ohne Gnade nutzlos sind, dass es ohne Glauben keine Gnade gibt, dass „wir durch Gnade gerettet sind aus Glauben" – nicht durch Sakramente, sondern aus Glauben.

Brauchen wir diese Betonung und Priorität heute noch? Meiner Ansicht nach gibt eine Sache, die Tausende unserer Mitbürger von Christus fernhält: der ernsthafte Glaube, dass ihre Kindertaufe sie gerettet und zu Christen gemacht habe. Solch abergläubische und magische Ansichten zu den Sakramenten, wie sie im Mittelalter verbreitet waren, gibt es heute noch. Ich habe eine Frau kennengelernt, die erst wieder das Haus verließ und einkaufen ging, nachdem sie ihr Baby getauft hatten. Lassen Sie mich es so sagen: Wenn Sie nicht im Glauben zum Abendmahl kommen, gibt es für Sie keine Gnade in Brot und Wein. Tatsächlich könnte es noch Schlimmeres als „keine Gnade" für Sie geben, nämlich Gericht. Gnade ist nicht in Sakramenten parzelliert und verpackt. Gnade fließt wie ein Strom. Sie fließt ungehindert, und der einfachste Gläubige, der noch nicht getauft ist und noch nie das Abendmahl eingenommen hat, kennt die Gnade Gottes. Andernfalls müsste ich glaube, dass Hunderte meiner Freunde in der Heilsarmee nichts von der Gnade Gottes wissen, weil sie keine Sakramente haben. Doch ich weiß, dass sie über Gnade verfügen. Sie singen ständig davon und sie sind begeistert, die Gnade Gottes zu besitzen. Gnade ist nicht in Sakramente verpackt, sondern für Menschen bestimmt, die an Gott glauben, und dann

Die Reformation

kommen erst die Sakramente.

Der Herr Jesus habe uns nur zwei Sakramente gegeben, die Taufe und das Abendmahl, sagte Martin Luther. Um fair zu sein, muss ich sagen, dass Luther diese Frage nicht bis zum Ende durchdacht hat und etwas verwirrt war, was die Taufe und das Abendmahl betrifft, wie seine engsten Freunde zugeben mussten. Doch er setzte die Prioritäten richtig: Gnade ist wichtiger als die Sakramente. Finde die Gnade Gottes, und dann erhalten die Sakramente Bedeutung.

6. MENSCHEN SIND WICHTIGER ALS PRIESTER

Luther wuchs in einer Kirche auf, die einen bestimmten Charakter hatte, es war eine Pyramide: Unten waren die normalen Menschen, und der obere Teil (der vom unteren streng getrennt war) bestand aus den Priestern. Auch dort gab es eine Hierarchie, eine Pyramide der Macht. Der Papst stand an der Spitze dieser Pyramide, dann kamen die Kardinäle, Bischöfe und die verschiedenen Mönchsorden bis hinunter zu den Pfarrern der Ortsgemeinden.

Selbst die Kirchengebäude, in denen sie Gottesdienste abhielten, waren aufgeteilt. Auf der einen Seite stand der Priester, auf der anderen war das Volk. Auf der einen Seite trug man römische Togen, die jetzt Chorhemden genannt wurden, auf der anderen Seite gab es nur Alltagskleidung. Diese deutliche Teilung durchzog die gesamte Kirche: Geistliche und Laien; Priester und das Volk.

Betrachtete man die Priester, sah man diese Machtpyramide, die sich immer höher und höher auftürmte. Martin Luther sah das alles und sagte: „Ich werde an der Spitze beginnen. Womit rechtfertigt man diesen einen Mann an der Spitze? Gar nicht." Er senkte den Blick ein wenig und sagte: „Welche Berechtigung gibt es für die Bischöfe? Gar keine." Noch weiter unten fand er die Priester. „Wie werden sie in der Schrift legitimiert?" Die Antwort lautete: „Überhaupt nicht." Schließlich gelangte er zu einer unglaublichen und wunderbaren Wiederentdeckung, die er *das Priestertum aller*

Gläubigen nannte. Er machte aus allen Menschen Priester und aus allen Priestern Menschen. Er erkannte, dass es tatsächlich zwischen ihnen keinen Unterschied gab. Er erkannte, dass in der Kirche verschiedene Funktionen vorhanden waren, doch er betrachtete diese nur als Funktionsunterschiede und machte nicht mehr daraus – er verglich sie mit den unterschiedlichen Funktionen, die Organe in einem Körper haben, daher nannte er sie Diener – die dem Leib dienen. Doch jeder Gläubige ist ein Priester. Zu behaupten, dass es keine Priesterschaft in der christlichen Kirche gebe, sondern nur Menschen, die Priester seien, war revolutionär. Aus diesem Grund übersetzte Luther die Bibel drei Jahre später in die einfache, ordinäre deutsche Sprache, um sie den einfachen Menschen verfügbar zu machen, nachdem er zu Beginn seiner Karriere als römisch-katholischer Theologieprofessor Priestern auf Latein Bibelunterricht erteilt hatte.

Luther war aufgrund seiner Abstammung und seines Umfelds ein Mann des Volkes (sein Vater war ein armer Bergarbeiter). Doch ein Mann des Volkes war er vor allem aus christlicher Überzeugung. Er sagte: „Das Volk sollte die Bibel haben, nicht die Priester." Daher erklärte er: „Ich werde diese Bibel in der deutschen Sprache den Menschen so vermitteln, dass eine Magd, die einen Raum mit einem Besen ausfegt, mehr davon versteht als die Priester." Genau das tat er – er gab ihnen die Bibel in ihrer eigenen Sprache. Er wollte den Menschen helfen, Priester zu sein, d.h. er entdeckte die neutestamentliche Position wieder, wonach Priester nun alle Gläubigen sind.

Ist dieser Protest veraltet? Zwei Drittel aller bekennenden Christen weltweit leben immer noch unter priesterlicher und hierarchischer Kontrolle. Der Protest wird immer noch dringend gebraucht. Lassen Sie uns diese Trennung zwischen Geistlichen und Laien, Priestern und dem einfachen Volk niederreißen. Sie ist nicht biblisch. Wir alle sind Diener; wir alle sind Mitglieder; wir alle sind Priester; wir alle sind das Volk. Und das Wort Laien bedeutet Menschen Gottes. Wir alle sind Laien und wir alle sind das Priestertum, wir alle sind in Christus. Luther hatte eine Kirche im Sinn, die ausschließlich aus Menschen und ausschließlich aus Priestern bestand, ohne eine Trennung und ohne eine Pyramide der Macht. Noch einmal: Auch das wird heute dringend gebraucht.

7. CHRISTUS IST WICHTIGER ALS DIE GEMEINDE; DAS HAUPT IST WICHTIGER ALS DER LEIB

Das war das heiße Eisen, die große Frage. Ich weiß noch, wie mich mein Studienleiter in Kirchengeschichte eines samstagnachmittags fragte: „Was meinst du, was war der größte Streitpunkt während der Reformation?" Ich gab ihm diese Antwort, und er stimmte mir zu. „Es war Martin Luther, der die Überzeugung kritisierte, dass Christus und die Kirche eins seien." Er griff die Idee an, dass die Kirche für die Menschen das tun könnte, was Christus für sie bewirken würde. Er attackierte die Vorstellung, die Kirche sei Christus und der Leib erfülle nun die Funktion des Hauptes. Lassen Sie mich erklären, was ich damit meine.

„Ich brauche einen Propheten, der mir unfehlbar das Wort und die Wahrheit Gottes verkündet. Wer ist mein Prophet? Das Haupt oder der Leib?" Martin Luther sagte: „Das Haupt ist mein unfehlbarer Lehrer", während die Katholiken erklärten: „Nein, der Leib ist der unfehlbare Lehrer." Und genau das ist es, was uns mehr als alles andere immer noch spaltet: Der Glauben an eine unfehlbare Kirche.

Ich brauche einen *Priester*, um zu Gott zu kommen. Wer ist mein Priester? Die Reformatoren sagten: „Jesus Christus, das Haupt, ist mein Priester, und ich brauche keinen anderen, um zu Gott zu kommen." Wir glauben das heute immer noch – Sie können jederzeit durch Jesus Christus zu Gott kommen. Wenn Sie Sünden zu bekennen haben, gehen Sie zu Ihrem Priester im Himmel und bekennen Sie sie. Doch die Katholiken sagten: „Die Kirche, d.h. der Leib, ist mein Priester, und ich muss meine Sünden dem Leib bekennen."

Ich brauche einen König, der über mich regiert und mir sagt, was ich tun soll und der mein Verhalten kontrolliert. Wer ist mein König? Die Antwort des Protestanten lautet: „Der König ist mein Haupt im Himmel." Der Katholik sagt: „Der Leib Christi auf Erden ist König und muss herrschen."

Das ist der große Unterschied. Martin Luther durchschaute es und er wagte es, das Papsttum als Antichrist zu bezeichnen. Wir wollen uns anschauen, was er damit meinte, denn was er sagte, war absolut wahr. Er meinte damit nicht, dass der Papst *gegen* Jesus sei. Das war er nicht. Das Wort *anti* bedeutet nicht *gegen*. In der heutigen Zeit hat es zwar diese Bedeutung, doch damals war das anders, genauso wie im Neuen Testament. Dort bedeutet es *anstelle*. Jeder, der sich an die Stelle Christi setzt, ist ein *Antichrist*. Martin Luther beschuldigte die römisch-katholische Kirche aus diesem Grund *Antichrist* zu sein. Er sagte: „Wir müssen zu Christus kommen, und Ihr habt gesagt: ‚Ihr müsst zu uns kommen.' Ihr setzt euch selbst an die Stelle Christi. Der Körper ersetzt das Haupt."

An diesem Punkt schlugen sie mit einer sehr wichtigen Aussage zurück. Sie sagten: „Ah! Aber wenn das Haupt im Himmel ist und jemand auf der Erde zu ihm kommen will, muss er dann nicht zum Leib gehen? Und ist deshalb nicht das Haupt des Leibes auf der Erde (hören Sie gut zu!) der Vikar Christi?" Das Wort *Vikar* bedeutet *Stellvertreter*. „Sicher muss Christus doch seine Lehre vom Himmel hinunter auf die Erde vermitteln. Wie tut er das? Durch seinen Vikar, den päpstliche Nachfolger in Rom." Martin Luther dachte auch darüber nach und gelangte zu dieser biblischen Überzeugung: Ja, Christus muss einen Stellvertreter auf Erden haben, der für ihn spricht – und dieser Stellvertreter ist der Heilige Geist. Der Heilige Geist spricht im Namen Jesu zu den Menschen.

Ich möchte es folgendermaßen zusammenfassen: Martin Luther sagte quasi - und jeder, der das Neue Testament akzeptiert, muss es ebenfalls sagen -: „Ich werde als Priester allein Christus

Die Reformation

haben und als seinen Vikar oder Stellvertreter nur den Heiligen Geist." Das ist die Priorität der Reformation. Christus, das Haupt, ist derjenige, der rettet. Wenn Sie Sündenvergebung empfangen wollen, kann weder ich sie Ihnen geben noch irgendeine Kirche. Sie müssen zu Jesus Christus kommen, dem Priester, zu dem wir gegangen sind. Sie müssen zu ihm gehen, da derselbe Heilige Geist, der zu uns gesprochen hat, auch mit Ihnen geredet hat.

Ist dieser Protest schon längst überholt oder wird er heute noch gebraucht? Ist die Schlacht schon vorbei? Nein. Wo verläuft dann die Frontlinie? Ich sage es Ihnen ganz ehrlich und mit schmerzendem Herzen, dass die Frontlinie nicht länger zwischen Protestanten und Katholiken verläuft. Darum sind diejenigen, die nur in eine Richtung feuern, mittlerweile überholt. Denn tragischerweise haben unzählige Protestanten ihre Prioritäten in den letzten hundert Jahren falsch gesetzt. Die Schlacht tobt jetzt zwischen Evangelikalen auf der einen Seite und vielen Protestanten und Katholiken auf der anderen. Ich gebe Ihnen hier die wohlbedachte Einschätzung eines französischen Professors weiter, der ein Buch mit dem Titel *Die Erben der Reformation* veröffentlicht hat, in dem er schreibt: „Wer sind die wahren Erben Martin Luthers? Die heutigen Protestanten? Nein, sondern die Evangelikalen, die die Bibel höher achten als alles andere und Jesus Christus für wichtiger halten als jeden anderen." Dort tobt der Kampf, und es wird eine sehr schwierige Schlacht. Er ruft nach Männern und Frauen, die immer noch bekennen: „Hier stehe ich. Ich kann nicht anders."

Zum Abschluss möchte ich zweierlei sagen. Erstens, wir kämpfen nicht gegen Menschen. Ich habe weder etwas gegen Katholiken noch gegen Protestanten. Ich bin nur gegen die „ismen". Ich bin gegen Systeme. Ich möchte Menschen lieben, unabhängig von ihrer Identität, als Menschen, die vom Herrn gewollt sind und die Wahrheit in Christus Jesus finden möchten. Ich habe in meinem Herzen eine Liebe zu ihnen entdeckt, doch ich hasse die Systeme, die Menschen für die Wahrheit blind machen, und ich bete für eine gerechte Empörung, die heute so mutig ist, wie Martin Luther es zu seiner Zeit war.

Das andere, was ich sagen möchte, ist Folgendes, denn ich bin mir sicher, dass Sie sich diese Frage stellen: Warum sollten wir in einer Zeit kämpfen, in der die Menschen zusammen sein wollen? Warum sollten wir darüber streiten? Das sind doch nur lehrmäßige Spitzfindigkeiten. Warum kommen wir nicht alle zusammen? Schließlich beten wir doch alle denselben Gott an. Warum sollten wir in einer Zeit weiterkämpfen, in der man die Toleranz mehr will als die Wahrheit, wenn alle so freundlich sind und zusammenkommen? Driften wir nicht in die dunklen Zeiten des Mittelalters zurück? Warum kämpfen? Weil es um die Wahrheit Gottes geht und um nichts anderes. Denn die Rettung von Menschen steht auf dem Spiel, deshalb kämpfen wir. Wenn man einem Mann sagt, die Taufe werde ihn retten, dann verdammt man ihn. Wenn Sie jemandem sagen, dass er durch gute Werke in den Himmel kommt, schicken Sie ihn direkt in die Hölle. So schön es auch wäre, uns hier auf der Erde mit allen möglichen und unmöglichen Auffassungen über Gott zu vereinen, so müssen wir doch in der jenseitigen Welt für immer leben und dort dem Gott Jesu Christi begegnen. Und es ist dieser Gott, der Jesus Christus als Opfer für unsere Sünden gesandt hat, damit er der einzige Priester sei, den wir brauchen, um endlich in den Himmel zu kommen, errettet durch sein kostbares Blut. Diesen Jesus verkünden wir. Die Rettung unsterblicher Seelen steht auf dem Spiel. Ist diese Sache es nicht wert, dass wir für sie kämpfen? Oder möchten Sie es lieber auf dem Gewissen haben, anderen Menschen um des lieben Friedens willen zu erlauben, Dinge zu sagen und zu tun, die dazu führen, dass Hunderte auf den falschen Weg in eine verlorene Ewigkeit abbiegen? Das ist der springende Punkt.

Gott sei Dank für Martin Luther, für seine Ehrlichkeit und seinen Mut, für das einzutreten, was nach seiner Überzeugung richtig und wahr war. Beten Sie zu Gott, dass er noch mehr Männer

Die Reformation

stark macht, die in Liebe die Wahrheit verkünden und sagen: „Hier stehe ich. Ich kann nicht anders." Gegen das eigene Gewissen zu verstoßen ist weder sicher noch ehrlich. Mein Gewissen ist in Gottes Wort gefangen und daher ist mir das Gewissen wichtiger als die Autorität. Ich bewerte Wahrheit höher als Einheit. Mir ist die Bibel wichtiger als die Tradition und Glaube wichtiger als Werke. Ich bewerte Gnade höher als Sakramente und ich ziehe Menschen den Priestern vor – tatsächlich sind alle Gläubigen Priester –, und Christus ist mir wichtiger als die Kirche und alles und jeder andere.

Das ist der eigentliche Knackpunkt. Martin Luther hielt Christus hoch und lenkte den Blick der Menschen von allen anderen weg, da er selbst am Anfang zu viele Menschen in den Blick genommen hatte. Er hatte zu Heiligen gebetet, zu Dreien pro Tag und 21 verschiedenen pro Woche. Er hatte zu Maria gebetet, Wallfahrten unternommen und Reliquien und Ikonen betrachtet. Dann erkannte er, dass nichts davon ihm die Sicherheit der Sündenvergebung vermitteln konnte. Später sagte er zu seinem Beichtvater von Staupitz, der ihn fragte: „Martin Luther, wenn du all das wegnimmst, was du die Krücken eines wankenden Glaubens nennst, wenn du Maria, die Heiligen, die Reliquien, die Selbstkasteiungen und die Wallfahrten hinwegfegst, was wirst du an ihre Stelle setzen?" Erinnern Sie sich an die Antwort Martin Luthers? „Jesus Christus." Der Mensch braucht allein Jesus Christus. Wenn man das klar und deutlich sagt, dann werden Menschen gerettet, weil sie auf ihn schauen.

Kapitel 6

REFORMATOREN, KATHOLIKEN UND RADIKALE

Die Reformation, die Martin Luther initiierte, wurde zu einer Revolution, weil immer mehr verändert wurde und verschiedene Menschen dies taten.

Es gibt drei Gruppen von Menschen, die wir betrachten müssen. Zuallererst die Reformatoren. Wir haben damit begonnen, Martin Luther zu untersuchen, doch es gab noch andere. Zweitens müssen wir fragen, was die Katholiken während dieser Zeit taten. Wie reagierten sie auf das, was in Deutschland geschah? Und drittens will ich eine Gruppe in den Blick nehmen, die die Radikalen genannt wurden.

DIE REFORMATOREN
Wir werden uns die Reformatoren in drei verschiedenen Ländern vornehmen, in Deutschland, der Schweiz und in England. Dabei werden wir fragen, wie viel dort jeweils veränderte wurde und von wem.

DIE REFORMATION IN DEUTSCHLAND
Wer sorgte für Veränderungen? Wie wir bereits gesehen haben, war es Martin Luther. Wie viel hat er verändert? Die Antwort lautet: Während der ersten vier oder fünf Jahre von Luthers bahnbrechenden Entdeckungen war es sehr viel. Er wurde den Papst, die Bischöfe, den Ablasshandel und die Lehre vom Fegefeuer los. Er beseitigte viele Dinge und verringerte die Sakramente von sieben auf zwei.

Dann kam die Krise, während der er sich in der Wartburg

verstecken musste. Als er aus seinem Versteck wiederauftauchte, musste er zu seinem Erschrecken feststellen, dass einige seiner Freunde die Veränderungen viel weitertrieben, als er es beabsichtigt hatte, und viel schneller. Tatsache ist, dass Martin Luther ab einem bestimmten Zeitpunkt den Wandel einstellte. In der Folge behielt er viele Dinge bei, die römisch-katholisch waren. Zum Beispiel Kerzen auf dem Altar – das war in Rom üblich, in der Bibel jedoch nicht; er behielt die Kruzifixe bei, wie Sie auch heute noch in lutherischen Kirchen feststellen werden; und auch die Ikonen und Bilder blieben. Vor allem hielt er an seiner eigenen traditionellen Praxis und seinem Verständnis von Abendmahl und Taufe fest. Daher glaubte er immer noch, dass Brot und Wein tatsächlich der Leib und das Blut Christi waren. Das konnte er nie wirklich überwinden. Er schaffte auch die Kindertaufe nicht ab, und wenn man ihn fragte: „Man braucht doch bei der Taufe bestimmt Glauben?", dann antwortete er: „Wer kann denn behaupten, dass ein Baby keinen Glauben hat?"

Sie können also erkennen, dass Martin Luther an diesem Punkt, nachdem er anfangs sehr viel verändert hatte, auf die Bremse trat und die Umwälzungen beendete. Die lutherische Kirche hat folglich im Großen und Ganzen bis heute auch dort aufgehört, wo er den Stopp setzte. Daher gibt es immer noch viele Dinge, die Sie überraschen würden, wenn Sie eine lutherische Kirche betreten würden, angesichts der Tatsache, dass wir die Lutheraner zu den Protestanten zählen.

Die andere Frage, „Wie viel hat er verändert?" habe ich bereits versucht zu beantworten.

Doch auf die Frage „Wer unternahm die Veränderungen?" erhalten wir eine sehr verblüffende Antwort. Luther brachte die Fürsten dazu, Dinge zu ändern. Mit anderen Worten: Dies waren staatliche Reformen.

Das Luthertum, genauso wie der Katholizismus, war ein etablierte Religion. Von Anfang an verließ sich Luther auf die Fürsten, die Herzöge und insbesondere auf den Kurfürsten von

Sachsen, einen Mann namens Friedrich; er brauchte sie, um die Reformen von oben durchzuführen. Wer über das Land herrschte, war nach Luthers Verständnis auch der Regent der Kirche. Das Fazit war, dass man auf einem berühmten Reichstag in Speyer beschloss, dass jede Region die Religion ihres Fürsten annehmen sollte. Lebten Sie also in einer Region, deren Fürst römisch-katholisch war, dann waren auch Sie automatisch katholisch.

Erkennen Sie die Schwäche dieses Systems? Sehen Sie, an welchem Punkt die Reformation in Deutschland zum Stillstand kam? Erstens, sie kam zum Erliegen, als nicht alles verändert wurde; dann wurde sie gestoppt, als man anderen nicht dieselbe Gewissensfreiheit zugestand wie Martin Luther selbst und beschloss, dass bestimmte Regionen Deutschlands protestantisch und andere römisch-katholisch sein sollten.

Komischerweise widersprach eine Gruppe von Menschen mit Gewalt und protestierte gegen diese Teilung – woraus das Wort „Protestant" abgeleitet wurde. Es waren die Menschen, die gegen diese Aufspaltung protestierten, die besagte: „Jeder, der *hier* wohnt, gehört zu *dieser* Religion, und jeder, der *dort* lebt, gehört zu *jener*."

Es war der Staat, der über die Religionsfrage entschied und das offensichtliche Resultat zeigte sich zu Anfang des siebzehnten Jahrhunderts. Sowohl die römisch-katholischen Staaten, als auch die protestantischen taten sich zusammen und zogen gegeneinander in den Krieg – was zum Dreißigjährigen Krieg führte. Ein solches Endresultat bekommt man, wenn man einen solchen Fehler macht. Früher oder später gibt es Religionskriege.

So viel zu Deutschland. Dieses Muster verbreitete sich von Deutschland nach Dänemark, Schweden und Norwegen. Alle diese Länder nahmen das Luthertum als Staatsreligion an, für jeden Bürger in ihrem Land.

DIE REFORMATION IN DER SCHWEIZ
Martin Luther war weder der Initiator noch der Förderer der

WO WAR DIE GEMEINDE IN DEN LETZTEN 2000 JAHREN?

Reformation in der Schweiz. Sie begann ohne ihn, und es gab zwei Männer, die in ihrem Zentrum standen. Einer von ihnen war Deutschschweizer, der andere Franzose. Der Deutschschweizer hieß Ulrich Zwingli, ein gewöhnlicher Gemeindepfarrer der römisch-katholischen Kirche in einem kleinen Dorf in der deutschsprachigen Schweiz. Er wurde zum Protestanten, indem er sein griechisches Neues Testament las. Ihm passierte genau dasselbe wie Martin Luther. Als er sein Neues Testament studierte, erkannte Zwingli, dass viele der Dinge, die er von seiner Kanzel aus lehrte, nicht der Wahrheit entsprachen. Interessanterweise wurde Zwingli zum Priester an der Kathedrale von Zürich, dem Grossmünster, berufen. Sollten Sie jemals in Zürich sein, besichtigen Sie dieses Gotteshaus. Zwingli predigte dort und zwar die neue Wahrheit, die er in der Bibel entdeckt hatte. Dabei riss er ganz Zürich mit. Er erklärte es unter anderem für falsch, dass der Papst eine Armee aus Schweizerischen Söldnern hatte. Wenn Sie heute den Vatikan besuchen, sehen Sie dort immer noch die Schweizer Garde, die den Vatikan bewacht, und Zwingli wandte sich dagegen, doch natürlich hatte er viele weitere Kritikpunkte. Er gab schließlich seine Treueverpflichtung gegenüber dem Papst auf und heiratete. Diese beiden Dinge scheinen oft zusammen aufzutreten. Viele Priester folgten seinem Beispiel.

Schließlich überredete er den Stadtrat (!) zu verkünden, dass jeder Züricher Bürger nun protestantisch sein müsste. Derselbe schreckliche Fehler wurde erneut begangen, doch sie setzten es durch und wurden offiziell protestantisch.

Alle Täler ab Zürich wurden protestantisch. Das Problem war, dass die Menschen in den Bergen und Wäldern diesem Trend nicht folgten, sodass es sehr bald Kämpfe zwischen Bewohnern der Täler und der Berge gab. Der Krieg, der zwei Jahre dauerte, wurde im Bezirk von Zürich geführt, und Zwingli, der selbst kämpfte, wurde an einem kleinen Ort namens Kappel getötet.

Wir sehen wieder dasselbe Muster: Die Hinwendung zum Staat, zur weltlichen Autorität, um einem Bezirk die eigenen

Reformatoren, Römische Katholiken und Radikale

religiösen Ansichten aufzuzwingen, führt zum Krieg.

Bevor er starb, kam es zu einem großen Streit zwischen Zwingli und Luther über das Abendmahl. Nach Luthers Überzeugung *ist* das Blut tatsächlich der Leib Christi und der Wein *ist* sein Blut. Zwingli sagte dazu: „Das ist einfach nur Brot, und das ist nur Wein – es sind Symbole für seinen Leib und sein Blut." Leider ist dies der Grund, aus dem die Deutschen und die Schweizer in der Reformation nicht zueinander fanden.

Nun geht die Geschichte in Frankreich weiter mit einem jungen Mann namens Johannes Calvin, der in Picardy als Sohn eines Rechtsanwalts geboren wurde. Sein Vater beschloss, dass auch Calvin Jura studieren sollte, und so ging dieser an die Universitäten von Paris, Orleans und Bourges. Dort wurde Calvins logisches Denken geschult. Er blieb bis zu seinem Tod Rechtsanwalt, was sich in seinen Reden, der Klarheit seines Denkens und seinen umwerfenden Argumenten zeigte. Es waren Calvins Argumente, die viele Menschen überzeugten, zu „Calvinisten" zu werden. Er ging nach Paris, studierte das griechische Neue Testament und bekehrte sich 1532.

Wie viele Christen haben heute das griechische Neue Testament studiert? Ich habe ein ganz normales Gemeindemitglied kennengelernt, das in seinem Alltag mit seinen Händen arbeitet, sich jedoch selbst Altgriechisch beigebracht hat, um das Neue Testament in der Originalsprache lesen zu können. Es gab eine Gemeinde, die im letzten Jahrhundert gegründet wurde, in der man nicht Mitglied werden durfte, wenn man nicht das griechische Neue Testament lesen konnte. Das ist interessant, nicht wahr? Ich empfehle es Ihnen. Das hat Luther, Zwingli und auch Johannes Calvin bekehrt.

Es dauerte nur wenige Monate, bis Calvin sich wegen seiner christlichen Ansichten im Gefängnis von Paris wiederfand. Nach seiner Entlassung machte er sich auf die Flucht und reiste herum. Mit 26 kam er nach Basel in die Schweiz und beschloss, seine christliche Theologie aufzuschreiben: *Unterricht in der christlichen Religion*, wobei jeder Band 600 Seiten umfasste. Dieses Werk gilt immer noch als eine der großartigsten Darstellungen des protestantischen Glaubens weltweit. Allerdings enthält es Dinge, über die Sie die Stirn runzeln werden, wie z.B. seine Sicht des Sonntags: Er plädierte dafür, sonntagmorgens in die Kirche und sonntagnachmittags bowlen zu gehen. Er tat es selbst, und so verdanken wir Johannes Calvin den „kontinentaleuropäischen Sonntag", wie wir ihn nennen. Das ist eine interessante kleine Hintergrundinformation über Calvin! Doch er sagte noch weitere Dinge, die viel wichtiger und tiefgründiger sind.

Vor allem glaubte Calvin, dass Gott auf dem Thron saß. Er glaubte an die Souveränität Gottes und daran, dass Gottes Wille der entscheidende Faktor ist, der über die Geschichte von Ländern und Menschen bestimmt. Es liegt an seiner höchst logischen Betonung der göttlichen Souveränität und der Doktrin von der Vorherbestimmung, dass sein Name nun Menschen gegeben wird, die auf diese Art denken – sie sind Calvinisten. Calvin glaubte daran, genau wie Martin Luther, Zwingli und alle anderen Reformatoren – dass Gott auf dem Thron sitzt und die absolute Kontrolle über alles und jeden innehat. Es war für einen 26-Jährigen eine riesige Aufgabe, dies niederzuschreiben, und sein Werk hat den Lauf der Geschichte bestimmt.

Johannes Calvin floh immer noch von einem Ort zum nächsten und versuchte eines Tages, wieder nach Frankreich einzureisen. Dabei entdeckte er, dass auf der Straße, auf der er unterwegs war, ein kleiner Krieg ausgebrochen war. So machte er einen Umweg, was dazu führte, dass er am Abend sein Ziel nicht erreicht hatte. Daher übernachtete er an einem Ort unterwegs. Dieser Ort war Genf. Die Nachricht verbreitete sich, dass Johannes Calvin, der junge Autor dieser Bücher, in Genf war, und der Ortspfarrer, ein guter Mann namens William Farel, eilte zum Gasthaus und sagte: „Calvin, ich möchte, dass du hierbleibst. Vor einem Jahr hat der Stadtrat beschlossen, Genf sollte protestantisch werden."

Schon wieder, haben Sie es bemerkt? „Aber es hat einfach nicht funktioniert", fuhr Farel fort. „Sie betrinken sich genauso wie früher und geben sich weiterhin dem Glücksspiel hin. Nichts hat sich verändert. Die Menschen ändern sich nicht, daher brauchen wir einen Mann wie dich, Johannes Calvin. Wir brauchen dich. Bleib hier." Und er bekniete ihn. Johannes Calvin antwortete: „Okay, ich werde bleiben." Er blieb 20 Jahre dort. Und so wurde Genf zum weltweiten Zentrum des Presbyterianismus.

So wurde Johannes Calvin zum Reformator von Genf. Allerdings war er ziemlich streng. Da war dann „Schluss mit lustig". Er schleifte einen Mann vor die Kirche und übergab ihn den Richtern, weil er dies oder jenes getan hatte. Doch er krempelte diese Stadt um, bis sie sich gut benahm. Ich sage „Stadt", doch wir müssen uns die richtige Vorstellung von ihrer Größe zur damaligen Zeit machen: Genf hatte damals 13.000 Einwohner. Mit strenger Disziplin räumte er die Stadt auf und wurde dabei so unbeliebt, dass er drei Jahre später um sein Leben rennen musste. Er floh nach Straßburg. Nachdem er Genf verlassen hatte, brach alles wieder zusammen, und die Zustände wurden immer schlimmer. Daher schickte man ihm eine Abordnung des Stadtrats, die ihn bat zurückzukehren, und Johannes Calvin ließ sich nicht zweimal bitten.

Er bewirkte eine weitergehende Reformation. Was die Veränderungen betraf, ging er viel, viel weiter. So ließ er beispielsweise weder Kruzifixe noch Kerzen zu und (wage ich es zu sagen?) er verbannte auch die Orgeln. Er sagte, die Menschen sollten singen. Er trug die Reformen weiter, als Luther es je tat. Er führte auch das ein, was als presbyterianisches System der Kirchenverfassung bekannt ist. Dabei wird die Kirche von gemeinsamen Vereinigungen von Laien, Pastoren und Ältesten geführt, wobei sich diese ortsansässigen Leitungsgremien in repräsentativen Versammlungen treffen und so weitere Landstriche von Kirchen und Gemeinden verwalten.

Genf wurde zu einem Ort, an dem verfolgte Protestanten

Zuflucht suchten. Insgesamt 6.000 weitere Personen, die vor der Verfolgung flohen, ließen sich dort nieder, und natürlich nahmen sie Calvins Ideen auf. Als es für sie sicher genug war, in ihre Heimatländer zurückzukehren, nahmen sie Calvins Glaubensüberzeugungen und seine Ideen, wie man die Gemeinde führen sollte, mit. Doch Calvin machte erneut den Fehler, Kirche und Staat miteinander zu verbinden, nur dass er diesmal nicht sagte, der Staat müsste die Kirche beherrschen, sondern die Kirche den Staat. In Genf führte das nicht zum Krieg, an anderen Orten jedoch schon.

Von Genf aus wurde Frankreich beeinflusst, und die dortigen Protestanten waren Calvin ähnlicher als dem Deutschen Luther. Sie wurden als Hugenotten bekannt, und ihre Zahl stieg dramatisch an. Wenn Sie die Geschichte kennen, dann wissen Sie, dass in der furchtbaren Bartholomäusnacht, am 24. August 1572, 22.000 französische Hugenotten abgeschlachtet wurden, allein in Paris waren es 2.000. Man tötete sie in ganz Frankreich, während die Überlebenden flohen, viele nach England und in die Niederlande.

DIE REFORMATION IN SCHOTTLAND

Das Land, das von Genf am meisten beeinflusst wurde, war Schottland. Vier große Schotten müssen im Zusammenhang mit der Reformation erwähnt werden. Patrick Hamilton begann die Reformation nördlich der Grenze. Er wurde 1528 verbrannt, doch seine Arbeit übernahm George Wishart, der in der Schweiz gewesen war. Allerdings nahm auch er ein schnelles Ende. Der Mann, der die Reformation letztlich durchsetzte, war John Knox. Er war ein sehr schillernder Charakter und studierte an der Universität von Glasgow, um dann der Kaplan der schottischen Armee auf der Bischofsburg St. Andrews zu werden. Als die Franzosen die Burg einnahmen, wurde John Knox ihr Gefangener, sie verkauften ihn als Galeerensklaven. Da saß er nun und ruderte auf der Galeere, doch die Engländer retteten ihn, sodass er nach

England kam. Dann bekam er Probleme mit Maria I (Queen Mary) und floh auf den Kontinent nach Genf – zu Johannes Calvin.

Als junger Mann war Knox sehr empfänglich für all diese Ideen, er kehrte in seine Heimat Schottland zurück und sagte: „Herr, gib mir Schottland oder ich sterbe." Der Herr gab ihm Schottland, und John Knox begann seine Arbeit. Leider überredete er 1559 das schottische Parlament, protestantisch zu werden. 1560 fand seine erste Generalversammlung statt, doch 1561 kehrte die wunderschöne und niederträchtige Maria Stuart, Königin der Schotten zurück. Mit ihrer Schönheit und Niedertracht wurde sie mit den meisten protestantischen Adligen fertig – und so standen sie sich nun gegenüber, Maria Stuart, Königin der Schotten, und John Knox. Es ist eine höchst dramatische Geschichte, und wenn Sie historisch interessiert sind, sollten Sie sie unbedingt lesen.

Es kam zum Bürgerkrieg, in dem Maria Stuart gefangengenommen wurde und zugunsten ihres Sohnes im Säuglingsalter abdanken musste. Schließlich wurde sie wegen Hochverrats von Elisabeth I. von England enthauptet. Danach konnten die Lehren von John Knox sich in Schottland etablieren, und das Land wurde presbyterianisch.

Die Kirche von Schottland ähnelte der Kirche von Genf, während die Church of England, die Anglikanische Kirche, viel mehr mit den Lutheranern gemeinsam hatte. Die Kirche Schottlands verdankte John Knox alles. Als er starb, wurde das Leitungsamt von dem letzten großen Schotten übernommen, den ich erwähnen möchte, Andrew Melville, der zu König Jakob VI. (James VI.) sagte: „Majestät, es gibt zwei Könige und zwei Königreiche in Schottland. Es gibt König Jakob, dem ich ein treuer Untertan bin, und es gibt den Herrn Jesus Christus, dem Jakob ein Untertan ist mit allen, die in seiner Kirche sind."

DIE REFORMATION IN ENGLAND

Die englische Reformation war ein typisch englischer Kompromiss. Wir wurschteln uns durch und sagen dann: „Oh, das wird schon reichen." Wir halten uns nicht an Prinzipien, sondern sind schrecklich pragmatisch und fragen: „Funktioniert das?" und dann: „Was funktioniert ist richtig."

Es begann natürlich mit Heinrich VIII. (Henry VIII.) und der Tatsache, dass er eine andere Frau heiraten wollte. Allerdings ist dies höchst falsch interpretiert und verstanden worden. Ich will Ihnen die Fakten geben: Heinrich VIII. wurde von anderen gezwungen, Katharina von Aragon zu heiraten, was unrechtmäßig war, da sie die Witwe seines Bruders war. Daher hätte er sie niemals heiraten sollen, doch unter dem Druck anderer, einschließlich des Papstes, der ihm eine Sondererlaubnis erteilte, rechtswidrig zu heiraten, wurde er aus politischen Gründen in diese Ehe gezwungen. Jedes Baby, das sie bekam, war eine Totgeburt, außer einem – der kleinen Maria, die später zur berüchtigten „Bloody Mary" (Maria „die Blutige") werden sollte. Heinrich hatte keinen Sohn, um die Linie der Tudors weiterzuführen, und er wusste, dass nach seinem Tod ein Bürgerkrieg ausbrechen würde, wenn es keinen Sohn gab. Die meisten Menschen sahen die Tatsache, dass Gott ihm keinen Sohn geschenkt hatte, als Zeichen, dass Gott diese Ehe verurteilte, weil es keine rechtmäßige Verbindung war und er sie niemals hätte eingehen sollen. Soweit der Hintergrund.

Dann begegnete er Anne Boleyn, in die er sich wirklich verliebte, die eine gute Königin abgegeben hätte und seine rechtmäßige Ehefrau geworden wäre. Sehen Sie das Dilemma? Ich rechtfertige Heinrich VIII. nicht, sondern gebe Ihnen einfach nur die Fakten. Er beantragte eine Annullierung seiner ersten (unrechtmäßigen) Ehe, doch mittlerweile hatte sich die Politik geändert, und aus politischen Gründen sagte der Papst: „Nein, ich gewähre dir keine besondere Scheidung oder eine spezielle Annullierung aufgrund der Tatsache, dass du diese Frau unrechtmäßig geheiratet hast." Da sagte Heinrich VIII.: „Alles klar. Von jetzt an gehorche ich dem Papst nicht mehr." Schritt für Schritt trennte Heinrich die englische Kirche vom Papst – genauso wie England durch den Ärmelkanal vom Festland getrennt ist. So machte er sich beispielsweise zum „Haupt der Kirche". Dies war ein erstaunlicher Schritt, wenn man bedenkt, dass Heinrich VIII. theologisch veranlagt war. In seiner Jugend hatte er ein Buch gegen Martin Luther geschrieben, welches die sieben römisch-katholischen Sakramente verteidigte. Davon war der Papst so begeistert, dass er ihm den Titel „Verteidiger des Glaubens" verlieh – ein Titel, den die Queen bis heute trägt und der auf den Münzen in Ihrem Portemonnaie steht.

Heinrich konnte Anne Boleyn hauptsächlich deshalb heiraten, weil er seinen Freund, Thomas Cranmer zum Erzbischof von Canterbury machte. Cranmer sagte: „Ich werde deine erste Ehe annullieren, da ich schon immer überzeugt war, dass sie unrechtmäßig zustande kam, daher annulliere ich sie. Du kannst Anne Boleyn heiraten.", und er traute das Paar heimlich. Heinrich machte sich selbst zum Haupt der Kirche und hatte mit Rom gebrochen; jetzt brauchte er Geld, daher beschlagnahmte er die wohlhabenden Klöster Englands und verkaufte ihre Ländereien an andere Personen, wodurch zum ersten Mal eine Mittelschicht in England entstand. Dies hat das gesellschaftliche Leben seither geprägt.

Heinrich tat noch mehr, doch der Hauptpunkt, auf den es mir ankommt, ist, dass Heinrich gar nicht wollte, dass England protestantisch wurde. Er wollte, dass alles wie bisher weiterging, abzüglich der Klöster, denn natürlich war ihre Loyalität gegenüber dem Papst ziemlich groß. Er wollte, dass die Church of England (die Anglikanische Kirche) genauso weitermachte wie zuvor, außer dass er jetzt die Position des Papstes innehatte. Das wollte er, schlicht und einfach. Doch er ließ einige Faktoren außer Acht. Er berücksichtigte nicht, dass die Bibel von William Tyndale fieberhaft ins Englische übersetzt wurde. Dieser Mann wurde durch ganz England gejagt, musste auf den Kontinent fliehen und endete schließlich auf dem Scheiterhaufen, doch Tyndale gab uns die englische Bibel. Während Heinrichs Herrschaft wurde ein Bibelexemplar in jeder Kirche Englands platziert, sodass die

Menschen zum ersten Mal im Gottesdienst mitlesen konnten. Fällt Ihnen etwas auf? Jedes Mal ist es die Möglichkeit, die Bibel zu lesen, die Menschen freisetzt und die erstaunlichsten Dinge bewirkt. William Tyndale sagte, dass er durch die Gnade Gottes dafür sorgen werde, dass der englische Junge hinter dem Pflug mehr von der Bibel verstehen werde als der Papst selbst. Genau das geschah, und man fing an, die Bibel zu lesen.

Heinrich rechnete auch nicht mit Männern wie Thomas Cranmer, der in seinem Herzen Sympathien für protestantische Ideen hegte. Er war auf eine Menge anderer Menschen nicht gefasst.

Hinzu kam die weitverbreitete Unzufriedenheit, dass der Papst immer noch Gelder aus England abzog – die Abgaben und anderen „Jahressteuern", die man zahlen musste, nannte man „Petrus' Pennys". Heinrich rechnete auch nicht mit Männern wie Thomas Cromwell und Latimer.

Aus Furcht vor dem hohen Tempo der Veränderungen exekutierte Heinrich gegen Ende seiner Amtszeit leider sowohl Katholiken als auch Reformatoren, und als er starb, gärte es in England. Doch nach seinem Tod bestieg ein neunjähriger Junge (Eduard, englisch Edward VI.) den Thron, der seinen christlichen Glauben trotz seiner Jugend sehr ernst nahm. Er wurde stark von Thomas Cranmer, dem Erzbischof von Canterbury beeinflusst. Dieser Junge stand Reformen in England positiv gegenüber. Während seiner kurzen Regierungszeit geschahen bestimmte Dinge: Erstens, Geistliche durften heiraten; zweitens, das Abendmahl in der Anglikanischen Kirche bekam einen protestantischen Charakter, und der „Altar" wurde jetzt „Tisch" genannt; drittens, was noch wichtiger war: Die Gottesdienste wurde erstmals auf Englisch statt auf Latein abgehalten, und ein Buch wurde vorbereitet, das den Titel *A Book of Common Prayer* (wörtlich „Ein Buch der einfachen Gebete") trug – d.h. ein Buch, das jeder nutzen konnte, nicht nur der Priester, der vorne stand und Latein verstand, sondern ein Buch der „einfachen" Gebete,

Reformatoren, Römische Katholiken und Radikale

sodass die einfachen Leute beten konnten.

Dieses Buch wurde in seiner zweiten Auflage zum Gebetbuch der Anglikanischen Kirche. Es ist größtenteils unverändert und wird immer noch genutzt, auch wenn es zu überarbeiteten Gottesdienstordnungen in der Anglikanischen Kirche des 20. Jahrhunderts kam. Es ist ein wunderbares Buch mit sehr vielen biblischen Bezügen.

Eine Regel, die von Eduard VI. eingeführt wurde, besagte, dass jeder Priester mindestens viermal im Jahr predigen musste! Das gibt uns einen kleinen Einblick in die Zustände der Church of England zur damaligen Zeit.

Darüber hinaus fing man unter Cranmer an, Glaubensartikel niederzuschreiben. Sie kamen bis zu Nummer 42, doch später reduzierte man sie auf 39. Diese Artikel gaben den protestantischen Ton in der Church of England an.

Während der Regierungszeit von Eduard VI. kehrten Flüchtlinge aus Europa zurück. Und so kam ein berühmter Theologieprofessor aus Straßburg nach Cambridge, an meine alte Universität. Er hieß Martin Bucer und unterrichtete seine Studenten im protestantischen Verständnis des Evangeliums Jesu Christi.

Dann starb der junge König, und seine Halbschwester Maria, Tochter einer spanischen Mutter, bestieg den Thron. Von ihrer Abstammung her war sie Halb-Spanierin, doch im Denken war sie ganz spanisch. Sie heiratete Philipp von Spanien, verbrachte mehr Zeit im Ausland als im Inland und war fest entschlossen, England wieder mit Rom zu verbinden. 1.200 verheiratete Geistliche wurden entlassen, und das Pendel schwang in die andere Richtung. Das House of Lords und das House of Commons mussten vor Kardinal Pole niederknien, der aus Rom geschickt wurde, um England wieder im Schoß der Katholischen Kirche willkommen zu heißen.

Während Marias Herrschaft wurden nahezu 300 berühmte Christen getötet, wodurch sie den schrecklichen Spitznamen

WO WAR DIE GEMEINDE IN DEN LETZTEN 2000 JAHREN?

„Bloody Mary" (Maria „die Blutige") erhielt – den sie auch verdiente. Wenn ich in England unterwegs bin, sehe ich überall ihre Spuren. In Oxford auf der Hauptstraße vor dem Balliol College steht ein Denkmal für zwei Männer, Hugh Latimer und Nicholas Ridley, die für ihren protestantischen Glauben zur Regierungszeit Marias auf dem Scheiterhaufen verbrannt wurden. Vielleicht erinnern Sie sich an Latimers letzte Worte, die er zu Ridley sprach: „Sei getrost und sei stark, Meister Ridley. Denn wir werden heute durch die Gnade Gottes in England ein Licht entzünden, das wohl niemals mehr erlischt." Das nächste Mal, wenn Sie Oxford besuchen, schauen Sie sich dieses Monument an und denken Sie an diese beiden Männer.

Während Marias Herrschaft unterzeichnete Cranmer, der Erzbischof von Canterbury, unter großem Druck das Papier, mit dem er die von ihm eingeführten Reformen widerrief. Doch leider ist es nicht so einfach, sich zu ändern, und im Herzen wusste er, dass es falsch gewesen war. Schon bald sollte auch er auf dem Scheiterhaufen brennen. Als die Zeit für ihn gekommen war, öffentlich auf dem Scheiterhaufen gebunden zu werden, sagte er, dass er den Widerruf seiner protestantischen Einstellung zutiefst bereute. Er nahm die Hand, mit der er dieses Papier unterzeichnet hatte, hielt sie als erstes in die Flammen und sah zu, bis sie zu Asche verbrannt war. Dabei sagte er: „Diese Hand, die ein solches Papier unterschrieben hat, muss zuerst verbrannt werden." John Hooper wurde in Gloucester verbrannt, und viele andere endeten auf dem Scheiterhaufen. Vielleicht haben Sie von den Feuern in Smithfield gehört. Vier Bischöfe, ein Erzbischof und viele weitere führende Geistliche wurden während Marias Herrschaft dort getötet.

Sie können sich sicher vorstellen, dass alle einen Seufzer der Erleichterung ausstießen, als Elisabeth I. den Thron bestieg. Natürlich war sie in den Augen des Papstes und vieler anderer ein uneheliches Kind. Der Papst sagte, Maria, die Königin der Schotten, sei die rechtmäßige Thronerbin.

Die Verfolgung endete, und eine Flut von Flüchtlingen kehrte nach England zurück. Es war während Elisabeths Regierungszeit, als das typisch englische Kuddelmuddel – wir nennen es die Church of England – entstand. Denn Elisabeth mochte die Schotten und John Knox nicht. Genf gefiel ihr nicht. Sie bevorzugte überladene Gottesdienste mit Messgewändern und Ritualen und wollte auf diese nur ungern verzichten. Sie erklärte, das zweite Book of Common Prayer von Eduard sei zu protestantisch, und führte einige Änderungen ein, die mehr in die katholische Richtung gingen; und sie beendete die Praxis, dass sich Geistliche zum gemeinsamen Bibelstudium trafen, was dem Land sehr gutgetan hatte. Doch ihr gefiel dies nicht.

Allerdings konnte auch sie die Uhr nicht zurückdrehen, wie es Maria versucht hatte, und die Elisabethanische Religionsregelung führte zu einer Art halben Reform. Wenn Sie wissen möchten, warum es heute in der Church of England Evangelikale und Anglo-Katholiken gibt, dann müssen Sie zu Elisabeth I. zurückgehen. Denn indem sie die Reformen nur bis zur Hälfte durchführte und sie durch das Parlament zwangsweise einführen ließ, öffnete sie dieser Mischung, die daraus folgte, Tür und Tor. Eine Kirche kann nur eine solche Mischung sein, wenn ihre Fundamente vermischt werden, und es war Elisabeth, die diese Vermischung herbeiführte.

Das Book of Common Prayer ist immer noch größtenteils (wenn auch nicht ganz) protestantisch, und die 39 Glaubensartikel, die schließlich während Elisabeths Regierungszeit aufgestellt wurden, sind ein wunderbares Bekenntnis protestantischen Glaubens. Jeder Geistliche, der die 39 Artikel predigt, verkündet damit das Evangelium. Leider tut es nicht jeder, doch sie stehen in diesem Buch, und es gibt dort genug Protestantisches, dass wir eine durch und durch evangelikale und protestantische Church of England haben. Die Möglichkeit einer anderen Prägung besteht ebenfalls, doch sie kam später.

Elisabeth starb als unbeliebte Königin, allerdings kehrte ihre

Popularität zurück, als Philipp II. von Spanien, erbost über die Exekution von Maria Stuart, Königin von Schottland, erklärte: „Wir werden mit Gewalt in England einmarschieren und es dem Papst zurückgeben." Er schickte eine Armada aus 160 Schiffen und 30.000 Marinesoldaten und ließ ein riesiges Heer auf der anderen Seite des Ärmelkanals aufmarschieren, das hinübersetzen sollte, sobald die Invasion beendet war. England war in einer verzweifelten Lage. Es hatte keine Freunde, und die geballte Macht Europas schien es zu bedrängen. Die Armada überquerte den Kanal. Auf der anderen Seite warteten die Truppen, Philipps Armee, und es sah so aus, als ob England verlieren würde – doch da gab es noch Sir Francis Drake. Man erzählt sich, wie die spanische Armada durch die englische Seemannskunst unter seiner Führung besiegt wurde – und dass Gott an diesem Tag für England zu kämpfen schien. Denn die Winde waren zu stark für diese sperrigen spanischen Galeeren, sodass sie Schiffbruch erlitten. Sie zerschellten an den Küsten Englands und Schottlands, und bis heute sucht man nach den gekenterten Galeeren der spanischen Armada.

Zufälligerweise habe ich aufgrund der spanischen Armada spanische Gene. Denn eine Galeere kenterte an der Küste von Nordschottland, woraufhin die Matrosen an Land gingen. Sie wurden St. Clair genannt, nahmen sich einheimische Frauen und wurden sesshaft. Daraus entstand der Clan Sinclair. Meine Mutter ist eine Sinclair. Vielleicht bin ich deshalb ab und zu begeisterungsfähig!

Wir haben die Reformatoren in Deutschland, der Schweiz, Schottland und England betrachtet. In keinem dieser Länder führten sie die Reformation konsequent zu Ende. In keinem dieser Länder kehrten sie zur neutestamentlichen Gemeinde zurück. In jedem Land waren Kirche und Staat zu eng miteinander verbunden. Entweder regierte der Staat die Kirche oder die Kirche den Staat, doch in jedem Land entstand eine Religion, die einem Gebiet aufgezwungen wurde. Das gesamte Gebiet wurde

Reformatoren, Römische Katholiken und Radikale

protestantisch und musste sich verändern.

Nach meiner Ansicht entspricht dies nicht dem Neuen Testament. Das war der fatale Fehler. Es führte in fast jedem Fall zum Krieg, und gibt es etwas Tragischeres als Menschen, die Religionskriege führen? Gibt es etwas Tragischeres als Menschen, die im Namen Christi für das Christentum kämpfen und sich dabei gegenseitig umbringen? Wir wissen heute, dass dies absolut falsch ist. Doch wo ein Staat versucht, dem Volk eine bestimmte Religion aufzuzwingen, erhält man solche Zustände, und früher oder später kommt es zu dieser Art von Problemen und Kriegen.

WAS TATEN DIE KATHOLIKEN WÄHREND DIESER ZEIT? 1580, 60 Jahre nach Luther, hatte sich der Protestantismus über den Großteil Deutschlands nach Dänemark, Norwegen, Schweden, auf einen Großteil der Schweiz, Frankreichs und Englands ausgebreitet. Irland war 1580 immer noch katholisch, genauso wie Spanien, Italien, Österreich sowie Teile der Schweiz und Deutschlands. Komischerweise geschah dies alles innerhalb von 60 Jahren, woraufhin die Grenzen für die nächsten 300 Jahre gleichblieben.

Wir müssen uns fragen, warum sich der Protestantismus in 60 Jahren so schnell ausbreitete und dann an eine Grenze stieß, die bis in das Zwanzigste Jahrhundert gleichblieb. Die Antwort liegt in einer Bewegung unter den Katholiken, die man Gegenreformation nennt. Es hatte einen Angriff auf Rom gegeben, der zum Verlust von Halbeuropa führte, und die römisch-katholische Kirche wollte sich das nicht gefallen lassen. Drei Dinge geschahen, die diese protestantische Flut stoppten und die Grenzlinien zogen.

Was geschah also? Es gab einen Katholiken namens Ignatius von Loyola. Er war ein spanischer Adliger, der im Krieg schrecklich verwundet wurde und mit einem zerschmetterten Bein mehrere Monate lang im Krankenhaus lag. Während dieser Zeit sah er Visionen und erlebte einen Sinneswandel. Er wurde zu einem gläubigen Katholiken und glaubte, seine Lebensberufung bestünde darin, die Verbreitung des Protestantismus aufzuhalten. Um dies zu tun, würde er eine römisch-katholische Armee brauchen, die jedoch ganz anders kämpfen sollte als andere Armeen. Ich könnte sie fast „die Heilsarmee Roms" nennen. Er ging nach Paris und scharte eine Gruppe von sechs adligen Männern und einigen adligen Damen um sich und rief „Die Gesellschaft Jesu" ins Leben, die besser als der Jesuitenorden bekannt ist. Ignatius von Loyola sah ihre Aufgabe darin, Europa römisch-katholisch zu bewahren und die Flut des Protestantismus zu stoppen. Ehrlich gesagt gelang es ihm größtenteils. Er sammelte Hunderte von Menschen um sich und unterzog sie der härtesten militärischen Disziplin, die Sie sich vorstellen können. Sie ist in einem Buch mit dem Titel „Geistliche Übungen" festgehalten. 25 Tage lang drillt man sich mit Fasten, dem Streben nach Visionen und vielen anderen Dingen. Während dieser Zeit exerziert man es wirklich durch. Am Ende ist man dann bereit, Jesuit zu werden, ein Nachfolger von Ignatius von Loyola.

Hinzu kommt, dass sie bereit waren, ehrliche und unehrliche Mittel anzuwenden. Sie sagten: „Um jemanden in der katholischen Kirche zu halten, kannst du alle Mittel nutzen, die dir nötig erscheinen", nach dem Motto: Der Zweck heiligt die Mittel. Sie trieben es so weit damit, dass schließlich ein Papst den Orden stoppen musste. Doch es gab auch Gute unter ihnen. Einer der Herausragendsten in dieser „Armee Roms" war ein Mann namens Francis Xavier, der 700.000 Menschen in Indien, auf den Ostindischen Inseln und in Japan zum Katholizismus bekehrte.

Das war das Erste, was in Rom geschah – eine Armee von hingegebenen, disziplinierten Männern formierte sich, die entschlossen waren, „den Verfall aufzuhalten", wie sie es sahen.

Als Zweites berief der Papst in dem Bewusstsein, dass es viel zu bereden gab, das Konzil von Trient ein. Es traf sich 25-mal zwischen 1545 und 1563. Zunächst erwog der Papst, die Protestanten einzuladen, um mit ihnen über die Differenzen zu sprechen und zu erkunden, ob sie überwunden werden konnten.

Reformatoren, Römische Katholiken und Radikale

Doch er wurde von seinen Kardinälen überzeugt, die Protestanten keinesfalls einzuladen, daher nahmen sie nicht an diesem Konzil teil. Wären sie gekommen, hätte die Geschichte anders aussehen können.

Es wurde ein höchst reaktionäres Konzil. Sie sprachen den Fluch Gottes über protestantischen Lehren aus und sagten: „Jeder, der daran festhält, durch Glauben allein gerechtfertigt zu werden, wird mit dem Anathema belegt" – mit dem Fluch Gottes.

Dann erklärten sie in einer Reihe von Dekreten Folgendes: Es gibt sieben Sakramente, nicht nur zwei, und sie sind unverzichtbar, um gerettet zu werden; die Tradition muss gleichberechtigt als Wort Gottes neben der Bibel stehen; die Apokryphen müssen Teil der Bibel sein; das Fegefeuer existiert; der Ablasshandel, die Anrufung von Heiligen sowie Bilder und Reliquien sind eine rechtmäßige Glaubenspraxis; der Papst hat die absolute Autorität.

Es war das erste Mal, dass die römisch-katholische Kirche diese Dinge offiziell erklärte. Bei aller Liebe muss ich offen und ehrlich sagen, dass sich an diesen Positionen bis heute nichts geändert hat. Das ist ja auch gar nicht möglich, wenn man daran glaubt, dass sich die Konzile nicht irren können – wie könnten diese Dinge dann auch verneint werden? Das Zweite Vatikanische Konzil bereinigte, modifizierte und ergründete viele Dinge, doch kein einziger Punkt, den ich gerade erwähnt habe, wurde verändert. Hier lag nun eine Erklärung Roms vor, die Katholiken verdeutlichte, was sie wirklich glaubten, und die ihnen ermöglichte, protestantischen Kritikern Antworten zu geben.

Drittens, die Inquisition wurde wiederbelebt; Folter, Einkerkerung und Tod wurden als Instrumente gegen Protestanten eingesetzt. Sie wurden genutzt, um fast jeden Protestanten in Spanien auszulöschen und die meisten Protestanten in Italien und anderen Teilen Europas wie z.B. Österreich. Daraus folgt, dass die Christen, wie wir sie verstehen, in diesen Ländern bis heute eine winzige Minderheit sind.

Die Inquisition, das Konzil von Trient und Ignatius von

Loyola mit seiner katholischen Armee von Priestern und Laien – Jesuiten, die höchst diszipliniert und entschlossen waren, dem Protestantismus Einhalt zu gebieten – hatten die Weiterverbreitung des Protestantismus bis Ende des 16. Jahrhunderts gestoppt. Europäische Regionen, die Ende des 16. Jahrhunderts katholisch waren, sind größtenteils katholisch geblieben, während dasselbe für protestantische Gegenden gilt. Ist das nicht merkwürdig?

DIE RADIKALEN

Die Radikalen werden so genannt, weil sie der Linksaußen-Flügel der Reformation waren. Man bezeichnete sie auch als die „Stiefkinder" der Reformation und als ihr „linker Flügel". Wer waren sie nun?

Es waren Menschen, welche die größte und fundamentalste Frage überhaupt stellten, nämlich: „Wer sollte die Reformen durchführen? Wer sollte den Wandel bewirken?"

Sie kamen zu dieser bedeutsamen Schlussfolgerung, zu der weder die Katholiken noch die Reformatoren durchgedrungen waren: Es sollte nichts mit dem Staat zu tun haben; Kirche und Staat sind zwei ganz verschiedene Körperschaften, die nicht zu nah zusammenkommen sollten. Diese Radikalen glaubten an eine freie Kirche, statt an eine etablierte. Selbst der etablierte Protestantismus gefiel ihnen nicht. Sie sagten, man könne Menschen nicht mithilfe der Regierung gut machen. Man dürfe niemandem eine Religion aufzwingen, sondern sie müsse frei und freiwillig von den Menschen angenommen werden. Man könne nicht sagen: Jeder in England wird Protestant, genauso wenig wie: Jeder in Spanien muss katholisch sein. Man dürfe den Staat nicht zur Förderung der Religion benutzen. Man könne nur ein Schwert nutzen, nämlich das Schwert des Geistes, das Wort Gottes.

Sie waren folglich Pazifisten, die sich weigerten, an den Kriegen zwischen Protestanten und Katholiken teilzunehmen. Sie erklärten, sie würden nicht für das Evangelium kämpfen, und wurden als Revolutionäre angesehen. Man hielt sie für

Reformatoren, Römische Katholiken und Radikale

Menschen, die das Eine zerstörten, was die Gesellschaft zusammenhielt, nämlich die Vorstellung, dass Kirche und Staat zusammengehörten. Daher galten sie als höchst gefährlich.

Wo nahmen sie ihren Anfang? Sie entstanden 1522 in der Stadt Zürich in der Schweiz und nannten sich bemerkenswerter Weise „Brüder". Ihre Leiter waren Conrad Grebel und Felix Manx. Es waren gute Christen – in derselben Stadt, in der Zwingli den Stadtrat dazu brachte, jeden zum Protestanten zu machen. Sie erklärten: „Das ist nicht die richtige Methode. Die einzig richtige Methode ist, das Wort Gottes zu predigen – und wenn Menschen es freiwillig annehmen, dann bildet aus ihnen eine Gemeinde." Sie kämpften hart für das, was wir heute als religiöse Freiheit bezeichnen. Die Vereinigten Staaten von Amerika haben ihren heutigen Charakter durch diesen damaligen Kampf erhalten. In Schottland, in England und in Deutschland gab es eine etablierte Religion. Überall, wo man hinkam, stellte man fest, dass der Staat über die Religion entschied. Doch in Amerika schlugen die Ideen dieser Radikalen Wurzeln, und dort gibt es die Trennung zwischen Kirche und Staat.

Diese Brüder erklärten auch, dass eine Kirche nicht nur nicht mit einem Staat identifiziert werden sollte, sondern dass die Kirche nicht mit der Gesellschaft gleichzusetzen sei. Daher, und hier kommt der springende Punkt (sie waren die Ersten, die dies propagierten), sollte man nicht getauft werden, bevor man glaubte. Sie wandten sich von der Kindertaufe ab und der Glaubenstaufe zu. Sie erhielten den Spitznamen „Wiedertäufer". Doch das traf es nicht genau. Man nannte sie die Anabaptisten, wobei „ana" „wieder" oder „zweimal" bedeutet. Die Anabaptisten oder Täufer waren der linke Flügel der Reformation. Sie waren die Radikalen. Die Anabaptisten wollten zurück in die Anfangszeit, zu einer Kirche, die weder mit dem Staat identifiziert wird noch mit ihm verbunden ist, zu einer Kirche, die nur aus Gläubigen besteht und nur Menschen tauft, die alt genug sind, um an Jesus zu glauben – und aus diesem Grund zum Leib Christi gehören, aus Glauben.

Leider griffen nicht nur die Katholiken diese Menschen an, sondern auch die Reformatoren. Es kam der Tag, an dem Luther zu den deutschen Fürsten sagte: „Ihr müsst das Schwert gegen diese Radikalen erheben." Und es kam der Tag, an dem Johannes Calvin sich mit dem Tod durch Ertränken für Felix Manx einverstanden erklärte, als einem angemessenen Ende für einen Baptisten. Er wurde ertränkt. Zwingli ging in Zürich zum Stadtrat, um den Erlass grausamer Gesetze gegen diese Menschen zu veranlassen.

Ist das nicht interessant? Die Katholiken nutzten den Staat, genauso wie die Reformatoren, und beide waren bereit, im Namen Christi das sprichwörtliche Schwert einzusetzen. Die Radikalen erklärten: „Wir werden kein anderes Schwert als dieses verwenden – die Bibel." So wurden die Schwerter der Katholiken und Protestanten gegen sie geführt. Es ist eine tragische Geschichte, doch wir können heute frei sein von der etablierten Kirche, weil der Einfluss und die Ideen dieser Radikalen zur Zeit von Elisabeth I. in England in einer Menschengruppe auftauchten, welche die Unabhängigen (oder Separatisten) genannt wurden.

Diese Unabhängigen wollten eine Freikirche. Da sie keine in England finden konnten, machten sie sich an Bord der „Mayflower" auf den Weg nach Amerika – um ein für alle Mal dort das Prinzip der Religionsfreiheit für den Einzelnen zu etablieren, d.h. dem Glauben zu folgen, den er für richtig hielt. Dies ist unser Erbe, und dafür kämpften und starben sie.

Es gab unter ihnen einige Fanatiker und Extremisten wie Thomas Müntzer aus Zwickau, doch im Großen und Ganzen, wenn man ihre Geschichte studiert (und die Forschung begann erst im 20. Jahrhundert – erst jetzt hat man wirklich begonnen, die Geschichte der Anabaptisten zu erforschen), kämpften und starben sie für die Religionsfreiheit, wobei sie nur mit der Bibel kämpften. Sie wurden beschuldigt, Revolutionäre zu sein, doch Jesus sagte: „Mein Reich ist nicht von dieser Welt. Sonst würden meine Diener kämpfen." Das ist es, was die Anabaptisten sagten.

Reformatoren, Römische Katholiken und Radikale

Es gab Männer unter ihnen wie Menno Simons. Sollten Ihnen jemals Mennoniten begegnen – diese großartigen Christen gehen auf ihn zurück. Da war Jakob Hutter, und sollten Sie je Hutterer treffen – er war ihr Gründer. Sie waren, meiner Ansicht nach, die absoluten Reformer. Sie sagten: „Wir werden alles ändern, was nicht dem Wort Gottes entspricht, und *wir* werden es ändern – statt von Fürsten oder Päpsten zu erwarten, die Änderungen vorzunehmen; wir werden gemäß dem Wort Gottes leben und als Einzelpersonen und Gemeinden dem Wort Gottes folgen."

Im nächsten Kapitel werden wir diese Geschichte im 17. Jahrhundert fortsetzen, der Zeit, als die Religionsfreiheit nach England kam. Damals fing man an, den Menschen zu erlauben, ihren eigenen Überzeugungen zu folgen. Es ist das Zeitalter von William Penn, John Bunyan und vielen anderen großen Männern Gottes. Seien wir Gott dankbar, dass es Menschen gab, die die Reformation weitertrugen als die Reformatoren und sagten: Lasst uns die Kirche vom Staat trennen und eine Freikirche gründen, die aus Gläubigen besteht – die aufgrund ihres Glaubens auf den Namen Jesu Christi im Wasser getauft werden. Durch die Gnade Gottes erreichten ihre Prinzipien auch unser Land.

Kapitel 7

DAS SIEBZEHNTE JAHRHUNDERT

Ein Unterschied zwischen 1600 und 1700 ist für uns von großer Bedeutung: Im Jahr 1600 war es Christen, die nicht zur Anglikanischen Kirche gehörten, verboten, sich in aller Freiheit zu ihren eigenen Gottesdiensten zu versammeln. Im Jahr 1700 war es ihnen erlaubt. Wir werden sehen, wie diese Veränderung vonstattenging, und wie die Religionsfreiheit in unser Land kam – sodass wir uns in den letzten 300 Jahren versammeln und Gottesdienst feiern konnten, wie es unserem Gewissen entsprach, ohne dass uns jemand daran gehindert oder deswegen ins Gefängnis gebracht oder exekutiert hätte. Im siebzehnten Jahrhundert wurde die Schlacht gekämpft und schließlich gewonnen.

Lassen Sie mich mit dem Stand der Dinge am Anfang des Jahrhunderts beginnen. Zu dieser Zeit gab es drei Gruppen von bekennenden Christen in England, drei „Parteien". Offiziell gab es keine Katholiken mehr. Sie waren mittlerweile gesetzlich verboten worden. Sie existierten nur noch als heimliche Sympathisanten. Innerhalb der Church of England gab es zwei Gruppen, außerhalb eine. Die zwei Gruppen innerhalb wurden Anglikaner und Puritaner genannt.

Die Anglikaner akzeptierten das, was Queen Elisabeth I. als eine Art Kompromiss quasi ausgearbeitet hatte, eine Mischung von Dingen, die früher von den Katholiken praktiziert wurden, und anderen Praktiken, welche die Reformatoren unternahmen. Dieser anglikanischen Mischung folgten viele Menschen in diesem Land, insbesondere solche, die Aspekte der Reformation bedauerten.

Doch innerhalb der Church of England gab es noch eine andere Gruppe, die von Richard Baxter repräsentiert wurde. Man nannte sie „Puritaner", weil sie sich eine viel reinere Kirche wünschten [das englische Wort „pure" bedeutet „rein", Anmerkung der Übersetzerin]. Sie wollten Roben, Kruzifixe und Kerzen abschaffen. Die Anbetung sollte nach ihrer Vorstellung schlicht, einfach und rein sein. Vor allem wollten sie, dass nicht die kultische Gottesverehrung im Mittelpunkt stand, sondern das Wort Gottes. Sie waren eifrige Bibelleser, die das Wort Gottes in ihren eigenen Häusern als Familien lasen und auch privat als Einzelpersonen. Vor allem wollten sie ein regelmäßiges Bibelstudium in der Gemeinde.

Richard Baxter ist ein sehr gutes Paradebeispiel. Er führte nicht nur ein zwei- bis dreistündiges Bibelstudium am Sonntag ein, sondern er hatte auch einen Dienstplan, demgemäß er von Haus zu Haus ging und jeder Familie 20 Minuten Bibelunterricht erteilte. Das war das Geheimnis seines Erfolgs in Kidderminster.

Es gab also die Anglikaner und die Puritaner. Die Anglikaner nutzen immer noch ziemlich viele Riten und Zeremonien, die seit Jahrhunderten im Gebrauch sind, und die Puritaner wollen alles ganz einfach halten, so wie in Genf oder Schottland – mit dem Ziel, die Church of England so einfach zu gestalten wie die Church of Scotland. Außerhalb der Church of England gab es eine dritte Gruppe, die wir die „Unabhängigen" nennen, weil sie von der Kirche unabhängig sein wollten; man nannte sie Separatisten, weil sie sich von der Kirche trennten. Sie wurden „Brownists" genannt, weil ein Mann namens Robert Browne einer ihrer bekannten Anführer war. Und vor allem nannte man sie „Kongregationalisten" [abgeleitet vom englischen Wort „congregation" für Gemeinde, Anmerkung der Übersetzerin], da sie glaubten, dass jede Gemeinde ihre eigenen Angelegenheiten unter der Führung des Herrn selbständig regeln sollte.

So war also der Stand der Dinge zu Anfang des Jahrhunderts. John Milton ist ein ziemlich gutes Paradebeispiel. Die

Das siebzehnte Jahrhundert

Kongregationalisten oder Unabhängigen lehnten die Idee einer Staatskirche ab, und ihr Slogan lautete: „Reformation ohne Verzug". Mit anderen Worten: Wir werden nicht warten, bis sie das Parlament oder die Kirche ändern. Wir werden einfach vorwärtsgehen und in unserer Ortsgemeinde gemäß der Bibel leben. Natürlich bezahlten viele dafür mit ihrem Leben, wie z.B. John Greenwood and Henry Barrow. Doch diese Gruppe wuchs.

Wir werden die Herrschaft jedes Monarchen in England während des Jahrhunderts betrachten und fragen, was in seiner Amtszeit geschah. Lustigerweise passierte viel in Buckinghamshire – und sehr viel geschah in den Hügeln von Chiltern.

JAKOB I.
Als Jakob VI. (James VI.) war er bereits König von Schottland, doch nun zog er nach Süden und wurde Jakob I. von England. Von Anfang an hatte er zwei Vorstellungen, die er noch nicht öffentlich geäußert hatte.

Eine besagte, dass er an das gottgegebene Recht von Königen glaubte, über die Religion zu herrschen. Die zweite war, dass er auch daran glaubte, dass Bischöfe von Gott das Recht erhalten hätten, die Kirche zu regieren. Nördlich der Grenze hielt er sich zu diesen Themen sehr bedeckt, sodass die Schotten darauf hereinfielen. Dieser ziemlich durchtriebene Charakter, der offensichtlich seine Ansichten über Nacht ändern konnte, täuschte den Schotten vor, er würde einen guten König abgeben. Als er dann in den Süden kam, dachten die Engländer, er würde der puritanischen Linie folgen und die Church of England säubern.

Sehr schnell erlitten sie einen sehr großen Schock. Er sagte: „Presbyter und die Monarchie passen so gut zusammen wie Gott und der Teufel", und das Schlagwort seiner Herrschaft in England lautete: „Kein Bischof – kein König." Nun begann die schwierigste Zeit innerhalb der Church of England. Jakob stellte sich sehr, sehr entschieden auf die Seite der Anglikaner und hörten nicht auf die Leitung von repräsentativen Gemeindevertretungen.

Der König sollte die Kirche regieren, genauso wie der Bischof, und er hatte einen sehr guten Erzbischof, der ihm dabei half.

Um dies zu erreichen, rief Jakob 1604 eine Konferenz führender Christen in Hampton Court zusammen (der Palast mit dem Labyrinth), wo er die Puritaner verhöhnte, beleidigte und verlachte. Er sagte: „Ihr seid Spielverderber. Ihr mögt keinen Sport am Sonntag. Okay. Ich werde Gesetze erlassen, die bestimmen, dass es völlig in Ordnung ist, sonntags Sport und Unterhaltungsveranstaltungen abzuhalten." So reizte er sie, und was sie bei diesem Gespött durchmachen mussten, geht einfach niemanden etwas an. Wir haben einen Bericht darüber.

Doch es gab einen anwesenden Puritaner mit dem Namen John Reynolds, einen berühmten Professor aus Oxford. Er war ein höflicher, frommer Gentleman, dem dieser Spott und das Gelächter überhaupt nichts ausmachten und der sich nicht unterkriegen ließ. Als Jakob die Schimpfwörter ausgegangen waren, sagte Dr. Reynolds: „Eure Majestät, ich habe einen Vorschlag. Es ist an der Zeit, dass wir eine neue englische Bibel bekommen." Dieser Vorschlag wurde angenommen, was König Jakob geradezu überraschte, und ab der Hampton Court Konferenz arbeitete man sieben Jahre lang hart an dieser Bibel. Heraus kam die King James Version, die nicht so genannt wurde, weil es Jakobs Idee war oder er sie anfertigte, sondern weil er zur damaligen Zeit zufällig König war. Als sie fertiggestellt war, überreichte man sie ihm. Wir nennen sie die „Autorisierte Version" (auch, insbesondere in den USA, als *King James Version* bekannt). Sie erschien im Jahr 1611. Dieses Jahr war für England von großer Tragweite. Im selben Jahr wurde die erste englische Baptistengemeinde gegründet.

Leider erließ König Jakob eine königliche Anordnung der Konformität, die besagte: „Jeder Geistliche muss die Bischöfe akzeptieren. Es muss vollständige Konformität, absolute Einheit in der gesamten Kirche geben." 1.500 Geistliche weigerten sich, diese Erklärung zu unterzeichnen, und 300 von ihnen wurden sofort ins Gefängnis geworfen. Andere litten. Ein großer Riss durchzog die englische Kirche. Zur damaligen Zeit kehrten Roben, Riten und Zeremonien in die Church of England zurück, die man seit Beginn der Reformation nicht mehr gesehen hatte. Sie sind bis heute geblieben.

Die Folge war, dass sich die Puritaner nach Irland absetzten. Manche von ihnen flohen nach Westen. Daher stand die Church of Ireland der Reformation immer näher als die Church of England. Der damalige Erzbischof von Irland war ein Mann namens James Ussher, der berühmt dafür war, Daten festzulegen! Falls sie eine Autorisierte Bibel besitzen, in der zu Beginn des Buches Genesis die Jahreszahl 4004 v.Chr. steht (die Gott nicht in die Bibel hineingeschrieben hat), so sehen Sie etwas, das von Ussher stammt. Er war es, der herausgefunden haben will, dass Adam gegen 9.00 Uhr morgens am 21. Oktober des Jahres 4004 v.Chr. erschaffen wurde. Ein englischer Gelehrter sagte dazu ironisch-trocken: „Als sorgfältiger Wissenschaftler wollte er sich da nicht genauer festlegen!"

Erzbischof Ussher war ein großartiger Erzbischof, und die puritanischen Geistlichen tendierten dazu, sich nach Westen, nach Irland zu bewegen, während die Laien der Gemeinde, die sich Sorgen wegen Jakob machten und nicht so Gottesdienst feiern konnten, wie es ihrem Gewissen entsprach, nach Osten in die Niederlande flohen. Viele der Unabhängigen, der Kongregationalisten, flohen in die Benelux-Länder.

Im Dorf Scrooby im nördlichen Teil von Nottinghamshire traf sich eine Gruppe der Unabhängigen unter einem gläubigen Pastor namens John Robinson und gründete ihre eigene Gemeinde. Leider holte der Gutsherr die Richter, und man bedrohte die Gläubigen mit allen möglichen Dingen, sollten sie sich weiter versammeln. Schließlich entschieden sie, dass ihnen nichts anderes übrigblieb, als mit dem Boot nach Holland überzusetzen, wo sie frei wären, Gott auf ihre Art anzubeten. Die Story, wie sie zu den Booten gelangten, ist höchst dramatisch. Ein holländisches

Schiff sollte kommen und vor der Küste auf sie warten, auf der Höhe von Lincolnshire, bei Boston. Von Boston Stump aus machten sie sich auf den Weg. Sie hatten zwei Boote, eines mit den Männern und das andere mit den Frauen und Kindern. Sie fuhren nicht gemeinsam, damit die ortsansässigen richterlichen Beamten sie nicht entdeckten. Beide Boote machten sich auf den Weg. Tragischerweise blieb das Boot mit den Frauen und Kindern im Watt stecken. Die Männer erreichten das holländische Schiff, doch dann sahen sie am Strand britische Soldaten kommen, die anfingen, das holländische Schiff zu beschießen, daher mussten sie wegfahren. Die Männer beobachteten, wie ihre Frauen und Kinder im Watt zurückblieben, und fragten sich, was mit ihnen geschehen würde. Glücklicherweise konnten sie ein oder zwei Jahre später England verlassen und ihre Männer und Väter in Holland treffen. Dort kamen sie zusammen und konnten Gott so anbeten, wie sie wollten. In England jedoch, unter Jakobs Herrschaft, musste man sich anpassen.

Etwas geschah in Amsterdam. Eine Gruppe von Christen begann, die Tauffrage zu untersuchen. Wie wir schon festgestellt haben, praktizierten alle großen bzw. staatskirchlichen Reformatoren die Kindertaufen so, wie es seit Jahrhunderten üblich war. Doch in Amsterdam fing eine Gruppe unter der Leitung von Thomas Helwys an, dies zu untersuchen. Und sie kam zu dem weitreichenden Schluss, dass die Taufe nur Gläubigen vorbehalten sein sollte, was mehr als alles andere zur Folge haben müsste, dass die Gemeinde nur aus Gläubigen bestand.

Natürlich gab es niemanden, der sie taufen konnte, daher taten sich zwei von ihnen zusammen und sagten zueinander: „Ich werde dich taufen, wenn du mich taufst." Und das taten sie. Da sie keine Arbeit finden konnten, beschlossen sie schließlich, das Risiko einzugehen, nach London zurückzukehren. Das war im Jahr 1611. So wurde in Spitalfields in London die erste Baptistengemeinde Englands gegründet. Sehr bald zog sie die Aufmerksamkeit der Behörden auf sich, was ihr nur Leid einbrachte.

Das siebzehnte Jahrhundert

Ein paar Jahre später entschied eine Gruppe von Unabhängigen, die sich in den Benelux-Ländern versammelt hatten und dortgeblieben waren, es sei einfach nicht möglich, in Europa zu bleiben. Man verstand sie dort nicht. Sie fanden keine Arbeit und hungerten. Daher beschlossen sie, etwas Ungeheuerliches zu tun: nach England zurückzukehren, sich dort ein Schiff zu besorgen und in die Neue Welt zu segeln, um in Amerika zu versuchen, eine freie Welt aufzubauen, in der Menschen Gott ohne staatliche Einmischung anbeten konnten. Sie kamen zurück nach England und überredeten den Eigentümer der Mayflower, sie nach Amerika mitzunehmen.

DIE PILGERVÄTER

Im Dorf Jordans in Buckinghamshire in der Mayflower-Baracke gibt es Holzbalken, die angeblich von dem Schiff stammen, das die Pilgerväter 1620 von Plymouth nach New England, in die Neue Welt brachte. Was für schwierige Erfahrungen erwarteten sie dort! Im ersten Winter starb die Hälfte von ihnen. Es war kalt und es mangelte ihnen an Nahrung und medizinischer Versorgung. Doch sie blieben. Obwohl sie mit etablierten anglikanischen Gemeinden zu kämpfen hatten, legten die Pilgerväter den Grundstein dafür, dass es im heutigen Amerika keine Beziehung zwischen Staat und Kirche gibt. Jeder kann dort seinen Glauben so leben, wie es ihm entspricht. Das ist einer der Gründe dafür, dass die ungewöhnlichsten Sekten offensichtlich in Amerika ihren Anfang nehmen. Dort haben sie die Freiheit dazu. Dieses Risiko gingen sie bewusst ein und zogen diese Religionsfreiheit einem System vor, in dem mit staatlicher Gewalt das niedergeschlagen würde, was nicht mit den gängigen religiösen Vorstellungen übereinstimmte.

KARL I.

Karl I. (Charles I.) von England war leider noch schlimmer als sein Vorgänger Jakob I. Er ging, so fürchte ich, in seinem Glauben an das gottgegebene Recht von Königen und Bischöfen noch viel weiter. Fand man einen Puritaner – ab ins Gefängnis mit ihm! Man legte ihm schwere Geldstrafen auf, stellte ihn an den Pranger, schnitt ihm Ohren und Nase ab – all das geschah unter der Herrschaft von Karl I.

Erzbischof William Laud von Canterbury half Karl I. damals, die Uhr zurückzudrehen. Der Abendmahlstisch in der Ortsgemeinde wurde jetzt wieder Altar genannt, und nun wurden den Menschen gesagt, sie müssten sich vor ihm verneigen. Das Parlament protestierte, daher regierte Karl I. elf Jahre lang ohne Parlament! Können Sie sich vorstellen, dass ein König oder eine Königin heute so etwas tun würde? 15.000 Londoner Bürger marschierten zum Palast und präsentierten König Karl I. die sog. *Root and Branch Petition* (Stumpf und Stiel Petition). Falls Sie jemals den Ausdruck mit „Stumpf und Stiel" gehört haben: dort kommt er her. Sie wollten, dass jeglicher katholische Aberglaube mit Stumpf und Stiel ausgerottet wurde. Karl I. weigerte sich, auf sie zu hören, und innerhalb kürzester Zeit befand sich England im Bürgerkrieg.

Der Krieg brach 1642 aus. Das Parlament kämpfte gegen den König, und es ging um Glaubensfragen. Im Großen und Ganzen kämpften die Anglikaner an der Seite des Königs, während die Puritaner auf der Seite des Parlaments standen. Der Norden und Westen waren weitgehend in königlicher Hand, während im Süden und Osten das Parlament herrschte. Aus diesem Grunde folgt die Aufteilung der Freikirchen bis heute diesem Muster.

Die Grenze wurde zwischen Aylesbury und Oxford gezogen. Einer der größten Kämpfer für das Parlament war John Hampden. Nicht weit entfernt von einer Gemeinde, in der ich Pastor war, befindet sich die Hampden Road, und eines meiner Kinder ging im Hampden House zur Schule. Wenn sie dort nach Aylesburg gehen, steht auf dem Platz eine Statue von Hampden, dessen Haus in der Nähe von Stoke Mendeville war. Leider wurde dieser Anführer sehr früh getötet, und das Parlament begann, den Krieg

Das siebzehnte Jahrhundert

zu verlieren.

Sie warteten auf einen Anführer. Oliver Cromwell vereinigte sie zu einer „New Model Army". Unter dem berühmten Slogan „Vertraut auf Gott und haltet euer Schießpulver trocken" gab er den Truppen, die für die Religionsfreiheit stritten, neuen Kampfgeist. Zur damaligen Zeit traf sich in Westminster während des Bürgerkriegs eine Gruppe von Geistlichen und Gelehrten aus Oxford und Cambridge, um eine Art Muster für das Gemeindeleben auszuarbeiten, das für alle annehmbar wäre. Sie wurde die Westminster-Synode genannt. Auch einige Schotten waren eingeladen, welche die anderen schwer zu beeinflussen schienen, wie es Schotten oft tun. Sie produzierten ein Glaubensbekenntnis, das Westminster-Bekenntnis, und bis zum heutigen Tag ist es nicht nur das Glaubensbekenntnis der Schotten, sondern der meisten Presbyter weltweit. Ich bin mir sicher, dass Sie die grundlegende Zeile aus dem Katechismus zitieren könnten: „Was ist das höchste Ziel des Menschen? Das höchste Ziel des Menschen ist, Gott zu verherrlichen und sich für immer an ihm zu erfreuen." Die Schotten akzeptierten es, doch die Engländer taten dies nicht.

Karl I. war immer noch da, doch schließlich wurde er nach London gebracht, um enthauptet zu werden. Man hielt ihn eine kurze Zeit lang im Gutshaus von Stoke Poges gefangen. Dort sieht man über dem Kamin an der Wand das gemalte Wappen von Karl I. Um sich die Zeit zu vertreiben und sich von seiner bevorstehenden Enthauptung abzulenken, malte er sein königliches Wappen an die Wand.

Unter den Soldaten, die für Oliver Cromwell kämpften, gab es einen jungen Mann, der ein starker Trinker, Kämpfer und Pöbler war. Er stammte aus dem kleinen Dorf Elstow bei Bedford. Sein Name war John Bunyan.

Nach dem Bürgerkrieg erlangten die Presbyter die Kontrolle über die Church of England und versuchten, aus jedem einen Presbyter zu machen. Ist das nicht komisch? Als die Anglikaner herrschten, mussten alle Anglikaner werden. Als die Presbyter die Macht hatten, mussten alle Presbyter sein – was jemanden zu der Aussage brachte, dass die neuen Presbyter dasselbe in Grün waren wie ihre Vorgänger. Mit anderen Worten: Es wurde nur eine Tyrannei gegen eine andere ausgetauscht.

KARL II.

Man kann an diesem Verschwender ohne Prinzipien kein gutes Haar lassen. Die Schotten akzeptierten ihn zuerst – und krönten ihn in Scone, auf dem Krönungsstein von Scone, in der Annahme, er würde an der Seite der Schotten und des Englischen Parlaments für die Presbyter kämpfen, für eine reinere puritanische Kirche. Doch leider bereuen die Schotten ihre Dummheit sehr schnell. Ich habe nicht die Zeit, die Geschichte der sog. Covenanter zu erzählen [covenant bedeutet auf Englisch „Bund", Anmerkung der Übersetzerin]; der Hinweis möge genügen, dass 17.000 schottische Covenanter, die sich heimlich in den Highlands trafen, um Gott so anzubeten, wie sie es für richtig hielten, unter Karl II. viel Leid erfuhren.

In England war Karl II. ein heimlicher Sympathisant der römisch-katholischen Kirche. Seine Absicht war es, sie mit einer List nach England zurückzubringen. Er schloss heimlich einen Vertrag mit dem französischen König Ludwig XIV., um die Uhr um 200 Jahre zurückzudrehen – auf die Zeit vor der Reformation. Wie tat er das? Im Jahr 1661 begann man, eine Serie von Parlamentsgesetzen zu erlassen, um die Uhr zurückzudrehen. 1662 war es am schlimmsten. Das sog. Uniformitätsgesetz war zwar noch nicht katholisch, aber schon anglikanisch. Karl II. und das Parlament bestimmten darin, dass jeder anglikanisch sein müsste. Im selben Jahr legten fast 2.000 Geistliche ihre Ämter nieder und brachen in eine ungewisse Zukunft auf – ohne ein Zuhause, ohne Arbeit oder irgendetwas anderes –, weil sie sich weigerten, sich dem Uniformitätsgesetz zu beugen. Gleichzeitig ging ein neuer Begriff für die Unangepassten in die englische

Das siebzehnte Jahrhundert

Sprache ein: *nonconformist*. Mit diesem Wort wurden man anfangs als Krimineller abgestempelt. Ein Nonkonformist ging große Risiken ein, und zur damaligen Zeit stellte sich heraus, dass Richard Baxter einer von ihnen war. 1665 verabschiedete das Parlament ein weiteres Gesetz, das Fünf-Meilen-Gesetz. Denn die ausgestoßenen Geistlichen kamen heimlich wieder zurück, um mit ihren Gemeinden Gottesdienste zu feiern. Kein Geistlicher durfte sich in einem Umkreis von fünf Meilen um seine alte Gemeinde bewegen.

Interessanterweise gibt es auf dem Weg nach Wendover eine Baptistengemeinde auf der rechten Straßenseite. Sie liegt etwas außerhalb des Dorfes. Vielleicht fragen Sie sich: Warum hat man eine Kirche außerhalb des Dorfes gebaut? Die Antwort ist sehr einfach. 1662 wurde der Pfarrer von Aylesbury ausgestoßen, weil er sich weigerte, dem Uniformitätsgesetz zu gehorchen. Doch er schlich sich immer wieder nach Aylesbury hinein, wo er in Küchen, Gärten und wo immer es möglich war, Gottesdienste abhielt. Doch dann wurde das Fünf-Meilen-Gesetz erlassen. Wissen Sie, was er tat? Er stand im Zentrum von Aylesbury und ging von dort fünf Meilen weit aus dem Ort. Er schritt diese Entfernung ab – und nach fünf Meilen landete er auf einem Feld. Dort begann er seine Gottesdienste, und die Menschen gingen fünf Meilen aus Aylesbury zum Gottesdienst. Sie errichteten dort ein Gotteshaus, das heute die Baptistengemeinde von Wendover ist. Sie liegt genau fünf Meilen entfernt!

1673 kam das berüchtigte Testgesetz. Darin erklärte das Parlament, dass es in England weder Katholiken noch Nonkonformisten geben dürfte. Alle müssten Gott auf dieselbe Weise anbeten. Das führte zu großem Leid.

John Bunyan bekehrte sich, als er dem Geplauder einiger Hausfrauen in einem Hinterhof zuhörte. Sollten Sie in einem Hinterhof plaudern, denken Sie daran, dass Sie einen John Bunyan erreichen könnten, wenn Sie über die richtigen Dinge sprechen – denn dieser starke Trinker, Kämpfer und Pöbler belauschte einige Frauen, die über Jesus sprachen. Er hatte noch nie etwas so Liebliches gehört, und es machte ihm seine eigene Sündhaftigkeit bewusst. Er bekehrte sich und wurde in Bedford zum Prediger. John Bunyan empfing die Glaubenstaufe und predigte überall das Evangelium.

Während der Regierungszeit von Karl II. wurde Bunyan ins Gefängnis geworfen. Er verbrachte dort 12 Jahre, mit nur einer Unterbrechung, war von seiner blinden Frau und seinen Kindern getrennt und litt großen Mangel. Doch eines Nachts im Gefängnis hatte er einen Traum. Er träumte von einem Mann, der eine Last auf seinem Rücken trug und von dieser Last befreit werden wollte. Bunyan begann, diesen Traum aufzuschreiben, woraus das Buch *Die Pilgerreise* entstand. Ich hoffe, Sie haben dieses Buch in der Version für Erwachsene ganz durchgelesen und nicht in der Kinderversion. Die Erwachsenenversion berichtet nicht nur, was mit dem Pilger geschah, sondern auch, was er dachte und sagte. Ich hoffe, dass Sie eines Tages auch noch ein weiteres wichtiges Buch von John Bunyan lesen werden: *Überreiche Gnade*. Es beschreibt seine Bekehrung, und wie er zum Prediger wurde. Ich glaube, sein Buch *Die Pilgerreise* ist das bekannteste christliche Buch neben der Bibel. Die Gemeinde wird darin nicht erwähnt, genauso wenig wie die Sakramente. Daher wurde es von Christen aller Kirchenströmungen akzeptiert, und bis heute hat es in der christlichen Welt die größte Breitenwirkung überhaupt. Bunyan starb 1688. Am Ende seines Lebens nannte man ihn „Bischof Bunyan", doch ein Bischof wollte er auf keinen Fall sein. Als er herumreiste und Menschen ihn um Hilfe baten, sagten sie zu ihm: „Du bist genauso berechtigt, Bischof genannt zu werden, wie die anderen, daher werden wir dich so nennen." So blieb es bei „Bischof Bunyan."

Ein anderer Mann, der während dieser Zeit litt, war George Fox, der 1646 eine sehr tiefe Glaubenserfahrung machte. Diese Erfahrung hatte etwas sehr Gutes, aber auch etwas nicht so Gutes. George Fox entdeckte oder besser wiederentdeckte die Kraft des

Heiligen Geistes, welche Gläubige „in alle Wahrheit führt". Er nannte diese Erfahrung „das innere Licht". Er sagte: „Es nützt dir nichts, die Heilige Schrift einfach nur außerhalb deiner selbst oder sogar in deinem Kopf zu haben. Du brauchst auch den Heiligen Geist in dir." Das war etwas, das wiederentdeckt und auch gesagt werden musste. Sie können die Heilige Schrift auswendig kennen, doch ohne den Heiligen Geist ist sie tot. Sie wird nicht lebendig. George Fox entdeckte also den Heiligen Geist wieder.

Nachdem er etwas Gutes wiederentdeckt hatte, sagte er leider etwas nicht so Gutes. Er ging einen Schritt weiter und erklärte: „Das sichere Wort der Prophezeiung, das wir heute brauchen, ist nicht die Bibel, sondern allein der Heilige Geist." Bedauerlicher Weise resultierte aus dieser Aussage die größte Schwäche der Bewegung, die diesem Mann folgte. Denn er sammelte eine Gruppe von Freunden um sich, die eine ähnliche Überzeugung hatten, und nannte sie „Die Gesellschaft der Freunde". Andere gaben ihnen den Spitznamen Quäker (englisch Quaker, d.h. Zitterer), weil sie in ihren Gottesdiensten vor Gott erzitterten und erbebten. Ihre Stärke bestand darin, dass sie glaubten, dass Gott durch den Heiligen Geist zu unserem Innern sprechen kann, doch ihre Schwäche war Folgendes: Sie verwarfen die Sakramente, die Jesus für sie bestimmt hatte, wegen ihrer „Äußerlichkeit". Zudem hatten sie eine Tendenz, die Bibel zu missachten und sich ausschließlich auf ihre inneren Eindrücke zu verlassen.

Fox wurde für diese Aussagen übrigens eingesperrt, weil sie so unorthodox waren, und musste dafür leiden. Während der Herrschaft von Karl II. saßen 4.000 Quäker gleichzeitig im Gefängnis. Wenn Sie sich dieses Ausmaß vorstellen, können sie ihre Leiden nachvollziehen. Bedenken Sie insbesondere, dass man im Gefängnis nur etwas zu essen bekam, wenn Freunde es einem brachten. Saßen jedoch alle Quäker im Gefängnis, gab es niemanden, der sie mit Essen versorgen konnte!

Ein junger Aristokrat sagte: „Wir werden in England niemals Religionsfreiheit bekommen. Wir müssen in die Neue Welt gehen." William Penn, so hieß dieser Mann, liegt mit seiner Familie auf dem kleinen, ruhigen Friedhof von *Jordans Meeting House* in England begraben. Doch William Penn reiste in die Neue Welt und drang über die Grenzen der neuen Kolonien an der Ostküste weiter nach Westen vor. Er sagte: „Wir werden einen Staat mit Religionsfreiheit gründen." Dieser wurde als Pennsylvania bekannt – die Kolonie von William Penn, in der sie die Freiheit haben sollten, Gott anzubeten und dem inneren Licht des Heiligen Geistes zu folgen. Er überquerte drei oder viermal den Atlantik, starb jedoch schließlich in England.

JAKOB II.
Jakob II. (James II.) war ein bekennender Katholik, der, nicht so subtil wie Karl II., sondern völlig offen sagte: „Ich werde euch zurück in den Schoß der römisch-katholischen Kirche bringen, selbst wenn mich das umbringt." Um dies umzusetzen, nutzte er den berüchtigten, brutalen Justizminister George Jeffreys aus Bulstrode Park in Gerrads Cross mit seinen schändlichen Taten. Das war zu viel für England, und es kam zu einem Volksaufstand, sodass Jakob II. fliehen musste.

WILLIAM UND MARIA
William III. und Maria II. bestiegen den englischen Thron, woraufhin eine neue Ära von Stabilität und Toleranz begann, eine Ära, die für den Rest der englischen Geschichte prägend sein sollte, was das kirchliche Leben betraf, mit einer Ausnahme.

Die Katholiken durften während ihrer Regierungszeit nicht zurückkehren und blieben für weitere 100 Jahre verbannt. Doch anderen gewährte man Toleranz. 1689 wurden die Nonkonformisten wenigstens teilweise anerkannt, und die Verfolgung hörte allmählich auf. Ich besitze ein Buch von Fox mit dem Titel *Foxe's Book of Martyrs* (Buch der Märtyrer von Fox). Es gehörte zur Pflichtlektüre der Sonntagsschule für Kinder zu Lebzeiten meines Urgroßvaters. Ich würde es nicht wagen, es

Das siebzehnte Jahrhundert

jetzt meinen Kindern zu geben, sonst würde ich Probleme mit dem Lehrer meiner Kinder bekommen, weil ich ihnen so etwas zumute. Es ist der schrecklichste Bericht über christliche Märtyrer, von der Zeit des Neuen Testaments bis 1682. Der Autor hoffte wohl (leider vergeblich), dass nach diesem Buch keine Märtyrergeschichten mehr geschrieben werden müssten, dass die gewonnene Toleranz am Ende des damaligen Jahrhunderts bleiben würde, und es keine weitere Verfolgung mehr gäbe.

Tatsächlich hat es in England keine weiteren Märtyrer mehr gegeben, doch auf der ganzen Welt vergingen seit dem Kreuzestod Jesu keine zehn Jahre, in denen Christen nicht für ihren Glauben gestorben sind – und irgendwo auf der Welt geht es immer noch weiter. In England hielt allerdings die Toleranz Einzug. Zum ersten Mal konnten die Nonkonformisten nun Gotteshäuser errichten, nach der Verabschiedung des Toleranzgesetzes von William und Maria im Jahr 1689. Am Ende des Jahrhunderts hatten die Nonkonformisten 1.000 eigene Gemeindegebäude.

Die Lage sah folgendermaßen aus: Der Anglikanismus war immer noch die etablierte Religion. Die Puritaner hatten die Anglikanische Kirche größtenteils verlassen und waren entweder nach Irland oder Amerika gegangen oder sie hatten sich den Unabhängigen, Baptisten oder den Nonkonformisten angeschlossen. Am Ende des Jahrhunderts waren überall im Südosten Englands Kapellen und Versammlungshäuser der Nonkonformisten zu finden, die sich in Richtung Norden und Westen ausbreiteten.

Das war die Gesamtlage, doch innerhalb der Anglikanischen Kirche gab es drei Parteien. So, wie ich Ihnen den aktuellen Stand im Jahr 1600 gegeben habe, lassen Sie mich Ihnen nun das „Parteienspektrum" im Jahr 1700 vermitteln. Die Parteien oder Strömungen in der Church of England bleiben bis heute: *high* (hoch), d.h. anglokatholisch, *low* (niedrig), d.h. evangelikal und *broad* (weit), d.h. liberal. Es gibt sie bereits am Ende des siebzehnten Jahrhunderts.

WO WAR DIE GEMEINDE IN DEN LETZTEN 2000 JAHREN?

Die Anglokatholischen verlangen immer noch nach der katholischen Gottesdienstpraxis. Die Evangelikalen gehörten tatsächlich zu den wenigen Puritanern, denen es gelang, in der Kirche zu bleiben. Sie hatten sehr einfache, schmucklose Gottesdienste ohne Roben, ohne Altar, einfach nur mit einem Tisch. Sie waren in ihrer Anbetung der Church of Scotland sehr ähnlich und sahen Bischöfe sehr kritisch. Die liberale Strömung behandeln wir später, da sie zum Beginn des 18. Jahrhunderts gehört.

Darf ich mal fragen: Was meinte Gott zu dem allen? Und was dachte der Teufel? Ich habe den Eindruck, dass der Teufel sich kaputtlachte über Christen, die sich gegenseitig umbrachten. Er war vermutlich begeistert, dass sie sich körperlich gegenseitig zerstörten. Doch als das Toleranzgesetz in Kraft trat und die Menschen sich gegenseitig Religionsfreiheit zugestanden, musste der Teufel sich eine neue Taktik ausdenken, und er erfand einen höchst teuflischen Plan: Statt die Christen physisch zu zerstören, dachte er sich etwas aus, dass sie mental kaputtmachen würde.

Während des siebzehnten Jahrhunderts hatte man auf dem Kontinent im Namen des Christentums einige sehr merkwürdige Vorstellungen entwickelt. In Schweden präsentierte ein Wissenschaftler namens Emanuel Swedenborg einige unglaubliche Ideen und nannte sie christlich. Er gründete die „Kirche des Neuen Jerusalem". Vielleicht haben Sie noch nie davon gehört. Ich habe einige seiner Anhänger in Lancashire entdeckt.

Auf dem Kontinent, in Italien, erklärte Socinus Folgendes: „Die Bibel ist nicht das Wort Gottes. Sie ist hilfreich, aber sie ist einfach nicht das Wort Gottes; Jesus war nicht der Sohn Gottes, sondern nur ein großer Mann Gottes; wir müssen seinem Beispiel folgen. Jesus starb nicht für unsere Sünden, sondern er starb, um uns ein Beispiel für wahre Liebe zu geben." Das wurde gesagt, und diese Ideen kamen über den Ärmelkanal zu uns.

Es gab noch andere Ideen von Arminius aus Holland, der die

Lehre Calvins ablehnte. Seitdem haben wir den Calvinismus und den Arminianismus. Der Calvinismus betonte die Souveränität und den Willen Gottes, während der Arminianismus den freien Willen des Menschen unterstrich. Wegen dieses Unterschieds kamen es zwischen den Anhängern Calvins und Arminius' in den Niederlanden zu teilweise gewaltsamen Konflikten, die die Gesellschaft und Kirche spalteten.

Vom Kontinent kam eine Gruppe von Menschen in die Church of England, die tatsächlich Folgendes vertraten: Wenn man nur in die Kirche ging und Gottesdienst feierte, war es nicht wirklich wichtig, ob man dem alten Glauben anhing. Bis zum Ende des siebzehnten Jahrhunderts waren sich alle, die sich über die Kirchenordnung, Bischöfe und die Taufe stritten, über den christlichen Glauben und die Identität des Evangeliums einig gewesen. Doch jetzt kam eine Gruppe vom Kontinent in die Church of England, die glaubte, man könnte in der Lehre viel liberaler sein. Mit anderen Worten, man könnte einen viel breiteren Denkansatz vertreten als das „altmodische Evangelium". Das sollte die Church of England in den 1730er Jahren fast vernichten. Geistlich gesehen beraubte es diese Kirche ihrer Kraft und ihres Erbes.

Ich habe Ihnen dies alles nicht erzählt, um Ihnen eine Geschichtsstunde zu erteilen. Ich möchte vielmehr, dass Sie erkennen: Würden wir im siebzehnten Jahrhundert leben, könnten Sie und ich unseren Glauben nicht frei ausüben. Sie müssten sich anpassen. Sie müssten einer Gottesdienstordnung folgen, die durch ein Parlamentsgesetz festgelegt wurde. Sie wären gezwungen, sich einer strengen Kirchenleitung unterzuordnen, die per Gesetz verabschiedet wurde. Es gäbe für Sie keine Freiheit, sich zu versammeln, um danach zu fragen, was Gott von uns möchte. Diese Freiheit genießen wir heute. Danken wir dem Herrn für die Menschen, die erkannten, dass das Neue Testament eine freie Kirche in einem freien Staat verlangte, und dass Religion eine Gewissensfrage ist – diese Menschen trugen ihre Überzeugungen in die Neue Welt oder auf den Kontinent. Doch vor allem danken wir Gott für die Menschen, die in England blieben, ins Gefängnis gingen und es ausfochten. Deshalb können Sie und ich Gott so anbeten, wie es unserem Gewissen entspricht.

Der Preis für die Freiheit ist ständige Wachsamkeit. Wir könnten diese Freiheit sehr leicht wieder verlieren. Andere haben sie schon verloren. Wir müssen nicht nur zurück in die Vergangenheit blicken, sondern Gott dafür preisen, dass er uns in der Zukunft dort bewahren kann, wo wir sein sollen.

Ich habe Ihnen diese Geschichte auch erzählt, um Ihnen klar zu machen: Trotz aller dieser Kämpfe und Schwierigkeiten besteht die Gemeinde Gottes fort. In jeder Generation bekehrt der Heilige Geist Männer und Frauen, macht aus ihnen feuriger Prediger des Evangeliums und schickt sie in die Welt hinaus. Trotz allem, was geschah, gibt es die Gemeinde immer noch, genauso wie die Christen, das Evangelium und die Bibel. Denn Jesus hat gesagt: „Ich werde *meine* Gemeinde bauen und die Pforten der Hölle werden sie nicht überwältigen."

Kapitel 8

DAS ACHTZEHNTE JAHRHUNDERT

Im November 1699, nur wenige Wochen vor Anbruch des achtzehnten Jahrhunderts, wurde der Roman *Gullivers Reisen* veröffentlicht. Das Buch stammt von Jonathan Swift, einem Iren, der mehrfach vergeblich versuchte, sich in England niederzulassen, und schließlich psychisch krank in Dublin starb. Sein Buch war ein schonungsloser Angriff auf die englische Gesellschaft zu Beginn des achtzehnten Jahrhunderts – und es ist für Kinder ungeeignet. Wenige Jahre später fand Robinson Crusoe (eine fiktive Romanfigur des Schriftstellers Daniel Dafoe) seine einsame Insel. Damals scheint es in Mode gewesen zu sein, England bzw. die englische Gesellschaft zu verlassen, und Robinson Crusoe war offensichtlich auf seiner einsamen Insel viel glücklicher, als nach seiner Rückkehr nach England im Jahr 1715.

Diese beiden Bücher zeigen uns eine Tatsache, die wir erwähnen müssen, bevor wir die Kirche betrachten: England ging in die Brüche. Gesellschaftlich war das Land in einem schlimmen Zustand, und wir müssen uns fragen warum – was hatte dazu geführt? Ich werde das, was ich sagen möchte, sehr simpel und vielleicht grob so zusammenfassen: Der Mensch drehte im achtzehnten Jahrhundert den Kaltwasserhahn auf, während Gott mit heißem Wasser reagierte.

Der Mensch öffnete den Kaltwasserhahn des Rationalismus, des Intellekts um seiner selbst willen, des Verstandes. Gott jedoch öffnete den Heißwasserhahn der Erweckung. Er berief großartige Männer dazu, das Evangelium zu predigen und die englische Gesellschaft wieder zu erhitzen.

Zunächst zum Kaltwasserhahn: Eine gewisse Erstarrung

setze ein, genau das war es, was mit der englischen Gesellschaft geschah. Die Menschen starben geistlich ab, weil sich ihre Glaubensüberzeugungen in die falsche Richtung bewegten – und folglich schlug auch ihr Verhalten den falschen Weg ein.

Eine Lektion, die wir aus dem achtzehnten Jahrhundert lernen können, ist: Die Glaubensüberzeugung eines Menschen beeinflusst sein Verhalten. Was man im Herzen denkt, zeigt sich im äußeren Verhalten. Welche Glaubenssätze kühlten also die Religion ab? Welche tödlichen Überzeugungen überkamen die englische Gesellschaft am Anfang des achtzehnten Jahrhunderts? Zum Teil war es der Einfluss der Wissenschaft. Es hatte viele wunderbare Entdeckungen gegeben. Kopernikus hatte herausgefunden (zumindest behauptete er es), dass die Planeten sich um die Sonne bewegen statt um die Erde. Galileo entdeckte mithilfe seines Teleskops, dass dies tatsächlich stimmte. Isaak Newton erforschte anhand von Äpfeln die Naturgesetze und legte das Gesetz der Schwerkraft dar. Vor allem aber sagten Francis Bacon und Descartes, das Universum, in dem wir leben, werde von Gesetzmäßigkeiten bestimmt, die nicht gebrochen werden könnten. Mit anderen Worten: Fällt ein Apfel von Ihrem Apfelbaum, muss er nach unten fallen. Das ist das Gesetz der Schwerkraft, das unaufhebbar sei. Sie erklärten, diese Gesetze seien unveränderlich. Das beseitigt natürlich mit einem Schlag jegliche Wunder und „erledigt" damit einen Großteil dessen, was in der Bibel geschieht. Denn einige biblische Ereignisse scheinen diesen Naturgesetzen direkt zu widersprechen.

Darüber hinaus sagte Francis Bacon etwas – und Sie werden erstaunt feststellen, wie modern er war, und wie viel wir ihm verdanken, oder wie sehr er uns beeinflusst hat – er sagte: „Man kann nur behaupten, dass etwas wahr ist, wenn man es durch Beobachtung beweisen kann. Wenn man etwas nicht wissenschaftlich, d.h. durch Beobachtung, beweisen kann, darf man es nicht glauben. Man muss alles überprüfen, und wenn etwas wissenschaftlich nicht nachweisbar ist, darf man es nicht glauben." Das war ein riesiger Schritt nach vorne – oder rückwärts, abhängig von Ihrem Blickwinkel. Doch es ist erstaunlich, dass Schulkinder heutzutage sagen: „Ich kann es erst glauben, wenn Sie es mir beweisen. Ich kann erst an Gott glauben, wenn Sie ihn mir zeigen, wenn ich ihn sehen kann. Ich kann nicht an den Himmel oder den Teufel glauben. Denn Sie können diese Dinge nicht wissenschaftlich beweisen." Sie wiederholen nur, was Francis Bacon sagte, und offen gesagt tötet diese Ansicht den Glauben sofort. Das muss sie auch, denn man kann die Ewigkeit nicht durch Beobachtung nachweisen.

Aber wie passt Gott dann ins Bild? Bedeutet es, dass die Menschen im achtzehnten Jahrhundert aufhörten, an Gott zu glauben? Nein! Doch viele änderten ihre Überzeugung vom Theismus zum sogenannten Deismus, der einen Schritt auf dem Weg zum Atheismus darstellt.

Mit einfachen Worten ist Theismus der Glaube, dass Gott die Welt geschaffen hat und sie regiert. Deismus glaubt, dass Gott die Welt zwar geschaffen hat, sie aber nicht kontrollieren kann. Und Atheismus geht davon aus, dass Gott sie auch nicht geschaffen hat, da es keinen Schöpfergott gibt.

Ich könnte herausfinden, ob Sie ein Anhänger des Deismus sind, indem ich Sie frage, ob Sie für das Wetter beten. Das würde mir sofort zeigen, ob Sie glauben, dass Gott die Welt regiert, die er erschaffen hat. Glauben Sie, dass Gott die Welt erschuf und kontrolliert, dann sind Sie ein Anhänger des Theismus. Ich bin ein solcher Anhänger, und die Bibel ist ein theistisches Buch.

Doch im achtzehnten Jahrhundert begann man zu sagen: „Wenn das Universum von diesen unveränderlichen Gesetzen bestimmt wird, die man nicht brechen kann, dann hat Gott sie vielleicht in Gang gesetzt, doch es gibt nichts, was man jetzt daran ändern könnte. Daher macht es keinen Sinn, ihn zu bitten, irgendetwas zu ändern oder einzugreifen und etwas zu tun. Man kann immer noch an Gott glauben, doch er ist ein Gott, der die Erde vor langer Zeit erschaffen hat und sie dann einfach laufen ließ."

WO WAR DIE GEMEINDE IN DEN LETZTEN 2000 JAHREN?

Eine der beliebtesten Ideen, die von einem Bischof verbreitet wurde, besagte, dass die Welt mit einer riesigen Uhr vergleichbar sei. Habe man sie einmal erschaffen, könne man nichts mehr daran ändern. Habe man sie einmal aufgezogen, werde sie einfach nach ihren eigenen Gesetzen weiterlaufen. Ich kann einer Uhr nicht sagen: „Nur für eine Minute: Geh rückwärts oder halte an!" Sie hat einen Mechanismus, der von seinen eigenen Gesetzen bestimmt wird. Die Deisten glauben, dass Gott die Welt geschaffen und sie quasi aufgezogen hat – um dann untätig zusehen zu müssen, was passiert. Es gebe nichts, was er an ihrem Lauf noch ändern könne. Es gebe zwar einen Gott, doch er könne nichts tun.

Das ist tatsächlich eine Art toter Gott – und Sie würden nicht wirklich zu einem Gott beten, der nichts tun kann, oder? Dieser Ansatz zerstörte das Gebet und den Glauben an einen lebendigen Gott, der immer noch alles kontrolliert. Dieser Denkansatz – dass Gott weit entfernt ist und nicht viel bewirken kann – kam auf direktem Weg in die Gemeinden. Er wurde in verschiedenen Kirchen mit unterschiedlichen Namen benannt. In der Church of England nannte man ihn Latitudinarismus. In der Church of Scotland hieß er Moderatismus. Bei den Baptisten bezeichnete man ihn als Unitarismus [Gott ist eine einzige Person; Anmerkung der Übersetzerin], denn einer seiner Glaubenssätze war, dass Gott selbst nicht auf die Erde kommen könne. Daher sei Jesus einfach nur ein großartiger Mensch.

Der Glaube wurde also verwässert und begann zu verschwinden, worunter alle Kirchenströmungen litten. Manche Baptistengemeinden wurden aufgrund dieser Denkweise geschlossen. Der Gottesdienst wurde sehr förmlich und sehr leblos. Man kam einfach nur zusammen, um der Gottheit Respekt zu erweisen, die alles erschaffen hatte – doch man durfte nicht erwarten, dass sie irgendetwas tun würde! Sie glaubten, Gott könne es nicht und stehe außerhalb seiner Schöpfung.

Man entdeckte damals nicht nur das, was man unter Naturgesetzen verstand, sondern auch sogenannte Gesetze, die die Gesellschaft bestimmten. John Locke schrieb über gesellschaftliche Gesetze, genau wie Voltaire zurzeit von Ludwig XIV. Ein weiterer Autor war der Franzose Jean-Jacques Rousseau, dessen Aussage: „Der Mensch wird frei geboren, und überall ist er in Banden", für ihn sehr typisch war. Dann gab es noch den Schotten Adam Smith, der ein sehr dicken Wälzer über den „Wohlstand der Nationen" und den „Arbeitsteilungsmechanismus" schrieb. Auch das klingt sonderbar „modern". Mary Wollstonecraft kämpfte für die „gottgegebenen Rechte" (so könnte man sie tatsächlich nennen!) der Frauen. Sie verfasste ein dickes Buch, in dem sie sich für das Frauenwahlrecht, für Schulhöfe, gemeinsamen Schulunterricht von Jungen und Mädchen (was damals revolutionär war) und für die Aufteilung in Grund- und weiterführende Schulen einsetzte. Sie war eine echte Kämpferin, und viele ihrer damaligen Ideen wurden umgesetzt.

Diese Autoren versuchten ausnahmslos „gesellschaftliche Gesetzmäßigkeiten" zu entdecken und wie die Gesellschaft „tickt". Doch sie sagten alle fast das Gleiche: dass die gesellschaftlichen Gesetze Gott genauso wenig bräuchten wie die Naturgesetze. Die Welt der Natur funktioniere ohne Gott, genauso wie die menschliche Gesellschaft und die Natur des Menschen – und aus diesen Vorstellungen ging die Französische Revolution hervor. Rousseau bezeichnet man als „Vater der Französischen Revolution".

Die Kirche versuchte, mit den Waffen des Intellekts zurückzuschlagen. Bischof Joseph Butler und Bischof George Berkley bemühten sich wirklich, intellektuell zu predigen. Sie gaben sich große Mühe, die Beweise gegen Gott mit Beweisen für Gott zu kontern, sodass daraus eine Art intellektuelle Debatte wurde. Offen gesagt hat das nicht viel Positives bewirkt. Sie können eine Person nie in das Glaubensleben hineinargumentieren. Sie können zwar einige ihrer Fragen und Hindernisse aus dem Weg räumen, doch Sie werden niemals eine Kirche allein auf intellektuelle Argumente gründen können.

Die Tatsache, dass die Glaubenssätze des achtzehnten Jahrhunderts irgendwie kalt und intellektuell waren, sollte eine riesige Auswirkung auf das Verhalten haben. Dieses Jahrhundert war eine Zeit des Aufruhrs; ein Sturm der Veränderung stellte Gesellschaften auf den Kopf.

In Amerika gab es den Aufstand in den amerikanischen Kolonien und die Gründung der Vereinigten Staaten. Thomas Jefferson schrieb John Lockes „Philosophie", seine gesellschaftlichen Gesetzmäßigkeiten, in die Unabhängigkeitserklärung hinein. Wenn Sie zuerst Lockes Buch lesen und dann die Unabhängigkeitserklärung, erkennen Sie, wo die Verfassung der Vereinigten Staaten herkommt.

In Frankreich entluden sich im Juli 1789 all diese Ideen in der Französischen Revolution. Jetzt sollte der Verstand die Gottheit sein, und auf dem Altar der Kathedrale von Notre Dame in Paris wurde sie auf den Thron gesetzt. Man sagte: „Nieder mit Gott", und die Herrschaft des Terrors begann. Später sollte Napoleon in Rom einmarschieren, die päpstlichen Territorien beschlagnahmen und den Papst als Gefangenen nach Frankreich bringen – so sah der Aufruhr dort aus.

Was geschah in England mit all diesen aufrührerischen Ideen? Die Antwort lautet: ziemlich wenig. England ließ sich einfach abwärts treiben, während alle anderen eine Revolution veranstalteten. Das war wohl wieder typisch englisch. Wir lassen die Dinge einfach schleifen, während andere Länder auf den Kopf gestellt werden. Doch schleifen ließen wir sie gewaltig! Im Bereich der Religion gab es eine tiefempfundene Abneigung gegen sogenannten „Enthusiasmus". Heute würden wir sagen „Emotionalität" – es ist derselbe Begriff. Die Menschen gingen in die Kirche und sagten: „Keine Emotionalität in der Kirche, keinen Enthusiasmus, keinen Fanatismus – nur eine nette intellektuelle Ansprache vom Pfarrer – aber bloß keine Begeisterung, keine Aufregung und keinerlei Gefühle." Natürlich ist das kein ausgewogener Glaube. Lethargie und Apathie beschlichen die Gemeinden. Ein Jahrhundert zuvor zog man für die Religion in den Kampf. Jetzt saß man einfach nur in der Kirche und gähnte! Leider wurde aus dem Glauben nun die Religion der Oberschicht. Der Arbeiter war arm, ignorant und einfach nicht willkommen.

Als ihm die Position des Erzbischofs von Canterbury angeboten wurde, sagte Joseph Butler: „Ich kann eine sterbende Kirche nicht mehr retten. Sie wird noch zu meinen Lebzeiten verschwinden." Das war die Situation der Kirche, und wenn der geistliche Zustand so aussieht, ist der moralische noch schlimmer.

Wollten Sie im achtzehnten Jahrhundert einen schönen Nachmittag verbringen, trommelten Sie Ihre Familie zusammen und gingen hinauf nach Tyburn – jetzt bekannt als die Speakers Corner im Hyde Park, nahe dem Triumphbogen Marble Arch. Wenn man sich dort umschaut, entdeckt man auf einer Verkehrsinsel eine runde Gedenkplatte, die in den Straßenbelag eingelassen ist. Auf ihr stand der Galgen. Dorthin gingen Sie, machten ein Picknick und schauten zu, wie Menschen erhängt wurden. Ein großer Spaß. Kinder, Frauen, Männer – man konnte erhängt werden, weil man etwas im Wert von fünf Schilling oder eine Ein-Schilling-Münze gestohlen hatte. Wollten Sie sich amüsieren, gingen Sie also an die Hyde Park Corner, nicht, um den Rednern zuzuhören, sondern, um den Hinrichtungen zuzuschauen. Wollten Sie sich anders belustigen, gingen Sie auf einen Hahnenkampfplatz, um die Hahnenkämpfe zu verfolgen. Und natürlich kam man auf dem schnellsten Wege aus London und den anderen Industriegebieten heraus, indem man in die Kneipe ging, wo das Bier billig war. Auf den Werbebannern in den Straßen Londons stand einfach: „Betrunken für einen Penny, sturzbetrunken für zwei. Kostenlose Strohbetten." Ich weiß natürlich, wie wenig ein oder zwei Pennys damals wert war, doch es führte zu schrecklichem Missbrauch.

Glücksspiel und Alkoholismus waren stark verbreitet, ebenso wie Schlägereien, und wenn Sie die Entwicklung der

Gesellschaft in dieser toten, kalten, intellektuellen Zeit studieren möchten, lesen Sie z.B. das Buch *Tom Jones* von Henry Fielding. Interessanterweise wurde daraus ein Film gemacht. Die ganze Geschichte wird wieder aktuell und setzt sich fort. Doch Tom Jones ist ein Anschauungsbeispiel für die Unmoral der damaligen Zeit. Oder schauen Sie sich William Hogarths Gemälde an, den Bilderzyklus *Der Lebenslauf eines Wüstlings*. Auch dort sehen Sie es. Oder lesen Sie James Boswells Buch *Dr. Samuel Johnson. Leben und Meinungen*, wenn Sie einen Einblick in die Oberschicht bekommen wollen. So war es im achtzehnten Jahrhundert.

Ein Autor der damaligen Zeit fasste das alles folgendermaßen zusammen: „Religiöser Verfall, moralische Zügellosigkeit, öffentliche Korruption und Verrohung der Sprache." So sah England in den ersten 30 bis 40 Jahren jenes Jahrhunderts aus. Kein Wunder also, dass Edward Gibbons damit beschäftigt war, *Verfall und Untergang des Römischen Imperiums* zu schreiben. Überraschenderweise schrieb er keine Fortsetzung über den Verfall und Untergang der englischen Gesellschaft. Das wäre sehr naheliegend gewesen.

Was hielt England nun von einer Revolution ab? Warum gingen die Armen nicht auf die Barrikaden? Warum wurde die Gesellschaft nicht total auf den Kopf gestellt? Was hinderte England daran, dieselben Umbrüche durchzumachen wie Amerika und Frankreich? Welcher Faktor war es, der den Lauf unserer Geschichte veränderte? Es war die Tatsache, dass Gott während jener Zeit „den Heißwasserhahn aufdrehte." Ich bin jetzt fertig mit all dem kalten und intellektuellen Zeugs. Gott ließ den Wind der Erweckung wehen. Der Heilige Geist vollbrachte die erstaunlichsten Dinge in diesem unserem Land, von denen wir immer noch profitieren.

Gottes Methode besteht immer darin, eine Person zu erwählen, die er mit dem Heiligen Geist erfüllt und dann befähigt, Veränderungen zu bringen. Sehr selten wirkt Gott durch Komitees oder größere Menschengruppen. Er befähigt immer einzelne Personen, seinen Willen zu tun. So wird es immer sein, und die Berufenen müssen ihre Beziehung zu Jesus in Ordnung halten.

Aus Wales berief er im achtzehnten Jahrhundert Howell Harris, Griffith Jones und Daniel Rowland – und sie veränderten den Lauf der walisischen Geschichte. Aus Amerika berief er Theodore Frelinghuysen. Dieser wiederum beeinflusste den großen Prediger Jonathan Edwards und David Brainerd, einen starken Mann des Gebets, der als Missionar zu den Indianern Nordamerikas ging, nach nur drei Jahren starb, aber den Lauf der amerikanischen Geschichte veränderte. Diese Männer wurden von Gott ausgesandt, und man schätzt, dass im achtzehnten Jahrhundert allein in Amerika 300.000 Menschen zum Herrn geführt wurden. Angesichts der damaligen Bevölkerungszahlen ist das eine ziemlich große Erweckung – und die sogenannten Camp Meetings waren Ende des Jahrhunderts in vollem Gange.

Doch die beiden Länder, die wir jetzt erwähnen müssen, sind zuallererst Deutschland und dann England, denn sie sind eng miteinander verbunden. Gott berief in Deutschland Nikolaus Ludwig Graf von Zinzendorf, der in Sachsen ausgedehnten Grundbesitz hatte, der später Herrnhut genannt wurde. Eines Tages kamen drei Bettler zu ihm. Sie waren Nachfolger Jesu und gehörten zum Überrest der Gemeinde von Jan Hus aus Böhmen. Jahrhunderte nach dem Tod von Hus versammelten sie sich immer noch, um in aller Einfachheit Jesus anzubeten. Sie waren aus ihrer Heimat vertrieben worden, kamen zu Zinzendorf (der sich kurz zuvor bekehrt hatte), und er sagte zu ihnen: „Bleibt hier. Ich gebe euch mein Gut. Ihr könnt euch hier Häuser bauen. Ich werde euch beschützen, und wir werden eine christliche Gemeinschaft aufbauen" – genau das taten sie. Sie nannten sie die Herrnhuter Brüdergemeinde. Es war die erste richtige Missionsgesellschaft in Europa. Es hatte schon andere Versuche der Missionsarbeit gegeben, doch diese kleine Gruppe von Herrnhutern sandte in den Anfangsjahren nicht weniger als 25 Missionare aus, um das

Evangelium an die Enden der Erde zu tragen. Sie gingen nach Amerika und kamen auch nach England. Es gibt eine Herrnhuter Gemeinde ganz in der Nähe des Alexandra Palace im Norden Londons. Sie werden Herrnhuter Brüder hier und dort in unserem Land, in Amerika und auf der ganzen Welt finden. Graf von Zinzendorf, der diese Bewegung ins Leben rief, sollte durch einen seiner Freunde einen tiefgreifenden Einfluss auf England ausüben.

Falls Sie die Kirchenlieder Zinzendorfs interessieren, hier kommen zwei von ihnen: *Jesu, geh voran* und *Christi Blut und Gerechtigkeit, das ist mein Schmuck und Ehrenkleid*. Zinzendorf hat einmal gesagt: „Ich kenne nur eine Passion: Jesus!" Das fasst sein Leben gut zusammen. Kein Wunder, dass er so ein großer Mann Gottes war.

Wie drehte Gott den Heißwasserhahn in England auf? Wie ließ er die geistliche Temperatur steigen? Die Antwort lautet erneut, dass er es durch Einzelpersonen tat. Er legte seine Hand auf George Whitefield, der sich sein Studium in Oxford dadurch verdiente, dass er die Schuhe der Studenten putzte. Er war ein unternehmungslustiger junger Mann und ein harter Arbeiter. Er war diszipliniert, doch Gott sagte zu ihm: „Du bist ein Sünder und brauchst Erlösung." Nach einem großen Glaubenskampf fand George Whitefield zum Herrn Jesus Christus und begann zu predigen. Ein Jahr nach seiner Bekehrung predigte er in Gloucester, und sein Predigttext war 2. Korinther 5,17: *Ist jemand in Christus, so ist er eine neue Kreatur*. Dabei sagte er Folgendes, was die meisten seiner Zuhörer zutiefst empörte: „Es ist mir gleich, ob ihr getauft worden sind. Es ist mir egal, ob man im Namen der Dreieinigkeit Wasser auf eure Stirn geträufelt hat. Ihr müsst wiedergeboren werden!" Er fuhr fort: „Ich habe die Wiedergeburt erlebt, und ich will, dass ihr sie auch erlebt." Am Ende seiner Predigt wurden 17 Personen wiedergeboren. So fing es an. Bald sollte er zu 30 bis 40.000 Menschen auf einmal predigen. Er reiste nicht nur in England umher, sondern auch nach Schottland, wo er in Edinburgh zu 40.000 Menschen sprach. Dann

Das achtzehnte Jahrhundert

überquerte er 13 Mal den Atlantik, wo er schließlich starb. Doch er predigte, wo immer er hinkam. George Whitefield war einer der größten Diener Gottes, die England je erlebt hat.

Tragischerweise verlief sich der Großteil seiner Arbeit nach seinem Tod, weil er keine Nacharbeit für seine Neubekehrten organisiert hatte. Die einzige Person, die ihn wirklich aufforderte, Gemeinden zu gründen, war die Gräfin von Huntingdon. Wenn Sie eine Kirche besuchen, die mit *Countess of Huntingdon's Connexion* bezeichnet wird [das ist der Name der von ihr gegründeten Bewegung innerhalb der methodistischen Kirche; Anmerkung der Übersetzerin], dann geht sie auf diese Gräfin zurück, die George Whitefield unterstützte. Doch als er starb, sagte er: „Ich glaube, meine Arbeit war eine Illusion und wird sehr schnell verschwinden." Das geschah tatsächlich, und man hörte nichts mehr von Anhängern Whitefields. Heute sieht man tatsächlich nichts mehr von irgendeiner Gruppe, außer der *Countess of Huntingdon's Connexion* und ein oder zwei weiteren Grüppchen. Dennoch führte er Tausende zum Herrn. Damit will ich nicht sagen, dass sie wieder vom Glauben abfielen, sondern dass sie ihren Weg in andere Gemeinden fanden.

John Wesleys Geschichte beginnt im kleinen Dorf Epworth in Lincolnshire, wo ich übrigens in der Wesley-Gedächtniskirche getraut wurde. Der Geistliche, der unsere Hochzeit durchführte, war der Verwalter des alten Pfarrhauses, in dem die Familie Wesley gewohnt hatte. Dort in diesem Pfarrhaus geschah etwas – etwas Neues wurde geboren, dort oben im Flachland von Lincolnshire auf dieser kleinen Insel, die sich bis nach Epworth erstreckte.

John Wesleys Großeltern waren Unabhängige gewesen, was sehr viel erklärt, doch seine Eltern waren beide Anglikaner aus Überzeugung. Sie dienten dort – ein Pfarrer mit seiner Ehefrau – in diesem kleinen Ort Epworth. Wir müssen die Eltern in den Blick nehmen.

Samuel Wesley war ein erstaunlicher Mann, er hatte etwas Poetisches an sich. Er verbrachte den Großteil seines Lebens damit, ein Gedicht über Hiob zu schreiben, das nie wirklich berühmt wurde, doch er gab sein dichterisches Talent an seine Söhne weiter. Doch die Mutter, Susannah Wesley, war wirklich bemerkenswert. Sie hatte 19 Kinder, von denen sie 12 großzog! Sie brachte ihnen bei, nicht mehr zu weinen, sobald sie ein Jahr alt waren. Sie lehrte sie lesen, als sie fünf Jahre alt waren – am Ende ihrer ersten Unterrichtswoche konnten sie Genesis, Kapitel 1 lesen. Ich weiß nicht, wieviel sie davon verstanden und wie sie das bewerkstelligte. Sie hatte keines unserer modernen Spielzeuge oder etwas Ähnliches, um ihr dabei zu helfen. Sie widmete jedem ihrer Kinder eine Stunde pro Woche, um geistlich zu wachsen. Wenn Sie das Leben von Susannah Wesley studieren, dann haben sie die Anfänge des Methodismus kennengelernt, denn der Methodismus sollte sich daraus entwickeln.

Als John (oder Jackie, wie sie ihn nannte) sieben Jahre alt war, brannte das Pfarrhaus, und es gelang ihnen, alle Kinder aus dem Haus zu schaffen – bis auf eines, Jackie, den kleinen John. Der Moment, in dem sie ihn am Fenster des Obergeschosses entdeckten, war dramatisch. Die Dorfbewohner bildeten eine menschliche Pyramide, um ihn zu retten. Schließlich presste sie ihn an ihren Busen und sagte: „Du bist ein brennendes Holzscheit, aus dem Feuer gerettet". Von diesem Moment an glaubte sie, dass John ihr einflussreichster Sohn werden würde, was auch geschah.

John ging auf die Charterhouse Schule und dann nach Oxford, wo er sich seinem Bruder Charles anschloss. Dort gründeten sie den sogenannten *Holy Club*, der wirklich sehr heilig war und ein Ärgernis für alle anderen, wie sein Name schon andeutete. Sie standen morgens um 4.00 Uhr auf, um zu beten. Sie studierten tagsüber wie alle anderen, um danach das Gefängnis zu besuchen. Sie verteilten Medizin an die Kranken und versuchten verzweifelt, sich durch ihr Wohlverhalten selbst zu retten.

Ein Mitglied ihres Clubs war George Whitefield – genau dort kreuzten sich ihre Wege. Diese kleine Studentengruppe versuchte mit aller Macht, durch gute Taten in den Himmel zu kommen.

Das achtzehnte Jahrhundert

Sie hatten immer noch nicht gelernt, wie man Christ wurde. Sie waren so methodisch in allem: Wie sie aufstanden, ins Gefängnis gingen und dieses und jenes taten, und sie führten Buch über alle ihre Unternehmungen, sodass die anderen Studenten sie nicht den Holy Club nannten, sondern ihnen einen Spitznamen verpassten: „Methodisten!" Es war ein Spottname, doch er saß und ist bis heute geblieben.

Schließlich kam die Zeit, in der John bewusst wurde, dass er immer noch nicht genug für Gott tat. Daher bewarb er sich um eine Pfarrstelle wie sein Vater und sein Bruder vor ihm. John und Charles wurden vom Erzbischof von Canterbury ordiniert. Jetzt waren sie Pfarrer, jedoch immer noch keine Christen. Weil sie dies in ihrem Innern spürten, dachten sie, dass sie immer noch nicht genug für Gott taten – daher meldeten sie sich als Freiwillige, um in Georgia die amerikanischen Ureinwohner zu missionieren. Sie dachten sich: „Wenn wir als Missionare rausgehen, werden wir ganz sicher gerettet!" So zogen sie los, um ihre eigenen Seelen zu retten. Kann man tatsächlich so weit gehen, ohne Christ zu sein? Natürlich kann man das, genau das taten sie, und sie waren nicht nur Pfarrer, sondern auch Missionare, und hatten sich immer noch nicht retten können, was sie weiterhin verzweifelt versuchten.

Auf ihrem Weg dorthin, mitten auf dem Atlantik, gerieten sie in einen Sturm und fürchteten sich sehr. Sie bekamen Panik, weil sie glaubten, ihr Ende sei gekommen. Sie warfen Dinge über Bord, um das Schiff leichter zu machen, doch es sah so aus, als wäre alles verloren. In der Mitte des Schiffs jedoch saß eine Menschengruppe, die ruhig blieb und betete. Es waren Flüchtlinge aus Herrnhut, die Graf Zinzendorf kannten. John Wesley ging danach zu ihnen, in seiner Amtstracht, und fragte sie: „Hattet ihr denn keine Angst?", und sie antworteten ihm: „Warum sollten wir?" Einer von ihnen fragte ihn nach seiner geistlichen Verfassung: „Weißt du, dass Jesus dein Retter ist?" John Wesley, der Pfarrer antwortet ihm: „Ich weiß, dass er der Retter der Welt ist." „Aber weißt du, dass er dein Retter ist?" „Ja", antwortete

Wesley, doch seinem Tagebuch gestand er an diesem Abend, dass er gelogen hatte, und schrieb: „Ich reise nach Georgia, um meine eigene Seele zu retten. Wie kann ich dann die Seelen der Indianer retten?"

Er kam nach drei unglücklichen Jahren des Versagens zurück nach London und fragte sich, was er tun sollte. Sein Bruder kam ebenfalls zurück, der genauso versagt hatte, doch Gott sei Dank hatte Gott in London jemanden für sie bereitgestellt, einen Mann namens Peter Böhler. Er war ein weiterer Herrnhuter Bruder. Peter Böhler suchte die beiden auf und sprach mit ihnen. Dann, an einem unvergesslichen Sonntag, ging John Wesley in die St. Pauls Kathedrale zum Gottesdienst. Als er an diesem Morgen seine Bibel las, stieß er auf diese Worte: „Du bist nicht fern vom Reich Gottes."

Am selben Abend ging er zu einer Veranstaltung der Herrnhuter Brüder in der Aldersgate Street. Heute steht dort ein Bankgebäude, doch man hat ein Schild angebracht, um zu zeigen, wo die Versammlung stattfand. John besuchte also am 24. Mai 1738 das Event in der Aldersgate Street, bei dem sie Luthers Kommentar zum Römerbrief laut vorlasen. Ich frage mich, wie viele Menschen das heute in der Gemeinde aushalten würden – einen Kommentar über den Römerbrief mehrere Stunden lang laut vorzulesen. Doch als die Uhr an diesem Abend Viertel vor neun anzeigte, geschah etwas. John Wesley sagte: „Ich spürte, wie sich mein Herz wundersam erwärmte. Ich spürte, dass ich für meine Rettung an Christus glaubte, an ihn allein; und mir wurde eine Gewissheit gegeben, dass er meine Sünden weggenommen hatte, sogar meine, und mich vom Gesetz der Sünde und des Todes errettet hatte." Ihm wurde die Gewissheit vermittelt, dass er wirklich ein erlöster Sünder war. Da war er nun, ein gescheiterter Missionar, ein ordinierter Pfarrer in der Church of England. Er hatte all diese guten Dinge für andere Menschen getan, ohne zu wissen, dass seine eigenen Sünden vergeben waren. Das geschieht, wenn man versucht, sich selbst zu retten, weil man auf seine eigenen Taten vertraut anstatt auf das Werk Christi – und das war der entscheidende Punkt, den er nicht gelernt hatte.

Übrigens heißt mein Sohn Richard Wesley, weil er an einem Sonntagabend um Viertel vor neun in Lincolnshire, nicht weit von Epworth, geboren wurde. Hinzu kommt noch, dass sein alter Vater oft an John Wesley dachte.

John machte sich fast sofort auf den Weg nach Deutschland, um Zinzendorf zu besuchen. Als er zurückkam, brachte er viele der Herrnhuter Kirchenlieder mit und übersetzte sie ins Englische. Bei seiner Rückkehr wollte er das Evangelium predigen, und wie er es tat, doch die Kanzeln wurden ihm verwehrt. Jedes Mal, wenn er in der Church of England gepredigt hatte, sagte man ihm nach dem Gottesdienst: „Das war dein erster und letzter Besuch hier", sodass er an einem bestimmten Punkt gar nicht mehr predigen konnte!

Dann sagte George Whitefield zu ihm: „John, komm doch und predige unter freiem Himmel!" John Wesley hielt das für das Schlimmste überhaupt, dass ein ordinierter Geistlicher nicht auf einer Kanzel predigen sollte. Doch dann erinnerte er sich daran, dass Christus seine Bergpredigt hielt, und er sagte: „Wenn Christus auf einem Berg predigen konnte, dann kann ich das auch". Und er ging hinunter nach Kingswood, außerhalb von Bristol, zu den Bergarbeitern. Er predigte dort, und als er es tat, formten die Tränen der Bergleute kleine weiße Bäche auf ihren schwarzen Wangen! Das berichtet er in seinem Tagebuch.

John Wesley erkannte, dass Gott ihn in denselben Dienst berief wie George Whitefield, der jetzt nach Amerika reiste. Daher nahm er den Faden von George Whitefields Predigten wieder auf. Im April 1739 begann er mit seinen Predigten unter freiem Himmel. Allerdings gab es Widerstand. Es geschah, dass er an den Haaren durch die Straßen geschleift wurde, wie z.B. bei den Randalen von Wednesbury, doch in 50 Jahren reiste er eine Viertel Millionen Meilen – mit der Bibel in der Hand und einem Pferd unter ihm. Er ritt in ein Dorf und predigte, und zwar auf diese

WO WAR DIE GEMEINDE IN DEN LETZTEN 2000 JAHREN?

Weise: Er begann damit, dass er die Zehn Gebote predigte, das Gesetz, nach dem jeder Mann und jede Frau gerichtet wird, und er setzte das tagelang fort, bis die Menschen anfingen, unglücklich und bekümmert auszusehen. Wenn er erkannte, dass sie anfingen zu begreifen, dass sie Sünder waren, geschah Folgendes, wie er es in seinem Tagebuch beschreibt: „Ich mischte etwas von der Liebe Gottes mit dem Gesetz Gottes, immer ein bisschen mehr, bis ich schließlich das Evangelium von der Liebe Gottes predigte."

Wesley entdeckte, dass man die Liebe Gottes nicht predigen konnte, ohne zuvor das Gesetz Gottes zu verkünden; dass es keinen Sinn machte, von einem Retter zu erzählen, bevor man die Sünde thematisiert hatte. Welchen Trost konnte ein Retter denen bringen, die noch nie ihr Unglück gespürt hatten? Das prägte seinen gesamten Dienst.

Allerdings war es ein ungewöhnlicher und seltsamer Anblick, einen Geistlichen der Church of England, in seinem ganzen Ornat, mitten auf einer Dorfwiese stehen und predigen zu sehen. So etwas hatte man noch nie erlebt, doch er ging zu den Menschen der Arbeiterklasse.

Seine drei Zentren waren London, Bristol und Newcastle, und in diesem gesamten „Dreieck" werden Sie Orte finden, an denen Wesley predigte. Seine letzte Predigt hielt er in Leatherhead in Surrey, wo eine Tafel am Rathaus daran erinnert.

Er predigte überall, nach dem Prinzip: „Die Welt ist meine Gemeinde." Es mag etwas Wahres dran sein, dass eine unglückliche Ehe seine Reisen förderte und ihn in Bewegung hielt. Das war der einzige echte Schatten über seinem Leben, doch es gibt viele, die dafür dankbar waren, dass er herumreiste. Er reiste und reiste und predigte und predigte. Sieben Mal pro Tag war normal.

Er predigte nicht nur, sondern er schrieb auch und veröffentlichte Bücher und Broschüren. Wesley gründete Schulen und Waisenhäuser und eröffnete Verteilzentren für Medikamente. Er war der erste, der Rheuma elektrisch behandelte mit einer Maschine, die man heute noch in der City Road in seinem Haus

Das achtzehnte Jahrhundert

besichtigen kann. Man hat entdeckt, dass sie genug Elektrizität produzierte, um einen Mann zu töten, doch er nutzte sie zur Behandlung von Rheuma!

Er war ein sehr vielseitiger Mann, doch es wurde sehr bald deutlich, dass er nicht alles selbst machen konnte. Das Problem war, dass es nur wenige Geistliche gab, die ihn unterstützen würden, daher kam seiner Mutter eine Idee. Sie sagte: „Wie wäre es mit nicht ordinierten Laienpredigern, die vor Ort sind und nicht herumreisen wie du, sondern in ihrem Umfeld predigen?"

Einer in diesem allerersten Team von sechs Predigern war John Pawson. Seine Frau Frances war eine der führenden methodistischen Frauen der damaligen Zeit. Daher reicht unsere Abstammung wohl bis in diese Anfangszeit zurück! Zusammen mit seinem Team antwortete John Wesley seiner Mutter: „Gib mir einhundert solcher Männer. Damit werden wir England in Brand setzen!" Und das taten sie. Als er starb, gab es 80.000 Menschen, die sich als Ergebnis seiner Reisetätigkeit zu Gottesdiensten versammelten.

Er unterließ den Fehler, den George Whitefield machte. Wenn sich die Menschen bekehrten, integrierte er sie in Gemeinschaften, hauptsächlich, weil die Ortsgemeinden sie nicht aufnahmen. Daher integrierte er sie nicht in Kirchen, sondern in Gemeinschaften, wie er sie nannte – Methodistische Gemeinschaften. Er gab ihnen „Klassenleiter", deren Aufgabe es war, sie geistlich anzuleiten. Eine bestimmte Anzahl von Gemeinschaften bildeten einen Bezirk, den er wiederum Kreis nannte, weil ein einheimischer Prediger in einem Monat auf dem Pferderücken seine Runde machen und an jedem Ort predigen konnte.

Diese Art von Struktur wird heute immer noch genutzt, doch ich finde, dass sie für die moderne Zeit nicht besonders gut passt. Ist man auf einem Pferd unterwegs, ist das eine sehr gute Idee und für die Umstände, in denen er sich befand, war das eine sehr hilfreiche Struktur. Auf diese Arte integrierte er sie in eine Organisation.

WO WAR DIE GEMEINDE IN DEN LETZTEN 2000 JAHREN?

Bedenken Sie, dass John Wesley während der gesamten Zeit ein Geistlicher der Church of England war. Was dachte diese Kirche über ihn? Leider war sein dortiges Ansehen sehr schlecht, besonders, als er Geistliche für den Dienst in Amerika ordinierte! Auch wenn er die Church of England nie verließ, war es sehr offensichtlich: Sobald er starb, würden die Methodistischen Gemeinschaften zu Methodistenkirchen. So geschah es auch, und die Spaltung nahm ihren Lauf. Doch ich denke, es war John Wesleys Schuld, jedenfalls war er der Mann, der alles Nötige tat, um die Spaltung zu vollziehen. Mir gefällt der Kommentar von jemandem, der gesagt hat: „John Wesley war wie ein Mann, der ein Boot ruderte. Er blickte in Richtung der Church of England, doch mit jedem Ruderschlag entfernte er sich weiter von ihr."

Am Ende des achtzehnten Jahrhunderts habe wir also eine sehr große Gruppe von Methodisten, zusätzlich zu den Anglikanern, den Presbytern und den Kongregationalisten, den Baptisten und den Freunden. Schließlich erlaubte man auch den Katholiken zurückzukehren, sodass wir ein ähnliches Bild sehen wie heute.

Nun müssen wir John Wesley verlassen und einen weiteren berühmten Mann am Ende jenes Jahrhunderts betrachten. 1799 kam ein junger, zügelloser Student nach Cambridge, Charles Simeon. Jagen, schießen, fischen war seine Leidenschaft – er war ein fröhlicher junger Mann. Als er nach Cambridge kam, wurde er mit seinem eigenen Leben konfrontiert, was zu einer geistlichen Krise führte. Als er sie durchgestanden hatte, erlebte er Vergebung. Er formulierte es so: „Ich legte meine Sünden auf das Haupt Jesu." Schnell trat er in den geistlichen Dienst ein und im zarten Alter von 23 Jahren ging er als Pfarrer an die Holy Trinity Church, wo auch ich schon predigen durfte. Dort in der Sakristei können Sie seine Teekanne, seinen Regenschirm und Bilder von ihm besichtigen. Simeon predigte und die Kirche war voll, er hatte einen gewaltigen Einfluss auf die Studenten. Aus seiner Gemeinde ging ein junger Mann namens Henry Martyn nach Persien, um dort zu sterben – als einer der größten Missionare, die es je gegeben hat. Charles Simeon gehört in die Liste der großen Helden jenes Jahrhunderts.

Betrachten wir einige praktische Dinge, die aus dieser Entwicklung hervorgingen. Manchmal hört man folgende Aussage: „Was soll denn all dieses Predigen und Liedersingen? Wir brauchen Menschen, die aktiv werden und diese Welt besser machen. All dieses feurige Evangelisieren und geschwollene Daherreden bringt doch überhaupt nichts!" Das achtzehnte Jahrhundert zeigt, dass diese Aussage nicht wahr ist. Die Resultate dieser Erweckung im achtzehnten Jahrhundert waren höchst praktisch. Die erste dieser Folgen schätzt die Welt zwar nicht, Christen jedoch sind dafür sehr dankbar.

DAS JAHRHUNDERT DER KIRCHENLIEDER

Denken Sie an die berühmten Kirchenlieder von Isaac Watts, z.B.: *O God, our help in ages past* (Du halfst uns, Herr, in früherer Zeit); *When I survey the wondrous cross* (Wenn ich das Kreuz dort auf Golgatha seh'); Joy to the World (Freue dich Welt). Oder von Philip Doddridge, z.B.: *Oh Happy Day, That Fixed My Choice* (Oh glücklicher Tag, der meine Wahl besiegelte); von William Cowper: *God moves in a mysterious way* (Gott lässt oftmals geheimnisvoll Sein Wunderwerk geschehn); *There is a fountain filled with blood* (Es ist ein Born, draus heilges Blut); und von John Newton: *Amazing Grace* (Erstaunliche Gnade).

Vor allem schrieb Charles Wesley, Johns Bruder, 6.000 Kirchenlieder – und zwar für jede nur denkbare Gelegenheit. Hier kommen zwei der Schönsten: Das Erste ist für einen jungen Menschen geschrieben, der das erste Mal sein Zuhause verlässt, auch für ihn hat er ein Lied geschrieben; das Zweite ist für eine Frau, die in den Wehen liegt, ein wunderschönes Lied, das ihre Gedanken auf den Herrn fokussiert, während sie es singt und ihre Kinder zur Welt bringt. Charles komponierte seine Lieder, während er ritt. Oft kam er in ein Haus und sagte: „Sprecht mich nicht an. Gebt mir einen Stift und Papier, schnell." Dann schrieb er es nieder und heraus kam ein Kirchenlied. Am ersten Jahrestag seiner Bekehrung sagte Peter Böhler, der deutsche Herrnhuter zu Charles Wesley: „Hätte ich tausend Zungen, würde ich Christus preisen wollen", daraus wurde: *O, hätt' ich tausend Zungen nur, zu rühmen Jesu Tat* ... Betrachten wir einige weitere Lieder: *Hark, the herald angels sing (*Hört der Engel Lied voll Freud/ Unser Heiland ist nun da); *Christ the Lord is risen today* (Christ der Herr ist heut erstanden); *Rejoice, the Lord is King (*Freut euch! Der Herr ist nah*)*; *Jesus, Lover of my soul* (Jesus, Heiland meiner Seele); *Love divine, all loves excelling* (Liebe, komm herab zur Erde). Sie werden feststellen, dass Charles Wesley mehr Kirchenlieder geschrieben hat als jeder andere, wobei Isaak Watts den zweiten Platz belegt. Schließlich haben wir noch James Montgomery: *Prayer is the soul's sincere desire* (Der Seele Wunsch ist das Gebet) und *Stand up and bless the Lord* (Steht auf und lobt den Herrn). Es war ein Jahrhundert der Lieder. Wenn Menschen gerettet werden, wollen sie singen – und das achtzehnte Jahrhundert war ein beispielloses Jahrhundert der Kirchenlieder.

DIE SONNTAGSSCHULE

Wenn ich Sie fragen würde, wer die Sonntagsschule erfunden hat, wen würden Sie mir da wohl nennen? Wenn Sie Ahnung haben, würden Sie wahrscheinlich „Robert Raikes" in Gloucester erwähnen, doch ich sagen Ihnen, dass Sie sich irren. Die Sonntagsschule wurde von Hannah Ball in High Wycombe begonnen, einer methodistischen Dame, die auf dem Friedhof von Stokenchurch beerdigt ist. Hannah Ball initiierte die Sonntagsschule in einer aufgegebenen Möbelfabrik, und sie tat dies als Folge eines Briefwechsels mit John Wesley. Es war Hannah, die zu Robert Raikes sagte: „Warum tust du nicht dasselbe?", und das Erstaunliche ist, dass es eine Statue von Robert Raikes in Gloucester gibt, auf der steht: „Gründer der Sonntagsschule".

Er schaute sich diese Idee von einer Frau ab, doch Hannah Ball

Das achtzehnte Jahrhundert

begann damit, und Robert Raikes nahm sie 1780 in Gloucester auf, aber sie hatte damit schon einige Jahre früher angefangen. (Wenn Sie Hannah Balls Grab besuchen möchten, es liegt auf der rechten Seite der Kirche, wenn Sie den Friedhof von Stockenchurch betreten).

Ich las ein Buch über methodistische Frauen der Anfangszeit, und dort standen sie direkt nebeneinander, Frances Pawson und Hannah Ball!

SOZIALE GERECHTIGKEIT

Wenn Menschen sich bekehren, bringen Sie die Gesellschaft in Ordnung. Hier sind einige Dinge, die in der Folge geschahen: Die Armenhilfe begann, genauso wie die kostenlose Verteilung von Medikamenten; Waisenhäuser und Schulen wurden gegründet; der Strafvollzug wurde verändert. Die Arbeit von John Howard, der die Staatsgefängnisse reformierte, ist unmittelbar auf die Erweckung im achtzehnten Jahrhundert zurückzuführen.

Das herausragendste Beispiel ist William Wilberforce und sein Kampf gegen die Sklaverei. Der letzte Brief, den John Wesley verfasste, ging an Wilberforce, den er aufforderte, diesen Kampf zu vollenden. Sollten Sie jemals nach Kingston-upon-Hull kommen, besuchen Sie das William-Wilberforce-Museum. Auch sein Lebenswerk entstand aus der Erweckung.

GUTE LITERATUR

Eine weitere Folge war eine großflächige Verbreitung guter Literatur. *The Religious Tract Society* (Gesellschaft für religiöse Traktate) war ein direktes Resultat der Erweckung, genauso wie *The British and Foreign Bible Society* (Die Bibelgesellschaft in England und im Ausland). Hinzu kamen auch die Kommentare des großen Bibellehrers Thomas Scott.

MISSIONSGESELLSCHAFTEN

Die letzte Auswirkung, die ich erwähnen möchte, ist die

Gründung von Missionsgesellschaften, durch die sich ein positiver britischer Einfluss weltweit verbreitete. Man hatte schon zuvor mehrfach versucht, Missionsarbeit zu beginnen, doch erst am Ende des achtzehnten Jahrhunderts, nachdem die geistliche Temperatur gestiegen war, kamen sie wirklich in Fahrt.

1792 wurde die Missionsgesellschaft *Baptist Missionary Society* gegründet. Es war ein Baptist, der diese Entwicklung lostrat. Ein Schuster aus Northampton, William Carey, konstruierte einen Globus aus Lederresten und betete für diese Welt, insbesondere für Indien. Es war dieser Northamptoner Schuster, der nach seiner Bekehrung ermutigt wurde, in den Baptistengemeinden von Northamptonshire zu predigen. Eines Tages traf er sich 1792 mit einer Gruppe Gleichgesinnter in Kettering und sammelte eine Kollekte ein, eine berühmte Kollekte von 13 Pfund, 2 Shilling und 6 Pence, was damals ziemlich viel war, und gründete die Baptistische Missionsgesellschaft. Ein Jahr später waren sie bereits auf dem Weg nach Indien, um die großartige Missionsarbeit zu beginnen, die daraus folgen sollte. Das war 1792. Drei Jahre später taten sich die Anglikaner, die Kongregationalisten und die Presbyter zusammen, um sich nicht ausstechen zu lassen, und gründeten die *London Missionary Society (LMS)*, die Morrison nach China schickte, Livingstone nach Afrika und viele weitere berühmte Missionare aussandte.

1796 gründeten die Methodisten, um nicht abgehängt zu werden, die *General Methodist Missionary Society*. 1799 beschlossen die Anglikaner, eine eigene Missionsgesellschaft zu errichten, und die Church Missionary Society begann; zu dieser Zeit entstand auch die *British and Foreign Bible Society*.

All dies geschah am Ende des achtzehnten Jahrhunderts und war ein direktes Ergebnis der Evangelikalen Erweckung. Wer behauptet jetzt, „feuriges Evangelisieren" hätte keinen Erfolg? Wer sagt nun, die Welt werde nicht verändert, weil Menschen sich für den Herrn begeistern? Die Hauptlektion, die ich für Sie aus diesem ganzen Jahrhundert ziehe, lautet: Was ein Mensch glaubt, wird sein Verhalten beeinflussen. Kalter Intellekt führt zu schlechter Moral. Feuriges Evangelisieren führt zu allem eben Erwähnten. Jemand hat einmal gesagt, dass die frühen Methodisten wie eine Ansammlung keuscher Schneeflocken waren, die auf einer stinkenden Müllhalde landeten. Wenn Sie verstehen wollen, warum die Methodisten gegen Alkohol und Glücksspiel waren, müssen Sie erkennen, dass diese Tradition auf die Realitäten im achtzehnten Jahrhundert zurückgeht. Die Methodisten mussten auf dieser Abstinenz bestehen, um einen Mann überhaupt in die Nähe des Herrn zu bringen. Doch sie kämpften und räumten dabei in England auf.

Ein französischer Historiker hat gesagt: „Wenn man verstehen will, warum die Französische Revolution, die Inthronisierung der Vernunft und die daraus folgende Anarchie sich nicht bis nach England verbreiteten, muss man das Leben von John Wesley studieren." Das ist eine erstaunliche Würdigung. Gott hatte seine Antwort parat, selbst als der kalte Intellekt des Menschen sagte, man müsse alles beweisen, bevor man es glauben könne – das tötete die Religion ab. Und wenn man die Religion tötet, erschlägt man auch die Moral. Wenn Menschen sagen: „Es gibt keinen Gott", dann sagen sie auch „Es gibt nichts Gutes."

Gott berief Männer, die auf göttliche Offenbarung verwiesen, die auf Gott hinwiesen, der uns Erkenntnis schenkt, welche die Wissenschaft weder beweisen noch widerlegen kann. Sie predigten ein Evangelium übernatürlicher Wunder, sie verkündeten einen *lebendigen Gott*, der eingreifen und ein Leben und eine Gesellschaft verändern kann. Sie predigten, dass weder die Natur noch der Mensch von Gesetzen beherrscht werden, sondern dass beide von Gott regiert werden, und dass Gott beide nach seinem ewigen Plan ausrichten kann. Diese Botschaft müssen wir alle verinnerlichen. Große Männer Gottes ließen sie wieder warm werden und brachten das Evangelium von Jesus Christus in dieses Land – und wir profitieren immer noch von den Auswirkungen dieser Erweckung.

Kapitel 9

DAS NEUNZEHNTE JAHRHUNDERT (1) 1800–1850

Im Jahr 1800 hatten zwei Entwicklungen unter den Menschen in England begonnen. Die erste war der große Umzug vom Land in die Stadt. Die industrielle Revolution war im Gange. Die Dampfmaschine war erfunden worden – das sollte die Menschen in England in Städte konzentrieren und Lebens- und Arbeitsbedingungen unterwerfen, die höchst schrecklich waren. Im Zeitabschnitt zwischen 1800 und 1850 schrieb Charles Dickens seinen ersten Roman *The Pickwick Papers*, zu Deutsch *Die Pickwicker*. Wenn Sie dieses Buch lesen, erfahren Sie etwas über die Bedingungen im Schuldgefängnis und das gesellschaftliche Leben dieser Zeit. Britannien begann, seine „dunklen, satanischen Mühlen" auf dem „grünen, lieblichen Boden Englands" zu bauen.

Das Zweite, was mit den damaligen Menschen geschah: Sie zogen nicht nur vom Land in die Stadt, sondern sie vermehrten sich auch sehr schnell. Bedenken Sie, dass die Bevölkerung von England 1800 fünf Millionen Menschen betrug. England war so übervölkert, dass ein Geistlicher namens Malthus einen „Essay über das Prinzip der Population" schrieb. Darin erklärte er, England habe nicht genug Lebensmittel, um alle diese Menschen zu ernähren. Was können wir tun? Wir können die Essensmenge nicht erhöhen, daher muss man einen Weg finden, die Bevölkerung zu verringern. Er war gegen die Empfängnisverhütung und sagte, die einzige Lösung sei, dass man spät heiratete und dass es keine Sozialleistungen gebe, sodass Großfamilien keine Unterstützung erhielten. Am Ende dieser Zeit gab es neun Millionen Menschen in England.

Doch mental geschah etwas, oder vielleicht sollten wir sagen, emotional. Wir haben festgestellt, dass das achtzehnte Jahrhundert mit der Bewegung des Rationalismus begann, die kalt war; sie entsprang dem Verstand. Doch das neunzehnte Jahrhundert reagierte darauf, und das Pendel schwang in die andere Richtung. Das neue Jahrhundert erlebte eine atmosphärische Veränderung, die wir Romantik nennen. Drei Dinge geschahen in dieser Bewegung. Erstens begann man, sich sehr für seine Gefühle zu interessieren. Das Hauptinteresse galt nicht mehr dem „Verstand", sondern den „Gefühlen". Wenn ich einige Romane erwähne, die in diesen 50 Jahren geschrieben wurden, werden Sie es verstehen. Jane Austen schrieb *Stolz und Vorurteil*, Victor Hugo verfasste *Der Glöckner von Notre Dame*. William Thackeray brachte *Jahrmarkt der Eitelkeit* zu Papier. Die Brontë Schwester schrieben eifrig in Haworth in Yorkshire: Charlotte den Roman *Jane Eyre*, Emily verfasste die unglaubliche Geschichte *Sturmhöhe*, gefolgt von Anthony Trollopes *Die Türme von Barchester* und vielen weiteren Romanen. Diese Bücher kehrten zur Romantik zurück, zur Liebe und den Gefühlen, die Menschen füreinander empfinden, womit die romantische Bewegung geboren war.

Während der erste Trend darin bestand, zu „Gefühlen" zurückzukehren, war der zweite eine Rückkehr zur Geschichte. Die Menschen meinten, sie hätten zu viel aus der Vergangenheit über Bord geworfen – all diese neuen Ideen, die Französische Revolution, die Amerikanische Unabhängigkeitserklärung und alle damit zusammenhängenden Veränderungen wären ein zu starker gedanklicher Wandel. Denn das Herz hängt viel mehr an der Vergangenheit. Es ist seltsam: Man kann die Meinung einer Person recht schnell ändern, doch mit der Herzenshaltung ist es etwas anderes. Man kann einerseits überzeugt sein, dass ein Wandel positiv ist, doch das Herz sagt: „Nein, das werde ich nicht tun. Ich hänge zu sehr am alten Zustand." Weil das Herz

Das neunzehnte Jahrhundert (1800–1850)

wiederentdeckt wurde, kehrte man auch zur Geschichte zurück und tauchte wieder in die Vergangenheit ein – um Bücher über die Historie zu schreiben, manche von ihnen fiktiv, andere tatsachenbasiert.

Sir Walter Scott war damit beschäftigt, *Ivanhoe* zu schreiben, Alexandre Dumas setzte sich an *Die drei Musketiere* und *Der Graf von Monte Christo*. Thomas Macaulay begann *Die Geschichte Englands* zu schreiben, und R.D. Blackmore verfasste *Lorna Doone*. Dies waren alles historische Bücher, also große historische Romanzen. Die Romantik vertiefte sich in die Vergangenheit. Wir nennen dieses Phänomen Sentimentalität. Kehren Sie gerne in das Haus zurück, in dem Sie geboren wurden? Besuchen Sie gerne Orte, an denen Sie früher gelebt haben? Das beschreibt dieses Herzensgefühl. Der Verstand sagt, es mache keinen Sinn, doch Ihr Herz sagt: „Ich möchte so gerne zurückkehren und die Orte aus der Vergangenheit besuchen." Ich bin auf diese Art unheilbar sentimental. Ich liebe es einfach, Orte von früher zu besuchen oder Dinge aus der Vergangenheit zu betrachten. Der Verstand wird sich auf die Zukunft fokussieren, doch das Herz konzentriert sich auf Vergangenes.

Drittens, diese Entwicklung erinnerte die Menschen sehr stark an die Religion, denn ein Glaube, der nur am Verstand hängt, ist zu kalt und hart, doch ein Herzensglaube wirkt bereichernd. Einige Kirchenlieder, die in dieser Zeit geschrieben wurden, beruhren wirklich das Herz. *Bleib bei mir, Herr! Der Abend bricht herein* ist das Paradebeispiel eines romantischen Kirchenlieds. Wenn je ein Kirchenlied tiefe Gefühle hervorgerufen hat, dann dieses. Bis heute wird es bei Fußballspielen gesungen, denn tief im Inneren sind die Menschen romantisch und sentimental – sie lieben Gefühle, und dieses Lied bringt sie an die Oberfläche.

All dies förderte die Religion, und in der ersten Hälfte des neunzehnten Jahrhunderts erlebte der christliche Glaube einen Boom. Die verschiedenen Strömungen, die wir bisher im Laufe der Geschichte thematisiert haben, die Anglikaner,

Methodisten, Baptisten, Kongregationalisten, die Freunde und andere erfuhren einen rasanten Zuwachs, insbesondere die Nonkonformisten. Schon bald überflügelten sie die Church of England in ihrem Wachstum. Im Jahr 1800 waren fünf Prozent der Kirchgänger Nonkonformisten, 1850 waren es bereits 50 Prozent. Das neunzehnte Jahrhundert war das große Jahrhundert der Nonkonformisten und der Freikirchen, insbesondere der Methodisten, wobei die Baptisten ihnen auf dem Fuß folgten. Es war die Ära der Freikirchen, der „Andersgläubigen", wie sie auch in Schottland genannt wurden. Sie wuchsen nicht nur, sondern sie führten auch Spaltungen herbei. Doch irgendwie habe ich aus der Kirchengeschichte gelernt, dass Kirchen sich in einer Zeit des Wachstums und der Expansion abspalten, während immer über Einheit gesprochen wird, wenn die Mitgliederzahlen sinken.

Das mag sich zwar falsch anhören, doch ich möchte, dass Sie diesen Gedanken zu Ende denken. Ein lebendiger Organismus wächst durch Zellteilung. Diese biologische Lektion habe ich im Labor gelernt. Und in den Regionen der Welt, in denen die Gemeinde wächst, finden die meisten Spaltungen statt – doch wo Einheit der Hauptfokus ist, nehmen die kirchlichen Mitgliederzahlen ab. Ich will auf dieser Grundlage Spaltungen nicht rechtfertigen, sondern nur auf die Tatsachen verweisen. Das mag sich auf Ortsgemeinden beziehen: je größer sie werden, desto weniger wachsen sie; je mehr sie sich teilen, desto größer ist das Wachstum. Teilung oder Spaltung ist also die Art, wie die christliche Gemeinde durch die Jahrhunderte gewachsen ist. Doch trotz der Spaltungen, die geschahen – die Methodisten spalteten sich während dieser Zeit in mindestens drei Hauptströmungen, die Church of Scotland in zwei, und viele weitere teilten sich – gab es dennoch dieses Gefühl und den Wunsch, trotz allem miteinander verbunden zu bleiben.

Während dieser 50 Jahre taten sich sechs Baptistengemeinden zusammen, um *The Baptist Union* (Baptistenbund) zu bilden. Verschiedene Organisationen entstanden außerhalb der

Das neunzehnte Jahrhundert (1800–1850)

Kirchenströmungen, die jedoch viele Überschneidungen mit ihnen hatten. Ein Tuchhändler namens George Williams beschloss, eine neue Bewegung zu gründen, um junge Männer für Christus zu gewinnen, und nannte sie *The Young Men's Christan Association*, the YMCA, zu Deutsch: Der Christliche Verein junger Männer (später Menschen), der CVJM. Er hat sich über die ganze Welt verbreitet. Beachten Sie, dass es zur damaligen Zeit Bedingung war, klar nachzuweisen, dass man wiedergeborener Christ war, bevor man sich dort anschließen oder nur ihre Einrichtungen nutzen konnte. Das „C" im YMCA wurde sehr stark betont, viel stärker als in der heutigen Zeit.

Es war auch die Zeit der protestantischen Missionsbewegungen. Das galt für das gesamte neunzehnte Jahrhundert, doch der Unterschied bestand darin: Während in der ersten Hälfte des Jahrhunderts die Missionsarbeit durch die Denominationen (Kirchenströmungen) gemacht wurde, geschah dies in der zweiten Hälfte durch überkonfessionelle Missionsorganisationen, insbesondere nach der Gründung der *China Inland Mission* durch Hudson Taylor 1865, die ein ganz neues Modell für Missionsgesellschaften darstellte.

Zwischen 1800 und 1850, als die Gesellschaften überwiegend den einzelnen Kirchenströmungen zugeordnet waren, gab es so großartige Missionare wie Henry Martyn. Er beschloss letztendlich, eine wunderbare junge Frau, eine Christin, in die er sehr verliebt war, doch nicht zu heiraten – damit er als Missionar rausgehen konnte. Denn er wusste, dass er sie dorthin nicht mitnehmen konnte, wohin ihn der Herr berufen hatte. Also ließ er sie zurück und reiste nach Indien, wo er das Neue Testament und das Anglikanische Gebetbuch ins Hindustanische übersetzte. Dann ging er nach Persien in die schwierigste Gegend, die es auf der Welt für die Mission gibt, und starb dort im Alter von 31 Jahren. Er war ein höchst bewunderungswürdiger Christ.

In dieser Hälfte des Jahrhunderts wurde ein Junge im schottischen Blantyre mit Namen David Livingstone geboren. Er lernte Jesus kennen und sagte: „Ich werde Missionar für Christus in China". Wussten Sie, dass David Livingstone eigentlich nach China gehen wollte? Doch Gott erlaubt einem nicht immer, die eigenen Ideen umzusetzen. Er schickte David Livingstone hinaus zu Robert Moffat, dem großen Missionar in Südafrika, der die Bibel dort in die Stammessprachen übersetzte. Zusätzlich zu allem anderen bekam Livingstone dort eine Ehefrau, denn er heiratete die Tochter von Robert Moffat. Dann erschloss er 15 Jahre lang das große Hinterland auf dem afrikanischen Hochplateau – durch seine Arbeit konnte er Missionaren den Weg bahnen, um das Evangelium in diese Gegenden zu bringen.

Dies war auch die Ära von Alexander Duff, dem großen schottischen Missionar, der 1829 nach Indien ausreiste. Samuel Marsden ging als Missionar nach Australien und Neuseeland. Das gibt uns wirklich zu denken, nicht wahr? Heute halten wir diese Gegenden nicht für Missionsfelder, doch damals waren sie es. Zur damaligen Zeit reiste auch Robert Morrison mit der *London Missionary Society* nach China, um dort ein chinesisches Wörterbuch und eine Bibel zu produzieren.

Es war also eine Zeit, in der nicht nur die Gemeinden zuhause wuchsen, sondern auch in Übersee.

Auch das Schreiben vieler Choräle prägte diese Ära – Wesley, Watts und andere, die wir schon erwähnt haben – doch diese Liederwelle schwappte tatsächlich ins neunzehnte Jahrhundert hinein. Während sich das achtzehnte Jahrhundert durch die Qualität seiner Kirchenlieder auszeichnete, wurde das neunzehnte Jahrhundert durch ihre Quantität bekannt.

In 24 Jahren wurden 42 Kirchenliederbücher veröffentlicht und in jeder Denomination genutzt, außer der Church of England, wo es immer noch verboten war, diese Lieder zu singen! Ein Mann veröffentlichte ein Liederbuch, ging damit in seine Kirche und ließ dort diese Choräle singen – nur um deshalb von seinem Bischof zur Rede gestellt zu werden. Der Bischof sagte: „Das hättest du nicht tun sollen. Das wird die Chefetage verärgern. Gib mir das Liederbuch, ich werde es in meinem Namen herausgeben, damit könnten wir es durchbringen." Genau das tat er, und der gute Bischof veröffentlichte es in seinem eigenen Namen, wofür er seither gerühmt wird. Es war Bischof Reginald Heber, ein anglikanischer Bischof aus Kalkutta, der endlich Kirchengesänge in die Anglikanische Kirche einführte. Hier sind einige Choräle, die er geschrieben hat: *Brightest and best of the sons of the morning* (Strahlend und herrlich die Morgensöhne); *Heilig, Heilig, Heilig* und *The Son of God goes forth to war* (Der Sohn Gottes zieht in den Krieg).

Während dieser Zeit schrieben Frauen zum ersten Mal Kirchenlieder. Henriette Auber verfasste *Our blest Redeemer, e'er He breathed His tender last farewell* (Als unser seliger Erlöser sein letztes, sanftes Lebwohl aushauchte), und Charlotte Elliott brachte einen Choral zu Papier, der wohl zum bekanntesten jenes Jahrhunderts wurde: *Just as I am without one plea* (So wie ich bin, so muss es sein)

Marshman, ein Baptisten-Missionar, der mit William Carey nach Übersee ging, übersetzte indische Kirchenlieder, die von indischen Christen gesungen wurden, ins Englische und schickte sie nach England. So begannen wir, Choräle aus Übersee zu singen. Einer von ihnen war Krishna Pals Kirchenlied *O Thou my soul* (Oh du, meine Seele).

Es gab viele weitere Autoren. Ein Mann namens Cotterill schrieb *Hail the day that sees Him rise* (Herrlicher Tag Seiner Auferstehung). Henry Frances Lyte, Vikar von Brixham in Devon, verfasste *Praise, my soul, the King of heaven* (Meine Seele, lobe den König des Himmels) und *Abide with me* (Bleib bei mir, Herr). John Greenleaf Whittier brachte *Dear Lord and Father of mankind (Lieber Herr und Vater der Menschheit), Immortal Love forever full* (Unsterbliche Liebe, ewiglich) und *O Lord and Master of us all* (O unser aller Herr und Meister) zu Papier. Er war ein Bauernjunge, der hörte, wie ein schottischer Händler Lieder sang, die Robbie Burns verfasst hatte. Das inspirierte ihn so, dass er begann, Choräle zu schreiben. Er war den Quäkern sehr verbunden und beklagte, dass 200 Jahre des Schweigens den Quäkern das Singen verleidet hatte. Er schrieb seine Kirchenlieder, um es ihnen wieder schmackhaft zu machen. Es gelang ihm zwar nicht, doch wir haben seine Lieder und singen sie sehr gerne. Ein Mann namens Conder schrieb Lieder wie *The Lord is King! Lift up thy voice* (Der Herr ist König! Erheb deine Stimme) und viele andere. Joseph Anstice, der nur 28 kurze Jahre lebte, schrieb *O Lord, how happy should we be if we could cast our care on Thee* (O Herr, wie glücklich wären wir, wenn wir unsere Sorgen auf dich werfen würden).

Diese Choräle helfen Ihnen, Gott anzubeten, und entstammen dieser Zeit, in der Menschen Gottes Angesicht suchten.

Die Sozialfürsorge, die im achtzehnten Jahrhundert begonnen hatte, kam jetzt voll in Gang, und ich möchte Ihnen nun über die schrecklichen Bedingungen berichten, unter denen viele Menschen damals lebten. Betrachten wir zuerst das Thema Sklaverei. William Wilberforce bekämpfte sie, weil er Christ war.

Das Buch, dass ich Ihnen von William Wilberforce sehr ans Herz legen möchte, dreht sich überhaupt nicht um die physische Sklaverei; es behandelt die geistliche Sklaverei gegenüber der Sünde. Es ist das beste Buch, das ich je darüber gelesen habe. Da er daran interessiert war, die Seelen der Menschen zu befreien, sorgte er sich auch um ihre körperliche Verfassung. Er kämpfte sehr hart, und schließlich überredete er 1807 Premierminister William Pitt, ein Gesetz einzubringen, das die Sklaverei auf britischem Territorium abschaffte. Es dauerte weitere 26 Jahre, bevor sie endgültig Vergangenheit war, doch William Wilberforce erlebte es noch, und er sagte Folgendes: „Gott sei Dank, dass ich den Tag noch erleben darf, an dem England bereit ist, für die Abschaffung der Sklaverei 20 Millionen Pfund Sterling zu bezahlen." Das hat es uns gekostet. Wenn Ihnen der Wert dieser Summe zur damaligen Zeit bewusst wird, können Sie sich vorstellen, warum die britische Wirtschaft Wilberforce bekämpfte.

Das neunzehnte Jahrhundert (1800–1850)

Der nächste Bereich der Sozialfürsorge, in dem Christen an der Spitze standen, war die Reform der Arbeitsbedingungen. Ich dachte darüber nach, als meine Tochter zehn Jahre alt war, und ich erinnerte mich daran: Im Jahr 1800 arbeiteten siebenjährige Kinder von fünf Uhr morgens bis acht Uhr abends mit einer halben Stunde Mittagspause. Ich dachte an mein zehnjähriges Mädchen und wollte nicht, dass sie nur die Hälfte der Zeit in einer Fabrik arbeiten müsste – Sie würden das auch nicht wollen. Sie verdanken es dem christlichen Gewissen, dass Ihr Kind das nicht tun muss.

Stellen Sie sich vor, dass Fünfjährige 12 Stunden lang in den Bergwerksstollen saßen und dort unten die Türen für die Wagen mit der Kohle öffneten und schlossen. Fünfjährige! Frauen und Kinder krochen nackt auf allen Vieren, angekettet an Kohlenwagen, durch die Stollen und zogen sie in der Dunkelheit hin und her, bis ihre Knie entweder blutig und aufgerissen waren oder so hart wie Kamelknie. Dies geschah im neunzehnten Jahrhundert. So sah die Welt in England aus. In dieser Welt wurden kleine Jungen die Schornsteine hinauf gejagt, um sie von innen zu reinigen. Und Sie erinnern sich an das Buch *Die Wasserkinder* von Charles Kingley, mit dem er dagegen protestierte.

Zur damaligen Zeit gab es weder Gesundheitsvorschriften, noch Inspektionen in den Fabriken oder Gesetze, welche die Arbeitsstunden für irgendjemanden beschränkten. Daher blieb es schließlich einem Mann namens Anthony Ashley Cooper, dem späteren Lord Shaftesbury, überlassen, etwas dagegen zu unternehmen. Er war ein absoluter Tory (ein erzkonservativer Politiker). Adliger Herkunft und wohlhabend besuchte er die Schule in Harrow. Eines Tages, als er von der Schule den Hügel von Harrow hinab kam, beobachtete er ein Armenbegräbnis. Eine Gruppe Betrunkener torkelte mit einem Sarg zum Friedhof, stolperte, ließ den Sarg fallen und brüllte vor Lachen, als er aufsprang. Sie sammelten alles wieder ein und setzten ihren Weg zum Grab fort. Anthony Ashley Cooper hat das niemals vergessen. Weil er damals schon an Jesus glaubte, sagte er: „Herr, ich werde mein Leben für die Armen dieses Land einsetzen, wenn du mir zeigst, wie."

Es dauerte viele Jahre, bis dieses Gebet beantwortet wurde, doch es geschah 1842, als Lord Shaftesbury ein Gesetz im Parlament durchbrachte, das Frauen und Mädchen verbot, in den Bergwerken zu arbeiten, und Jungen unter 13 Jahren untersagte, dasselbe zu tun. Wenige Jahre später ließ er das berühmte *Ten Hour Bill* (Zehnstundengesetz) verabschieden. Darin wurde die Arbeitszeit in den Fabriken auf zehn Stunden beschränkt und Kinderarbeit unter neun Jahren verboten. Das war Lord Shaftesbury, ein Christ. Auf jedem Bogen Briefpapier, den er verwendete, standen diese Worte: „Komm, Herr Jesus!" Das zweite Kommen Christi inspirierte ihn dazu. Es war die Zeit der Gefängnisreform, mit der die Namen Elizabeth Fry und John Howard in alle Ewigkeit assoziiert werden, und der Anfang der allgemeinen Schulbildung in diesem Land. Bedenken Sie, dass sowohl meine als auch Ihre Kinder im Jahr 1800 kaum eine Chance auf Schulbildung gehabt hätten. Damals musste man sehr reich und ziemlich adlig sein, um eine solche Bildung zu genießen. Doch während dieser 50 Jahre sahen Christen (unterstreichen Sie das: Christen) die Gefahr des Analphabetismus und kämpften hart dagegen an.

1811 gründeten die Anglikaner die *National Society for Education* (Nationale Gesellschaft für Bildung), während die Nonkonformisten, die sich nicht ausstechen lassen wollten, die *British and Foreign School Society* (Englische und Auswärtige Schulgesellschaft) ins Leben riefen. Damit begann das Schulsystem im Land.

Damals glaubte man, dass Schulen nicht in staatlicher, sondern in kirchlicher Hand sein sollten – und so wurden Bildungseinrichtungen gegründet. Erst 1870 übernahm der Staat die Schulen und forderte die Kirchen auf, ihre eigenen

Das neunzehnte Jahrhundert (1800–1850)

aufzugeben. Die Freikirchen taten dies vollumfänglich, die Church of England teilweise und die römisch-katholische Kirche überhaupt nicht. Vor diesem Zeitpunkt waren es nachweislich die Christen, die den einfachen Jungen und Mädchen in England Bildung ermöglichten. Schottland war ihnen natürlich weit voraus, wie in Bildungsfragen üblich, da John Knox bereits eine Schule und eine Kirche in jedem Bezirk gefordert hatte.

Christen waren daran beteiligt, den Opiumhandel zu stoppen. Sie setzten sich für ein Ende der Prügelstrafe im Militär ein. Das christliche Gewissen war mit Sozialreformen dieser Art beschäftigt.

Was geschah mit der Anglikanischen Kirche während dieser 50 Jahre? Aufwühlende Dinge, welche die Church of England veränderten und im zwanzigsten Jahrhundert immer noch beeinflussten. Etwas geschah 1830, das den Versuch, Anglikaner und Methodisten 1967 zu einen, zum Scheitern verurteilte – so wichtig war diese Zeit.

Wir haben letztes Mal die Lage innerhalb der Anglikanischen Kirche um das Jahr 1800 folgendermaßen zusammengefasst. Es gab drei Gruppen: Evangelikale, Liberale und katholisch Geprägte. Die Evangelikalen hielten sich an die Bibel und die 39 Glaubensartikel. Die Liberalen lösten sich von allen bisherigen Glaubenssätzen und begannen, alle möglichen menschlichen Philosophien und Meinungen zu predigen. Die katholisch Gesinnten strebten danach, die katholischen Praktiken wiedereinzuführen, welche die Kirche vor der Reformation geprägt hatten.

Die Evangelikalen waren teilweise stark. Sie hatten ihre guten und ihre schlechten Seiten, und eine dieser guten Seiten war Cambridge, wo der fromme Charles Simeon immer noch predigte und Massen in die Holy Trinity Church zog. Die evangelikalen Anglikaner wuchsen zahlenmäßig, waren jedoch keinesfalls in der Mehrheit. Innerhalb dieses starken Segments gab es zwei Gruppen (eine von ihnen ist mittlerweile ausgestorben, die andere gibt es immer noch), die einen tiefgreifenden Einfluss ausüben sollten. Die eine bestand aus Laien, die andere aus Geistlichen. Die Laien waren als die Clapham-Sekte bekannt, weil sie sich in Clapham trafen. Zu dieser Gruppe gehörten William Wilberforce, John Thornton, der zum ersten Schatzmeister der *British and Foreign Bible Society* wurde, und viele andere berühmte Engländer.

Zunächst trafen sie sich als Hauskreis zum Gebet und Bibelstudium, woraus sich ein soziales Gewissen entwickelte. Die Clapham-Sekte übte einen tiefgreifenden Einfluss auf das Leben unserer Nation aus, da sie im Parlament darauf hinarbeitete, die Missstände unserer Gesellschaft zu beseitigen.

Die andere evangelikale Gruppe innerhalb der Church of England wurde *Islington Clercial Conference* (Klerikale Konferenz von Islington) genannt. Sie trifft sich immer noch jedes Jahr seit der ersten Hälfte des neunzehnten Jahrhunderts. Ihr Ziel ist es, die Anglikanische Kirche evangelikal zu machen.

Jetzt kommen wir zur liberalen Gruppe, die wohl in der Mehrheit war, und sich in einem schlechten Zustand befand. Ihre Religion war tot und sie hatte kein Sendungsbewusstsein, weil ihr kein wahrer Glaube zugrunde lag. Sie war weltlich und kalt. Es war „Religion" statt Christentum. Früher oder später werden die Menschen in einer solchen Gesellschaft so unzufrieden, dass sie etwas dagegen tun. So wurde 1827 eine Gruppe von Männern aktiv, nicht in England, sondern im irischen Dublin: Anthony Norris Groves, ein Missionar im Ruhestand, John Parnell, der spätere Lord Congleton, J.B. Bellett, ein Rechtsanwalt, Dr. Cronin, W.F. Hutchinson, und ein Mann, der zunächst anglikanischer Hilfsgeistlicher war, John Nelson Darby. Aus dieser Vereinigung ging eine Bewegung hervor, die wir als „die Brüder" kennen. Es ist sehr wichtig und interessant, dass sie aus einer toten anglikanischen Situation entstand, was sowohl ihre Verbundenheit mit der Church of England als auch ihre Abneigung gegen sie erklärt – und sehr viel von dem, was seither geschehen ist. Sie kamen aus diesem toten Hintergrund

Das neunzehnte Jahrhundert (1800–1850)

des sehr weit gefassten Anglikanismus, der ihnen nichts Echtes zum Thema Erlösung anzubieten hatte. Sie versammelten sich und beschlossen, direkt zum Neuen Testament zurückzukehren, noch einmal von vorne zu beginnen und Gottesdienst gemäß dem Neuen Testament zu feiern. Aus diesem Grund schafften sie den geistlichen Dienst ab, trafen sich einfach und baten den Herrn, zu ihnen zu sprechen – durch den jeweils anderen. Sie legten eine große Betonung auf Bibelwissen, was zu ihren Stärken gehört. Von allen Denominationen kennen die Brüder die Bibel besser als alle anderen. In aller Fairness kann man auch sagen, dass sie ihre Interpretation der Bibel besser kennen als alle anderen, genauso wie die Bibel selbst, und ich weiß, dass mir diese Bemerkung nicht übelgenommen wird. Sie trafen sich also, und mit dieser Betonung der Bibel ging auch eine Betonung der bevorstehenden Wiederkehr unseres Herrn Jesus Christus einher – was immer ein förderliches Motiv für das Christsein ist – und damit auch ein starker Fokus auf das Priestertum aller Gläubigen. Wer sich der Gruppe anschloss und vorher Anglikaner gewesen war, löste sich vom Klerikalismus und dem „Kirchentum" und wurde ein Teil der Brüderbewegung – d.h. er nahm den Namen an, den Christen zur Zeit des Neuen Testaments verwendeten.

Diese Bewegung verbreitete sich weiter oder entstand spontan in vielen anderen Teilen. Sie breitete sich von Dublin nach Plymouth aus, und dort gab es die erste richtige Gruppe von Brüdern in diesem Land. Darum nennen viele Menschen die Brüder zu deren Ärger die Plymouth Brüder. (Nicht, weil sie die Bucht von Plymouth entdeckt hätten, wie manche behaupten).

Ihr Leiter war ein Mann namens B.W. Newton. Nach einigen Jahren positiven Dienstes wurde er beschuldigt, ein Irrlehrer zu sein, der falsche Lehren verbreitete, und es kam zur Spaltung. Einige, die in Plymouth zu ihm gehörten hatten, verließen die Gemeinschaft und gingen nach Bristol, wo sich eine Tochtergemeinde gebildet hatte, die den Brüdern in Gottesdienst und Gemeindeordnung sehr ähnlich war. Sie wurde *Bethesda*

Chapel genannt. Dort, in der *Bethesda Chapel*, gab es zwei Männer, die eine Gemeinde nach der Ordnung der Brüder führten. Der eine war George Müller, ein Mann mit großem Glauben; er erlebte, wie eine Million Pfund hereinkam, um ein Waisenhaus zu unterstützen, das in Bristol fortbestand (eines der wenigen Waisenhäuser, das niemals seinen Bedarf öffentlich machte). Henry Craik und George Müller sammelten einige Fragmente der Spaltung auf, die sich wegen Newton gebildet hatten. J.N. Darby war nicht so glücklich darüber, und verallgemeinernd gesagt wurde Darby der Leiter der exklusiven Brüder, während George Müller und Henry Craik die Pioniere der offenen Brüder waren. Der Unterschied zwischen ihnen war ziemlich simpel: die offenen Brüder pflegten Beziehungen mit Christen außerhalb ihrer Gruppierung; die exklusiven Brüder taten dies nicht. Ein weiterer großer Unterschied bestand darin, dass die offenen Brüder vollkommen unabhängige Gemeinden waren, die sich selbst verwalteten, während die exklusiven Brüder eher zentral und von oben organisiert wurden. Dies erklärt übrigens Folgendes: Hat man einen guten Mann an der Spitze, beeinflusst das alle positiv, doch bekommt man den falschen Mann, hat dies sofort Auswirkungen auf jeden Bereich der Bewegung.

Als Militärgeistlichen in der Royal Air Force (Luftwaffe) hat es mich immer begeistert, wenn sich jemand als Mitglied der Brüdergemeinde anmeldete. Aus irgendeinem Grund mussten sie sich in der Luftwaffe als „Plymouth Brethren" registrieren. Das war der einzige offizielle Titel, den Ihre Majestät anerkannte. Sah ich diese Anmeldung, konnte ich mir sicher sein, einen Christen zu bekommen, der hervorragende Arbeit leisten würde. Doch bei anderen Bezeichnungen war mir bewusst, dass ich einige gute junge Männer und einige Namenschristen erhalten würde. Ich sage dies, um ehrenhalber zu vermitteln, dass die Brüder einen positiven Einfluss in christlichen Kreisen ausgeübt haben, der im Vergleich zu ihrer Anzahl völlig überproportional und gleichzeitig ihrer ausgezeichneten Qualität angemessen

Das neunzehnte Jahrhundert (1800–1850)

ist. Zu den Hauptschwächen, die man festgestellt hat, gehört ein fehlendes soziales Bewusstsein und mangelndes soziales Engagement.

Die Sozialreformen und die Beseitigung von Missständen im neunzehnten Jahrhundert wurde größtenteils den evangelikalen Anglikanern überlassen und der Clapham-Sekte, die ich schon erwähnt habe.

Wir richten unseren Fokus nun auf die katholisch geprägten Anglikaner. Die Evangelikalen in der Church of England hatten ihre Clapham-Sekte für Laien und ihre *Islington Clerical Conference* für Geistliche. Die liberale Kirche war tot, weltlich und kalt – und als Reaktion darauf entstanden die christlichen Brüder als eine eigenständige Gruppe. Doch die katholisch geprägte Kirche erhielt 1830 einen gewaltigen Schub – und alles begann in Oxford. Daher wird es Oxford Movement (Oxford-Bewegung) genannt.

Es geschah so: 1828 wurde das berüchtigte Testgesetz zurückgenommen. Es hatte römischen Katholiken und Nonkonformisten verboten, Parlamentsmitglieder zu sein. Ab 1828 konnte ein Nonkonformist oder Katholik also wieder Parlamentarier in England werden. Bedenken Sie, dass das englische Parlament die Church of England kontrollierte, und plötzlich waren die anglikanischen Geistlichen mit der Tatsache konfrontiert, dass Nonkonformisten und Katholiken ihre Kirche kontrollieren würden. Das alarmierte eine Gruppe von Geistlichen in Oxford, die dies als Überschreitung einer roten Linie betrachteten. Diese Geistlichen in Oxford wurden angeführt von John Henry Newman, Richard Hurrell Froude, Edward Pusey, John Keble und F.W. Faber. Sie sagten: „Wir müssen jetzt für Ordnung in der Kirche sorgen und sie wieder zu dem machen, was sie einmal war. Wir müssen sie wieder zurück in Gottes Hände legen und aus den Händen der Menschen nehmen." Das war ihr Hauptziel. Sie erklärten: „Wir müssen die Kirche als etwas Göttliches und nicht als etwas Menschliches behandeln;

nicht als etwas, das Parlamentsmitglieder herumkommandieren können, sondern etwas, das Gott leiten muss. Wie können wir das erreichen?" Da sie sich gerade inmitten dieser romantischen Bewegung befanden, sagten sie: „Wir werden es tun, indem wir zu dem zurückkehren, was wir einmal waren."

Doch statt zum Neuen Testament zurückzugehen, wie es die Brüder versuchten, schauten sie zurück ins Mittelalter und zu den lateinischen und griechischen Kirchenvätern. So begannen sie, die außergewöhnlichsten Dinge zu lehren, und veröffentlichten diese in einer Serie kleiner Traktate, zirka 120 insgesamt, sodass manche sie als Traktat-Bewegung bezeichnen. Hier kommen einige Dinge, die sie lehrten: Die einzig wahren Geistlichen sind solche, die von Bischöfen ordiniert wurden; die einzig wahren Bischöfe sind die, die eine 2000-jährige Nachfolge direkt auf Christus nachweisen können; wenn ein Baby getauft wird, findet eine geistliche Wiedergeburt statt und es wird Christ; ein Priester verwandelt tatsächlich Brot und Wein in den Leib und das Blut Christi. John Henry Newman schrieb dies in eines seiner Traktate, und an diesem Punkt scheiterten sie wirklich: Sie sagten, es sei völlig in Ordnung für einen Geistlichen der Church of England, sich zu den 39 Glaubensartikeln zu bekennen und sich gleichzeitig das Recht vorzubehalten, ihnen seine eigene Bedeutung zu geben.

Das war wirklich ein schwerer Schlag für die Church of England, und es erhob sich ein solcher Aufruhr dagegen, dass John Henry Newman die Anglikaner verließ, sich der römisch-katholischen Kirche anschloss und dort Kardinal wurde – und viele andere der Traktat-Bewegung aus Oxford folgten ihm. Die Tragödie ist, dass sie es nicht schon vorher getan hatten, denn die Konsequenzen ihrer Arbeit veränderten die Church of England auf radikale Art und Weise – statt als anglo-katholische Bewegung zusammenzubrechen, als ihre Vertreter sich schließlich der römisch-katholischen Kirche anschlossen, der Kirche, die behauptet: „Wir haben die Bischöfe, die bis an den Anfang zurückgehen."

Das neunzehnte Jahrhundert (1800–1850)

Hier kommt ein Absatz von Bischof Knox, den er 1933 verfasst hat: „Selbst Newman oder Pusey wären erstaunt, könnten sie die Orte ihres alten Wirkens besuchen und dort Bischöfe mit Mitren und in Prozessionsmänteln und Messgewändern sehen, Geistliche und Kirchen, die so verziert sind, dass man sie nicht mehr von Rom unterscheiden kann, Bilder der Jungfrau Maria mit Lichtern, die vor ihr brennen, Monstranzen und ähnliche Beweise für die Anbetung der Hostie…dann würden sie hören, wie in Anglikanischen Kirchen die Messe sowohl für die Lebenden, als auch für die Toten gefeiert wird." Diese Bewegung, die Gutes bewirken wollte, brachte katholische Praktiken zurück in die Church of England, und man kann die Auswirkungen dieser Bewegung in den meisten Pfarrkirchen unseres Landes sehen.

All das ist bedenklich, und ich glaube, es ist die tragischste Entwicklung, die seit der Reformation in der Church of England geschehen ist. Im darauffolgenden Jahrhundert sollte sie den Dialog mit dem Methodismus scheitern lassen, denn es waren die Anglo-Katholiken, die diese Gespräche zum Stillstand brachten. Sie bestanden nämlich darauf, dass eine geeinte Kirche eine Bischofsnachfolge haben müsste, die bis ins Mittelalter und noch weiter zurückreichte.

Abgesehen davon möchte ich sagen, dass sie auch viel Gutes getan haben. Sie schrieben Kirchenlieder, die eine tiefe Frömmigkeit zeigen. Aufgrund ihrer Ernsthaftigkeit im Glauben und ihres Verlangens, dass die Kirche etwas Göttliches sein sollte, und weil sie Christus ins Zentrum ihres Denkens stellten, wurde mir bewusst, dass ich viel mehr mit den katholisch geprägten Anglikanern gemeinsam habe als mit den liberalen. Evangelikale Anglikaner würden Ihnen wahrscheinlich dasselbe erzählen.

Könnten wir nur die römisch-katholische Seite abschneiden, die Bischöfe und all die Gewänder, Rituale und Liturgien! Ich meine nicht, dass wir diese brauchen, um die Kirche zu dem zu machen, was sie sein sollte, doch Christus in ihrem Zentrum ist unverzichtbar.

Hier kommen einige Choräle, die diese Männer verfassten. John Keble: *Blest are the pure in heart* (Selig sind, die reinen Herzens sind); *New every morning is the love* (Neu jeden Morgen ist die Liebe). John Henry Newman: *Praise to the Holiest in the height* (Preis sei dem Heiligsten in der Höhe); *Lead, kindly light, amidst the encircling gloom* (Führe uns sanft im Licht, inmitten der Dunkelheit ringsum). Ich weiß noch, wie ein Paar mich fragte, ob dieses Lied auf ihrer Hochzeit gespielt werden könne, und ich dachte: „Was für eine Wahl!" Faber schrieb: *My God, how wonderful Thou art* (Mein Gott, wie wunderbar bist du); Pusey schrieb: *Lord of our life and God of our salvation* (Christe, du Beistand deiner Kreuzgemeine).

Sie schenkten uns einige unserer besten Kirchenlieder. Bei einem anglo-katholischen Choral bekommt man immer den Eindruck, dass Gott heilig ist und dass die Kirche heilig sein soll. Die Tragik ist, dass dies mit so viel Rückwärtsgewandtem vermischt wurde – einer romantischen Rückkehr zu Ritual und Liturgie des Mittelalters – und dies die tiefe Frömmigkeit verschleierte, die eigentlich im Zentrum stand.

Wir beschließen dieses Kapitel am Ende des Jahres 1850, und im nächsten Kapitel will ich aus evangelikaler Sicht die besten 50 Jahre betrachten.

Zwei Männer waren 1850 sehr beschäftigt mit dem Schreiben, und sie sollten in den kommenden 100 Jahren zum größten Hindernis für den christlichen Glauben werden. Einer würde das Christentum fast von einem Drittel der Erde hinwegfegen. Er war deutscher Jude, der im Britischen Museum schrieb. Sein Name? Karl Marx, der sein Buch *Das Kapital* verfasste. *Das Manifest der Kommunistischen Partei* hatte er bereits einige Jahre zuvor geschrieben. Doch nun saß er an einem Buch, das den Lauf der Geschichte verändern sollte. Charles Darwin arbeitete nach seiner Reise auf der HMS Beagle um die Südseeinseln an seinem Buch *Über die Entstehung der Arten*. *Das Kapital* und *Über die Entstehung der Arten* wurden – nahezu gegen den Willen ihrer

Autoren und sicherlich gegen Darwins Wunsch – dazu benutzt, den christlichen Glauben so zu attackieren, wie er noch nie zuvor in der Geschichte angegriffen worden war. Doch es schien, dass der Himmel sich auf diese Attacke vorbereitet hatte, und dass der Heilige Geist wusste, was geschehen würde – so beschloss er 1859 in England eine solche Erweckung ausbrechen zu lassen, eine solche Veränderung von Männern und Frauen und der Gesellschaft, eine solche Flut von Tausenden, die in das Reich Gottes hineingespült wurden, dass es die Kirche durch die nächsten 50 Jahre bringen sollte.

Christus sollte seine Gemeinde bewahren und bauen. Er hat uns nicht beauftragt, dies zu tun, sondern er hat gesagt: „Ich werde meine Gemeinde bauen." Beim Studium der Kirchengeschichte kann ich sehen, wie Jesus Christus im Hintergrund steht und seinen Heiligen Geist schickt, wenn er gebraucht wird, um sein Volk zu stärken, um es durchzubringen – denn die eine Gemeinschaft, die nie vom Angesicht der Erde verschwinden wird, ist die Gemeinde Jesu Christi. Sie wird bestehen, bis er wiederkommt, und dann wird die gesamte Gemeinde mit ihm in Herrlichkeit regieren. Preis sei seinem heiligen Namen.

Kapitel 10

DAS NEUNZEHNTE JAHRHUNDERT (2) 1850–1900

1850 bis 1900 war die Ära der Frauen. Eine Frau saß auf dem Thron, die diesem Zeitalter ihren Namen gab – das Viktorianische Zeitalter. Der Abschnitt, den wir nun betrachten werden, ist tatsächlich die Herrschaft von Königin Viktoria. Es war auch die Zeit von Florence Nightingale und vielen anderen berühmten Frauen.

Reger Gottesdienstbesuch prägte diese Ära. An einem bestimmten Sonntag 1851 wurde eine Statistik über den Gottesdienstbesuch in England erstellt: 40 Prozent der englischen Bevölkerung war an diesem Sonntag in der Kirche, an einem ganz gewöhnlichen Sonntag im Monat Februar. Den Meisten von uns ist bewusst, dass im Viktorianischen Zeitalter viel mehr Menschen Gott anbeteten als heute. Wir verdanken dieser Zeit sehr viel. Ein Geistlicher hat mir gesagt (er war in der Anglikanischen Kirche, ist jetzt aber Baptisten-Pastor): „Als ich den Wechsel vornahm, bewegte ich mich aus dem Mittelalter in die Viktorianische Zeit!" Ich glaube, ich verstehe, was er damit meinte. Er verließ eine Denomination, deren Gebäude größtenteils mittelalterlich waren oder im mittelalterlichen Stil gehalten, hin zu einer freikirchlichen Kapelle oder einer Denomination mit Kirchengebäuden, die hauptsächlich viktorianisch aussahen. 1960 beobachtete ich, dass baptistische Kirchenlieder eine viktorianische Prägung hatten, genauso wie unsere Gebäude und leider manchmal auch unsere Einstellung. Vieles davon sollte sich im späten zwanzigsten Jahrhundert ändern, doch ich halte das in gewissem Umfang für verzeihlich, denn das Viktorianische Zeitalter war zweifellos die beste Zeit in diesem Land für das Evangelium. Ich möchte beschreiben, warum.

Es war ein Zeitalter, in dem Großbritannien ein Imperium errichtete, „in dem die Sonne niemals unterging". Das alles klingt für uns heute ein wenig seltsam. Zur damaligen Zeit konnte man England wohl als einflussreichstes Land der Welt bezeichnen, auf uns kam es an. Wir beeinflussten die Welt in vielerlei Hinsicht zum Guten, weil der Heilige Geist in unserem Land wirkte.

Nun möchte ich meine Ausführungen in zwei Teile untergliedern: „Was der Heilige Geist während dieser 50 Jahre tat" und „Was der Teufel während dieser 50 Jahre wirkte" – und der zweite Teil ist der äußerst traurige Part der Geschichte, die ich Ihnen vor Augen malen möchte.

Betrachten wir nun zuallererst die guten Dinge, und ich werde die Frage beantworten, was der Heilige Geist in den Jahrzehnten von 1850 bis 1900 tat. In jedem Jahrzehnt gab es ein außergewöhnliches Wirken des Heiligen Geist, für das wir Gott immer noch dankbar sind und von dem wir nach wie vor profitieren.

Um mit den 1850er Jahren zu beginnen: 1857 brach Erweckung aus. Der Heilige Geist wirkte in Kraft und spülte in zwei Jahren zwei Millionen Menschen in die Gemeinde. Es begann nicht in England, sondern 1857 in Amerika. Innerhalb weniger Jahre hatte sich in Amerika eine Million Menschen bekehrt und der christlichen Kirche angeschlossen. Von Amerika aus verbreitete sich die Erweckung wie ein Präriefeuer nach Ulster in Nordirland, und von Ulster nach England. 1859, zwei Jahre nach dem Beginn in Amerika, erlebte England Erweckung. Genau wie in Amerika wurde in England eine Million Menschen in wenigen Jahren dem Leib Christi hinzugefügt. Es ist eine spannende Geschichte. Wenn Sie mehr darüber erfahren möchten, lesen Sie das Buch von J. Edwin Orr *The Evangelical Awakening* (Die evangelikale Erweckung). Nebenbei bemerkt erhielt er seinen Doktortitel für

Das neunzehnte Jahrhundert (1850–1900)

das Aufschreiben dieser Geschichte – ein wunderbarer Bericht über das Wirken von Gottes Heiligem Geist in der Erweckung.

Die Bedeutung dieser Erweckung war, dass zum ersten Mal Amerika England geistlich anführte. Das hat sich seitdem zu einem Muster entwickelt. In den vorangegangenen 100 oder 150 Jahren hatte England die Initiative ergriffen und das Evangelium nach Amerika gebracht. Aus England überquerte geistliches Leben den Atlantik. Seit 1857 geht es in die umgekehrte Richtung. Das verübelt man den Amerikanern manchmal in diesem Land. Wir sagen dann: „Warum bleiben sie nicht dort drüben und bekehren die Gangster in New York und Chicago? Warum schicken sie amerikanische Evangelisten zu uns?" Witzigerweise sagten die Briten so etwas nicht, als sie Evangelisten nach Amerika aussandten. Wir sind so einseitig in unserem Denken, dass wir es nicht ertragen können, auf der Empfängerseite zu stehen, doch so hat es sich entwickelt. Während der letzten 100 Jahre hat Amerika immer und immer wieder unser geistliches Leben stimuliert. In den vorangegangenen 100 Jahren war es umgekehrt.

Am Anfang der Erweckung 1857 bekehrte sich ein zwanzigjähriger Geschäftsmann, Dwight L. Moody. Auch wenn er noch einige Jahre sein Unternehmen weiterführte, beschloss er schließlich, dem Herrn alles zu geben und vollzeitlich das Evangelium zu predigen. Er fand einen Mann, der singen konnte, Ira D. Sankey, und gemeinsam machten sich die beiden Männer auf die Reise. Trotz allem, was wir in diesem Jahrhundert gesehen haben, würde ich sagen, dass es bis heute keinen so großen amerikanischen Evangelisten gegeben hat wie Dwight L. Moody. Die Resultate seiner Evangelisationen beeinflussen uns immer noch.

Als Ergebnis der Erweckung in den 1850er Jahren hatten wir in den 1860ern eine Gruppe großer Männer, die ihr Glaubensleben dem vorherigen Jahrzehnt verdankten und den Lauf der Geschichte veränderten. Ich will nur drei von ihnen herausgreifen, um Ihnen einen Eindruck ihrer geistlichen Qualität zu vermitteln.

WO WAR DIE GEMEINDE IN DEN LETZTEN 2000 JAHREN?

Als erstes Dr. Thomas Barnardo, ein Arzt, der sich ausbilden ließ, um als Missionar nach China zu gehen, doch er schaffte es nie weiter als bis London. Warum? Weil er eines Nachts einen Jungen fand und ihn fragte: „Warum bist du nicht zu Hause?" Der Junge antwortete: „Ich habe kein Zuhause."

Dr. Barnardo war schockiert und sagte: „Aber irgendein Zuhause wirst du doch haben?"

Woraufhin der Junge erklärte: „Nein, hab ich nicht. Keiner von uns hat eins."

„Keiner von euch? Wie viele seid ihr denn?"

„Hunderte!"

„Zeig sie mir" – und der kleine Gassenjunge aus dem Osten Londons führte Dr. Barnardo herum, an diese Orte, in die Lagerhallen, deckte die Planen auf und zeigte ihm die Kinder. Und Dr. Barnardo erkannte, dass Gott ihn in London haben wollte, um diesen Jungen zu helfen, statt nach China zu gehen. Ich glaube, es gibt keinen Leser auf den britischen Inseln, der den Namen Dr. Barnardo nicht kennt oder nichts von diesen Waisenhäusern gehört hat, die er für die Jungen gründete. Ihr Motto war: *Kein mittelloses Kind wird abgewiesen* – oder umgangssprachlich gesagt: Die Tür steht immer offen.

Ein anderer Mann, der von Gott in den 1860er Jahren berufen wurde, war William Booth, der mit seiner Frau Catherine etwas begann, das es heute noch gibt: die Heilsarmee. William Booth war ein Methodisten-Pfarrer, doch zu seiner Zeit war der Methodismus zu gesetzt geworden, er brachte keine Menschen mehr zum Glauben, wie er es früher getan hatte. Booth wurde durch die Erweckung so stark bewegt, dass er auf die Straßen ging und Menschen bekehrte. Er predigte und nutzte jede Methode. Er schlug auf eine Trommel, blies Trompete und tat alles, um zu den Menschen durchzudringen und sie für den Herrn zu gewinnen. Doch dieses Vorgehen akzeptierten die Vorgesetzten in seiner Denomination nicht, und es kam zu einer denkwürdigen Methodisten-Konferenz, bei der William Booth aufgefordert wurde, seine Aktivitäten zu beenden und nicht so unkonventionell zu evangelisieren. Als er vor ihnen stand und schwankend wurde, rief eine Frauenstimme von der Gallery: „Niemals, William! Niemals!" Es war Catherine, die in diesem Moment die Heilsarmee gründete.

Sie stürzten sich in das Londoner East End, wo sie unbeschreibliches Elend fanden. Um dieselbe Zeit kehrte ein großer Entdecker, dessen Namen Sie kennen, aus Afrika zurück und publizierte *Im dunkelsten Afrika* – Henry M. Stanley.

Ein Jahr später veröffentlichte William Booth *Im dunkelsten England – und der Weg heraus*. In diesem Buch deckte er die wirtschaftlichen, sozialen und moralischen Nöte Londons auf. Er sammelte eine Gruppe von Männern und Frauen um sich und sagte schließlich in den 1870er Jahren: „Wir müssen eine Armee für Christus sein". Daher organisierte er diese Gruppe wie eine Armee, mit Uniformen, Musikkapellen, Befehlen von oben, eiserner Disziplin und kämpfte so seine Schlachten.

Eine dieser großen Schlachten, die ich sehr mag, ist der Kampf um Events unter freiem Himmel. Es gab viele Gegenden, die Open-Air-Versammlungen nicht mochten, und eine von ihnen war ein sehr exklusives Seebad an der Südküste namens Eastbourne. Religion auf den Straßen gefiel ihnen dort nicht, daher hatten sie eine entsprechende Verordnung erlassen. Jeder, der dagegen verstieß, wurde auf die Polizeiwache gebracht. Die einheimische Gruppe der Heilsarmee veranstaltete also ihren Open-Air-Gottesdienst und landete auf der Polizeiwache. William Booth erließ einen Befehl an jeden verfügbaren Soldaten der Heilsarmee in England, der lautete: „Komm nach Eastbourne und veranstalte ein Open-Air-Event!" Jeder Zug, der in Eastbourne eintraf, spuckte mehr Soldaten aus, die ihre Gottesdienste abhielten. Die Polizeiwache war überfüllt, dann wichen die Beamten auf eine örtliche Schule aus, die sie mit Verhafteten füllten, doch William Booth gewann diese Schlacht, und Eastbourne kapitulierte schließlich vor der Invasion der Heilsarmee. So konnte er an allen möglichen anderen Orten sagen: „Eastbourne hat nichts gegen Events unter freiem Himmel!" – und die Schlacht war gewonnen. Die Heilsarmee litt unter Gewalt und Spott, sie wurde missverstanden, doch sie ließ sich nicht aufhalten.

William Booth weigerte sich, etwas Bestimmtes zu tun – vielleicht war das ein Fehler, ich weiß es nicht: Er wollte keine Gemeindebewegung sein. Aus diesem Grund lehnte er es grundsätzlich ab, Menschen zu taufen oder mit ihnen Abendmahl zu feiern. Denn sein Hauptziel war es, Menschen zu Christus zu führen und sie dann in eine Gemeinde zu bringen. Damit war sein Auftrag vollendet, und er ließ dann die betreffende Gemeinde weitermachen. Hätte das funktioniert, wäre es großartig gewesen, doch natürlich klappte das nicht. Die damaligen Gemeinden nahmen diese Neubekehrten nicht auf, so, wie sich ein Jahrhundert zuvor die etablierten Kirchen weigerten, die neuen Gläubigen der Methodisten zu integrieren. Daher musste Booth ihnen Gruppen anbieten. Aus diesem Grund bleibt die Heilsarmee als Organisation bis heute unter sich, immer noch ohne Taufe und Abendmahl. Bei einem Gespräch mit General Coutts erzählte dieser mir interessanterweise, dass viele Offiziere der Meinung sind, sie sollten Taufe und Abendmahl einführen, die sie in ihrer Bewegung vermissen.

Sie stürzten sich schon bald in soziale Aktivitäten und Wohlfahrtspflege. Ich würde behaupten, dass sie von außen betrachtet mittlerweile besser für ihre Sozialarbeit bekannt sind als für ihr geistliches Leben. Doch ich glaube, dass es Mitte des zwanzigsten Jahrhunderts einen Neuanfang gab, eine neue Herangehensweise an die Probleme und den Wunsch, die Methoden zu ändern. Gott wird die Heilsarmee künftig wieder auf eine großartige Weise gebrauchen.

Der dritte Mann, den wir betrachten werden, ist Hudson Taylor. Wir erinnern uns: Alle diese großen Persönlichkeiten kamen aus der Erweckung der 1850er hervor und betraten in den 1860er und 1870er Jahren die große Bühne. Das entscheidende Jahr ist 1865.

Das neunzehnte Jahrhundert (1850–1900)

Ich wage es kaum, Ihnen etwas über das Leben dieses Jungen aus Yorkshire zu berichten, der in einem Seebad an der Südküste eine geistliche Krise durchlebte und mit Gott rang. Doch Gott brach ihn und gewann den Kampf. Dieser Mann war so schrecklich beunruhigt über Millionen von Menschen, die in China starben, dass er sich aufgrund dieser Last auf den Weg machte.

Der Hinweis möge genügen, dass aus seiner Arbeit die *China Inland Mission* entstand (CIM), aus der später die *Overseas Missionary Fellowship* (OMF) wurde.

Diese Gesellschaft veränderte die Methoden eines Großteils von Missions-Initiativen in anderen Ländern auf entscheidende Art und Weise. Zwei Unterschiede zwischen seinem Ansatz der Missionsarbeit und der Herangehensweise aller Gesellschaften vor ihm haben seither das allgemeine Verständnis beeinflusst. Einerseits tat er etwas, das viel weitgehender war als die vorherigen Aktivitäten. Andererseits unternahm er etwas, das viel enger war. Was die Weite seines Ansatzes betraf: Er war bereit, Missionare aus jeder Denomination in seiner Gesellschaft zu beschäftigen. Bis dato hatte es die *Bapist Missionary Society*, die *Methodist Missionary Society*, die *London Missionary Society* und die *Church of England Missionary Society* gegeben – sie waren an Denominationen gebunden. Zum ersten Mal gab es nun eine neue Missionsgesellschaft, die überkonfessionell und breiter aufgestellt war.

Die andere Neuerung war so außergewöhnlich und so viel enger, dass sie seither zu vielen Diskussionen und Debatten geführt hat. Sie betraf Finanzen und Rekruten für den Missionsdienst. Zuvor wurde der finanzielle und personelle Bedarf immer der gesamten Kirche mitgeteilt – und die ganze Kirche sollte dann den Glauben für die Finanzen und die Männer aufbringen, sodass z.B. die Baptistische Missionsgesellschaft in Indien ihrer Kirche in England mitteilte: „Das ist unser Bedarf an Finanzen und Mitarbeitern etc.", und die Kirche als Gesamtfamilie Gottes übernahm diese Last und betete und suchte nach den entsprechenden Mitteln.

Doch von Anfang an beschloss man in der CIM, dass dieser Ansatz falsch sei. Man hielt es für mangelndes Vertrauen, sich außer an den Herrn an andere Menschen zu wenden. Daher behielt die CIM ihren finanziellen und personellen Bedarf für sich und teilte ihn nicht der Kirche mit. Mit anderen Worten: Die Familie, die aus Glauben leben musste, war jetzt auf die beschränkt, die vor Ort oder innerhalb der Missionsgesellschaft arbeiteten. In dieser Hinsicht war ihr Ansatz enger.

Ich bin überzeugt, dass sowohl das eine als auch das andere richtig sein kann, je nachdem, wie der Herr führt. Doch für diese zwei Prinzipien und insbesondere das zweite erhielt Hudson Taylor den Spitznamen „Glaubensmissionar", und der Begriff „Glaubensmission" entstand zur damaligen Zeit. Ich bedaure sehr, dass er eingeführt wurde. Es war ein Spitzname. Hudson Taylor hat ihn nicht gewählt, sondern andere suchten ihn für ihn aus. Doch er unterstellte, dass alle anderen Gesellschaften vor ihm keine Glaubensmissionen waren. Ich würde sagen, dass der Glaube auf unterschiedliche Art gelebt wurde – die CIM wurde auf eine bestimmte Art von Gott geführt und andere Gesellschaften auf eine andere.

Aus der CIM ist eine große Anzahl anderer Missionsgesellschaften in der damaligen Zeit entstanden. Man könnte die *Africa Inland Mission, Regions Beyond Missionary Union* und viele andere erwähnen. Alle waren überkonfessionell, beschränkten die Informationen über ihren Bedarf auf die Gesellschaft selbst und hatten nicht die Freiheit, insbesondere finanzielle Bedürfnisse an die Gemeinde im Allgemeinen weiterzugeben. Das macht Hudson Taylor besonders. Sein Ansatz hat das missionarische Denken seit 1865 verändert.

Großbritannien stand während dieser Zeit immer noch an der Spitze missionarischer Bemühungen weltweit, doch es wurde schnell von den Amerikanern überholt, wie wir schon gesehen haben.

Das neunzehnte Jahrhundert (1850–1900)

In den 1870er Jahren ist eine Bewegung zur Vertiefung des geistlichen Lebens in unserem Land zu erkennen. Sie begann 1870 in Mildmay in London. Dort baute der Anglikanische Pfarrer William Pennefeather eine große Halle für 2500 Menschen. Er öffnete sie für Veranstaltungen, die aus den Besuchern bessere Christen machen sollten. Zwei Jahre später bat er Moody: „Kommen Sie bitte und predigen Sie bei uns." Das war der Punkt, an dem Moody und Sankey nach Großbritannen kamen.

Sie reisten 1873 an und predigten in diesem Jahr allein in London vor zweieinhalb Millionen Menschen. Damals gab es weder Fernsehübertragungen noch moderne, professionelle Werbefachleute oder irgendwelche anderen Hilfsmittel für Großveranstaltungen, über die wir heute verfügen. Sie tourten durch Irland, England und Schottland. Wo immer sie predigten, strömten Reiche und Arme, Gebildete und Analphabeten zu den Events, um diesen amerikanischen Evangelisten zu hören – und Sankeys Kirchenlieder. Sie werden im zwanzigsten Jahrhundert immer noch gesungen. Die Musik trug wohl genauso viel zum Erfolg bei wie die Predigten. Die beiden waren ein perfektes Team.

Eine Folge war, dass sich nach Moodys Rückkehr in die Vereinigten Staaten eine Gruppe zusammenfand, um das geisterfüllte Leben zu suchen. Unter ihnen war der anglikanische Pfarrer von Keswick, Rev. T.D. Harford-Battersby, und ein Quäker, Robert Wilson. Sie trafen sich als kleine Gruppe, um mit dem Heiligen Geist erfüllt zu werden. Daraufhin fragte der Pfarrer von Keswick: „Warum veranstalten wir nicht eine Tagung in Keswick im Lake Distrikt, um den Menschen zu helfen, dies ebenfalls zu erleben?" – und 1875 wurde die erste *Keswick Convention* abgehalten. Heute finden Sie diesen Namen auf der ganzen Welt. In Neuseeland können Sie an der *Keswick Convention* teilnehmen, genauso wie in Amerika.

Im darauffolgenden Jahr 1876 versammelte sich eine Gruppe christlicher Studenten in Cambridge, sie gründeten eine Studentenvereinigung, die sie *Cambridge Inter-Collegiate Christian Union* nannten, allgemein bekannt als CICCU. Sollten Sie in Cambridge gewesen sein, werden Sie wissen, wofür CICCU steht und was sie beinhaltet. 1879 begann OICCU (auch bekannt als die *Oxford Inter-Collegiate Christian Union*) und in ganz England entstanden christliche Studentenvereinigungen, die sich schließlich im *Student Christian Movement* (SCM – Christliche Studentenbewegung) miteinander verbanden. Die christlichen Studentenvereinigungen und die SCM waren also ursprünglich deckungsgleich, und die Vereinigungen trafen sich in der SCM.

Das wichtigste Event in den 1880er Jahren war die Herausgabe einer neuen Bibelübersetzung – die erste seit über 200 Jahren. Doch leider wurde sie nicht beliebt und setzte sich auch nicht durch. Sie wurde *The Revised Version of 1880* (Die revidierte Version von 1880) genannt. Vor vielen Jahren habe ich C.T. Studds Bibel bzw. eine von ihnen fasziniert betrachtet. Er brauchte jedes Jahr eine neue Bibel, weil er sie so schnell abnutzte. Sie war voller Notizen, Linien und Kommentare, und er hatte die *Revised Version of 1880* verwendet. Doch es geschahen noch andere Dinge 1880, die C.T. Studd betrafen. 1882 ging Moody nach Cambridge, und man sagte: „Ein Erweckungsprediger in Cambridge, in einer intellektuellen Umgebung? Niemals! Das wird ein Flop." Doch D.L. Moody kam, und gewaltige Dinge passierten an dieser Universität unter den Intellektuellen, die damals gesagt hatten, das Christentum sei altmodisch, da Wissenschaftler es widerlegt hätten. Die Folge war, dass zwei Jahre später sieben berühmte Studenten und Sportler nach China aufbrachen, unter ihnen der Test-Cricket-Spieler Studd. Aus Moodys Besuch in Cambridge resultierte also das Lebenswerk Studds, einschließlich der Missionsgesellschaft *Weltweiter Einsatz für Christus* mit 1.100 Missionaren und ihrem einheimischen Hauptquartier in Bulstrode Park.

Während dieser Zeit geschah auch etwas in Amerika unter den Studenten der Universität Princeton. 1886 sammelte ein

Das neunzehnte Jahrhundert (1850–1900)

Student namens Robert Wilder eine Gruppe von Studenten um sich und sagte: „Lasst uns dafür beten, dass tausend Studenten als Missionare nach Übersee gehen, um das Evangelium zu predigen." Sehr bald hatten sie Hunderte von Studenten, die bereit waren, als Missionare rauszugehen. Sie nannten sich *The Student Volunteer Movement* (Die Freiwilligenbewegung der Studenten). Diese Idee verbreitete sich unter den Studenten, und bei einem Treffen in Edinburgh im nächsten Jahrzehnt, im Jahr 1892, wurde *The Student Volunteer Movement* offiziell gegründet, unter dem Motto: *Die Evangelisation der Welt in dieser Generation*. Das war ihr Ziel, und schon bald waren tausend Studenten auf dem Missionsfeld im Einsatz. In 25 Jahren gingen 9.000 Studenten nach Übersee, um das Evangelium zu predigen. Ein Anführer dieser Bewegung war ein berühmter Mann namens John R. Mott. Vielleicht haben Sie seinen Namen schon gehört, doch er wurde menschlich gesehen vom Bruder C.T. Studds bekehrt. 1895 wurde *The Christian Endeavour* (Das christliche Unterfangen), das als kleines Treffen in einer Freikirche begonnen hatte, zur *World Christian Endeavour Union* – eine weitere weltweite Bewegung christlicher Einsätze.

Solche Dinge wirkte der Heilige Geist in dieser Hälfte des Jahrhunderts, und wie Sie sich vorstellen können, kamen aus diesem Nährboden des geistlichen Lebens Kirchenlieder und Prediger hervor.

Einige der größten Prediger waren in dieser Zeit tätig. Charles Haddon Spurgeon war einer von ihnen, Keir Hardie, der Gründer der unabhängigen Arbeitspartei, war ein weiterer großer Evangelist, und in der ursprünglichen Labour Party gab es viele Christen. Hugh Price Hughes, F.W. Robertson aus Brighton und viele weitere große Verkündiger mögen für Sie nur Namen sein, wenn überhaupt; doch die Kirchenlieder überlebten. Torrey und Alexander waren zwei weitere, die aus den Vereinigten Staaten herüberkamen – Torrey, der Prediger und Alexander, der Sänger.

Hier kommen einige der Choräle aus dieser Zeit: Frances

WO WAR DIE GEMEINDE IN DEN LETZTEN 2000 JAHREN?

J. van Alstyne, dieses blinde Mädchen, schrieb *To God be the glory* (O Gott, dir sei Ehre/Preist den Herrn); *Praise Him, Praise Him, Jesus our blessed Redeemer*, (Preist Ihn! Preist Ihn! Jesum, den treuen Erlöser); *Blessed assurance Jesus is mine* (Seligstes Wissen: Jesus ist mein); *God will take care of you, be not afraid* (Gott wird dich tragen, drum sei nicht verzagt). Frances Ridley Havergal: *Take my life and let it be* (Nimm mein Leben, Jesus, dir); *I am trusting Thee, Lord Jesus* (Ich vertraue dir, Herr Jesu); *Like a river glorious* (Wie ein Strom von oben); *Light after darkness* (Licht nach dem Dunkel); Christina Rossetti: *In the bleak midwinter* (Mitten im kalten Winter); *None other Lamb* (Kein anderes Lamm). Mrs. C.F. Alexander: *Once in royal David's city* (Einst in König Davids Stadt); *There is a green hill far away* (Es steht ein Hügel weit von hier).

All dies inspirierte sogar den Premierminister, mitzumachen: William Ewart Gladstone schrieb Choräle. Ein englischer Premierminister, der zwischen Kabinettssitzungen Kirchenlieder schreibt, das ist doch wirklich etwas! Es war die große Zeit der Kirchengesänge.

Es sah so aus, als würde die Gemeinde in das zwanzigste Jahrhundert hineinfegen und die Welt in kürzester Zeit christianisieren. Im Jahr 1900 glaubten tatsächlich viele Christen, dass die Welt spätestens 1930 christlich sein würde. Sie traten mit der Überzeugung in das zwanzigste Jahrhundert ein, das tausendjährige Friedensreich stehe kurz bevor. Das geistliche Leben von 1857 bis 1900 war so dynamisch, dass sie überzeugt waren, nichts könne das Evangelium jetzt noch aufhalten.

Doch leider war dies nicht so! Der Teufel war sehr beschäftigt während dieser 50 Jahre. Er hatte fünf Dinge getan, die das Evangelium in einigen Teilen der Welt fast zum Stillstand brachten und dazu beitragen sollten, die Gemeinde in England in bemerkenswertem Ausmaß abzutöten. Der Teufel wollte nicht stillsitzen und dies alles zulassen, ohne zu kämpfen. (Seine Tage sind allerdings gezählt, und ich glaube, dass er den Kampf

Das neunzehnte Jahrhundert (1850–1900)

verloren hat).

In derselben Gegend Amerikas, in der die Erweckung begonnen hatte, ließ er Sekten entstehen, die mit der Bibel in der Hand auftraten und behaupteten, Christen zu sein. Sie formierten sich an der Ostküste Amerikas, genau das hatte er geplant. Da waren 1830 die Mormonen mit Joseph Smiths Fantasiegeschichten über den Fund eines goldenen Buches, das ihm leider der Engel wegnahm, sodass er es später nicht niederschreiben konnte. 1831 entstanden die Siebententagesadventisten, 1848 die Spiritisten, die Christliche Wissenschaft kam 1876 und die Zeugen Jehovas 1881.

Nahezu alle diese Sekten begannen an der Atlantikküste Amerikas, und oft stand eine verzerrte Sicht auf die Wiederkunft Jesu im Zentrum ihrer Lehre. Sie und ich müssen unseren „Tür-zu-Tür-Geschwistern" von der anderen Seite des Atlantiks, die dieses pervertierte Christentum weiterzuverbreiten versuchen, eine Antwort geben. Sie unterscheiden sich voneinander, und manche stehen dem christlichen Glauben näher als andere. Die Siebententagesadventisten sind viel näher dran als die Zeugen Jehovas. Letztere sind wahrscheinlich die größte Sekte, die in dieser Zeit entstand.

Die grundlegende Frage, an der viele von ihnen scheitern, ist folgende: Sie glauben nicht, dass Jesus Gott ist. Doch sie halten die Bibel in ihren Händen und können Verse herausgreifen, um Sie zu verwirren und Ihnen weiszumachen, sie seien die Einzigen, welche die Bibel kennen. Die einzige Verteidigung dagegen ist eine Person, die ihre Bibel noch besser kennt. Offen gesagt, sind die meisten ihrer Bekehrungsopfer Kirchgänger, die in ihrer Gemeinde keinen Bibelunterricht genossen haben. So einfach ist das.

Das war der erste Gegenschlag des Teufels. Sie können die Zeugen Jehovas in Teilen der Welt finden, in denen es keine Missionare gibt. Sie gehören zu den eifrigsten und leidenschaftlichsten Menschen, denen Sie je begegnen werden. Wenn ich tatsächlich in einem langen Regenmantel mit einer

Aktentasche bewaffnet an eine Türe komme, wird man mich ganz sicher für einen von ihnen halten, und ich werde mich sofort erklären müssen. So sieht das Ausmaß der Mobilisation des Teufels und der Mächte aus, die ihm unterstehen. Es ist eine Tragödie, dass dieser Eifer so fehlgeleitet ist.

Das Zweite, was der Teufel während dieser 50 Jahre tat: Er machte die römisch-katholische Kirche katholischer als je zuvor und verhärtete sie in bestimmten Bereichen. In den Anfangsjahren dieser Zeit erweckte der Papst die Jesuiten zu neuem Leben, was eine Meisterleistung war – und sie etablierten sich in vielen Ländern. 1850 erneuerte der Papst die englische Hierarchie und erklärte: „Jetzt können wir dort wiederanknüpfen, wo England während der Herrschaft von Heinrich VIII. aufgehört hat." 1854 überzeugten die Jesuiten den Papst, Dinge über Maria zu sagen, die nicht in der Bibel stehen. Er behauptete, Maria sei ohne Sünde geboren. Das ist mit der „unbefleckten Empfängnis" der Jungfrau Maria gemeint. Jahrhunderte lang glaubte die Katholische Kirche, unfehlbar zu sein, doch niemand wusste, wo diese Unfehlbarkeit angesiedelt war. 1870 berief der Papst das erste Vatikanische Konzil nach dem Konzil von Trient ein, das hunderte Jahre zuvor stattgefunden hatte. Er schockierte fast alle Teilnehmer mit der Aussage, dass die Unfehlbarkeit der Kirche im Papst beheimatet sei. Es geschah also erst 1870, dass der Papst für unfehlbar erklärt wurde, wenn er auf seinem „Thron" sitzt, seiner „Cathedra" (kirchlicher Stuhl), und von dort aus „ex cathedra" festlegt, was wir glauben oder wie wir uns verhalten sollen.

Komischerweise dauerte es bis 1950, dass dieses Vorrecht erstmals ausgeübt wurde! Der Papst sagte: „Ich kann unfehlbar sprechen", doch er tat es erst 1950, als er die körperliche Himmelfahrt der Jungfrau Maria verkündete, dass sie also in ihrem Körper in den Himmel auffuhr. Es ist schon merkwürdig, dass sie diese Lehre bisher nicht verbreitet hatten. Der Grund dafür war, dass nicht alle Katholiken ihr zustimmten – doch der Papst hatte es nun gesagt, was den Vatikan verhärtete und ihm ein stärkeres Verlangen als je zuvor gab, alle der Autorität eines unfehlbaren Papstes zu unterstellen. Das war ein Gegenschlag Satans!

Der dritte Gegenschlag des Teufels lag in der Wissenschaft. Jetzt muss ich sehr vorsichtig sein. Ich bin nicht gegen die Wissenschaft. Ich habe genauso viele Jahre an der Universität mit wissenschaftlichen Studien verbracht wie mit theologischen. 1859 veröffentlichte Charles Darwin *Über die Entstehung der Arten*. Er hatte eigentlich Geistlicher werden sollen und war der Enkel von Josiah Wedgwood, dem Töpfer, und von Erasmus Darwin, dem Mann, der als Erster die Evolution ins Spiel brachte und viele, viele Jahre zuvor bereits darüber geschrieben hatte (Charles Darwin war nicht ihr Erfinder, sondern reproduzierte nur das Projekt und die Ideen seines Großvaters). Kurz bevor Charles Darwin sein Buch herausbrachte, stellte er fest, dass ein Mann namens Alfred Russel Wallace einen Essay über genau dasselbe Thema veröffentlicht hatte und zu denselben Schlussfolgerungen gekommen war. So beschloss Darwin, sein Buch zurückzuziehen und Wallace die ganze Ehre zuteilwerden zu lassen. Doch Wallace war ein sehr demütiger Mann und sagte: „Nein, veröffentlichen Sie Ihr Buch. Es sagt genau dasselbe." Ich kann Ihnen garantieren, dass die meisten Menschen heutzutage den Namen Russel Wallace nicht kennen – doch jeder kennt Charles Darwin. Er kassierte die Lorbeeren dafür, da sein Buch veröffentlicht wurde.

In diesem Buch sagte er nicht: „Der Mensch stammt vom Affen ab." Sollten Sie dieser Ansicht sein, dann lassen Sie sie fallen, denn das hat er nie gesagt. Er ging davon aus, dass Affen und Menschen von etwas anderem abstammen, d.h. einen gemeinsamen Ursprung haben. Das ist nun eine sehr klar umrissene Aussage, und es ist sehr wichtig zu verstehen, was er tatsächlich gesagt hat. Es war eine Theorie, und ist es wohl immer noch. Die Beweise dafür sind nach wie vor höchst unzureichend, um daraus eine wissenschaftliche Tatsache zu machen.

Die Tragödie ist, dass dies unseren Kindern als erwiesene

Tatsache beigebracht wird, während es tatsächlich immer noch eine interessante Hypothese darstellt, die von Beweisen noch weit entfernt ist. Doch tatsächlich geschah Folgendes: Darwin beendete sein Buch so: „Ich sehe keinen guten Grund, warum die Ansichten in diesem Buch die religiösen Gefühle irgendeines Menschen erschüttern sollten. Es liegt Erhabenheit in dieser Sicht des Lebens mit seinen unterschiedlichen Kräften, das vom Schöpfer in mehrere Formen oder eine einzige eingehaucht wurde." Mit anderen Worten: Er glaubte an einen Schöpfer, und Charles Darwin war erschüttert, als Menschen im ganzen Land erklärten: „Charles Darwin hat bewiesen, dass es keinen Schöpfer gibt." Er sagte dazu: „Ich habe das weder gesagt noch bewiesen, niemals. Ich habe einfach nur gesagt: So hat uns der Schöpfer erschaffen. Ich schließe den Schöpfer nicht aus." Doch man begann zu sagen: „Wenn ein Schöpfer nicht gebraucht wurde, um die verschiedenen Arten zu machen, wozu braucht man ihn dann überhaupt? Es ist alles von selbst entstanden" – und die Ansicht, dass die Welt sich selbst erschaffen hat, brach über uns herein.

Leider gab es auf beiden Seiten Missverständnisse. Die Evolutionstheorie wurde als direkter Widerspruch zum Buch Genesis betrachtet, und der Kampf begann, was höchst bedauernswert ist. Keine der beiden Seiten verstand wirklich, was die andere sagte. Die einen erklärten: „Die Evolution ist eine erwiesene Tatsache", obwohl das nicht stimmte, und Menschen nahmen an, die Bibel würde Dinge behaupten, die sie gar nicht sagt. Nur wenige berühmte Christen wie Henry Drummond in Schottland versuchten, zu einer Art Verständnis zu gelangen, dass die wissenschaftliche und die biblische Wahrheit sich nicht widersprechen können, denn Gott ist die Wahrheit und hat beide erschaffen: die Welt, welche die Wissenschaft untersucht, und die Bibel, die wir lesen.

Leider hat dieser Kampf tausende von Menschen dazu gebracht, die Kirche zu verlassen. Sie meinten, dass man nicht gleichzeitig an die Wissenschaft und die Bibel glauben könnte.

Das neunzehnte Jahrhundert (1850–1900)

Gott sei Dank sind wir seit diesen Tagen ein wenig erwachsener geworden und haben erkannt, dass es dazu noch viel mehr zu sagen gibt.

Der dritte Angriffspunkt war also, dass der Teufel Menschen einflüsterte, dass man nicht weiterhin an die Bibel glauben konnte, ohne die Wissenschaft zu verleugnen, oder dass man nicht an die Wissenschaft glauben konnte, ohne die Bibel abzulehnen. Das ist eine falsche Antithese. Wir müssen uns nicht zwischen zwei Wahrheiten entscheiden. Es gibt nur eine Wahrheit, und was auch immer die Wissenschaft beweist (und nicht nur vermutet oder theoretisiert) muss mit dem übereinstimmen, was Gott gesagt hat, denn Gott ist die Wahrheit.

Das Vierte, was der Teufel tat, war, atheistische und agnostische Ideen zu verbreiten. Er tat dies durch Menschen wie Thomas Carlyle, der sich gerade in der Ausbildung zum Geistlichen der Church of Scotland befand, als er zum Agnostiker wurde. Er benutzte Menschen wie Mary Ann Evans, besser bekannt unter ihrem Pseudonym George Eliot, Autorin von *Die Mühle am Floss*. Er tat es durch John Stuart Mill und den Skeptizismus im Herzen seiner Philosophie. Er handelte durch Herbert Spencer, einen Agnostiker. Und er erreichte seine Ziele durch die Deutschen, insbesondere durch Männer wie Schopenhauer und Feuerbach, der sagte: „Der Mensch hat Gott nach *seinem* Bild erschaffen, und Gott ist einfach nur ein Traum." Er benutzte Nietzsche, der sagte: „Der Machtinstinkt ist das einzige, was Menschen antreibt. Juden und Christen haben eine Sklavenmentalität und eine Sklavenmoral." Hitler kam auf der Grundlage von Nietzsches Ansichten an die Macht und machte sie zum Fundament seines Lebens.

Viele dieser Menschen kamen aus christlichen Familien. Robert Green Ingersoll widmete mit voller Absicht sein Leben der Aufgabe, herumzureisen und Vorträge über Atheismus zu halten. Wenn man zur damaligen Zeit sehr ungezogen sein wollte, ging man zu einem solchen Vortrag. Eines Tages sah ein legendärer

Christ Ingersoll an einer Bushaltestelle im Regen stehen. Er ging zu ihm und sagte: „Mr. Ingersoll, ich habe gerade etwas Fürchterliches beobachtet." Ingersoll fragte: „Was denn?" Er antwortete: „Ich sah eine alte Dame, die über die Straße wankte und sich schwer auf ihren Stock stützte. Ein junger Mann rannte herbei und entriss ihr den Stock, sodass sie hinfiel. Er ließ sie im Schlamm zappeln und entfernte sich." Ingersoll fragte: „Wo ist er? Wer hat etwas so Schreckliches getan?" Und der Christ antwortete ihm: „Sie haben das getan. Sie reisen in diesem Land herum und entreißen Menschen den Glauben, auf den sie sich gestützt haben, und lassen sie hilflos im Schlamm zappeln." Es war eine angemessene Zurechtweisung, doch der Teufel verbreitete diese Ideen.

Ein Mann, der während dieser Zeit schrieb und sein Buch 1867 veröffentlichte, war ein so eingeschworener Atheist, dass sein Werk den Glauben im zwanzigsten Jahrhundert von einem Drittel der Welt hinwegfegen sollte. Die Rede ist von Karl Marx und seinem Buch *Das Kapital*. Der Satz in seinem Buch, den er von Charles Kingsley abgeschrieben hatte, dem Autor von *Die Wasserkinder,* lautete: „Religion ist das Opium des Volkes." Und er schrieb, dass die Religion ebenfalls verschwinden müsse, wenn der Kapitalismus unterging. Dieses Buch ist zu einer Hauptwaffe des Teufels geworden, um Millionen von Menschen durch atheistische Lehren zu beeinflussen.

Die letzte Waffe, die der Teufel einsetzte, die subtilste von allen, mit der er die Hauptschlacht im zwanzigsten Jahrhundert gewann, war folgende: Man begann mit der Bibel falsch umzugehen, und es ist bedeutsam, dass der Name für diesen Umgang „die historisch-kritische" Methode ist.

Sie nahm in Deutschland ihren Anfang, doch sie fand schnell ihren Weg an die englischen und schottischen Universitäten. Die grundlegende Idee war, dass die Bibel ein rein menschliches Buch sei, allen Fehlern eines menschlichen Buches unterworfen und anfällig für alle irrigen Annahmen des unvollkommenen,

Das neunzehnte Jahrhundert (1850–1900)

menschlichen Denkens. Dieses Buch sollte angesichts der wissenschaftlichen und rationalen Forschung radikal überarbeitet werden. Die Wunder mussten weg, denn die Wissenschaft glaubte nicht an das Übernatürliche. Die Vorhersagen der Propheten mussten raus, denn man könne ja die Zukunft nicht vorhersagen. Alles Göttliche musste gehen. Einige unglaubliche Ideen entstanden aus diesem Ansatz, wie z.b. dass Mose nie etwas von dem geschrieben hätte, was ihm bisher zugeordnet wurde, dasselbe sollte für Jesaja gelten. Außerdem stünden alle Bücher in der falschen Reihenfolge, und tatsächlich habe man die ersten fünf Bücher der Bibel zuletzt geschrieben und die Propheten zuerst. Eine ganze Welle der „Bibelzerschneidung" setzte ein, man kritisierte dies und kritisierte jenes – und es schlich sich direkt in die Gemeinde ein. Der Teufel wusste, was er tat. Wenn er den Glauben der Menschen an die Bibel erschüttern konnte, hätte er eine große Schlacht gewonnen, das wusste er. Und es gelang ihm.

Zunächst kämpfte die Kirche hart dagegen an. Bischof Colenso wurde exkommuniziert, weil er behauptete, Mose habe wahrscheinlich nie gelebt und Josua sei ein Mythos. Er verlor sein Bischofsamt, weil er dies gesagt hatte. Professor Robertson Smith verlor seinen Hebräisch-Lehrstuhl an der Universität von Edinburgh für ähnliche Ansichten. Doch die Bewegung breitete sich immer weiter aus – und im Jahr 1900 hatten die Professoren, die angehende Geistliche unterrichteten, zu einem bemerkenswerten Ausmaß die historisch-kritische Bibelauslegung akzeptiert – ohne zu erkennen, dass diese Kritiker tatsächlich nicht wissenschaftlich arbeiteten, sondern ihre eigenen philosophischen Ideen einflochten, wenn sie biblische Texte betrachteten. Das geht ganz einfach und ist gefährlich. Es fällt mir leicht, zuerst zu entscheiden, was ich glauben will, und dann das zu kritisieren, was nicht zu meiner Auffassung passt, und genau das geschah.

Der Hinweis möge genügen, dass die Menschen auf den Kirchenbänken zu Anfang des zwanzigsten Jahrhunderts dachten: „Wir werden unser Ziel, die Evangelisation der Welt, in unserer Generation auf direktem Wege erreichen. Wir werden im nächsten Jahrhundert eine christliche Welt erleben." Wie ein englischer Premierminister sagte: „Immer höher und höher und immer weiter und weiter!" Die Idee der Evolution wurde nicht nur auf Tiere bezogen, sondern auch auf Menschen. „Wir werden immer besser und besser. Wir fahren mit der Rolltreppe nach oben – nach Utopia!" Dieser Glaube brach erst 1914 zusammen, als die gesamte primitive Bestialität des Menschen ihr hässliches Haupt erhob – diese Idee, dass wir immer noch besser werden, und dass die neue Welt direkt um die Ecke liegt, zersprang in den Schützengräben des Ersten Weltkriegs in tausend Stücke. Doch 1900 glaubte man noch daran.

Leider hatten die Christen nicht bemerkt, wie der Teufel seine Truppen mobilisiert und aktiviert hatte – und sie erkannten nicht, dass in diesem Land eine Kirche nach der anderen und eine Freikirche nach der anderen schwindende Mitgliederzahlen und leere Gebäude sehen würden; dass Männer in den Krieg ziehen und zwar körperlich zurückkehren, aber ihren Glauben nicht wiederfinden würden; dass ein Prediger nach dem anderen das Zutrauen zur Bibel verlieren und nichts mehr zu predigen haben würde; dass selbst die Sicht auf Christus und das Evangelium verwässert würde, bis fast nichts mehr übrig blieb.

Kapitel 11

EINIGE ENTWICKLUNGEN IM ZWANZIGSTEN JAHRHUNDERT

Die Anfangsjahre des zwanzigsten Jahrhunderts waren geprägt von ungezügeltem Optimismus und starkem Zutrauen in die westliche Welt. Die Kapitalisten fühlten sich immer noch sehr sicher in ihrem Wohlstand. Die Arbeiter begannen, von den Kämpfen der Gewerkschaften zu profitieren. Das Britische Empire beherrschte die Welt, zumindest glaubte es das, und die britische Marine, die Navy, schützte diesen Glauben. Das zwanzigste Jahrhundert würde Utopia werden, eine beispiellose Zeit von Frieden und Wohlstand für alle.

Darwins Evolutionstheorie wurde mittlerweile auf die Gesellschaft bezogen, und man glaubte, die Evolution würde uns aufwärts in die „schöne neue Welt" befördern.

Dieser Optimismus wurde sehr schnell durch zwei Weltkriege erschüttert, welche die Menschheit so noch nie erlebt hatte. Das unbeschreibliche Leid, die Grausamkeit und fast barbarische Boshaftigkeit dieser beiden Großereignisse erschütterten das bisherige Zutrauen.

Die Kirche selbst teilte den anfänglichen Optimismus, und es gab viele Christen, die glaubten, dass sich das Christentum im zwanzigsten Jahrhundert über den gesamten Globus ausbreiten und die Welt dominieren würde – und die Zahlen waren sicherlich ermutigend. Im Jahr 1800 machten Namenschristen zirka 19 Prozent der Weltbevölkerung aus. Beim Übergang ins zwanzigste Jahrhundert war diese Zahl auf 29,5 Prozent angestiegen, und das Ziel, die Kirche auf die ganze Welt auszudehnen, schien greifbar nahe zu sein.

Doch was man für ein Jahrhundert des schnellen geistlichen, körperlichen, materiellen und moralischen Fortschritts hielt, wurde stattdessen zu einer Ära schrecklicher Konflikte. Hier kommen einige Faktoren, die in die Welt des zwanzigsten Jahrhunderts eindrangen und das Werk der Kirche schwieriger machten. Alle von ihnen sind „ismen".

Offensichtlich war der wachsende *Säkularismus* der Gesellschaft ein neues Phänomen. Bis dato kämpften Christen gegen andere Religionen. Doch jetzt hatten sie es mit Menschen zu tun, die keine Religion hatten. Man lebte ohne jegliche Religion, vom christlichen Gott ganz zu schweigen. Dieser wachsende Säkularismus gehörte zu einem Hauptbestandteil dieses Konflikts im zwanzigsten Jahrhundert. Die Verbreitung des *Kommunismus* war ein weiterer bedeutender Faktor. Er erreichte über ein Drittel der Menschheit und allgemein gesprochen schien sich die Tür für die Missionsarbeit dort zu schließen, wo er sich ausbreitete. Es gab zu Beginn des zwanzigsten Jahrhunderts hunderte ausländischer Missionare in China – doch in den 1960er Jahren hatte man sie alle des Landes verwiesen. Als sich China allerdings später wieder öffnete, wurde deutlich, dass viel hinter den Kulissen geschehen war und das Christentum angefangen hatte, sich dort explosionsartig zu verbreiten.

Ein weiterer Faktor war der Aufstieg des sogenannten *Nationalismus*. Neue Staaten entstanden mit außergewöhnlicher Geschwindigkeit, und sie begannen, Missionare als Ausländer zu betrachten. „Westliche Imperialisten" war die Bezeichnung, die man diesen manchmal verpasste, während der Gedanke, dass Fremde kämen und die neue Nation in Glaubensfragen unterrichteten, immer anstößiger wurde.

Dann gab es noch den „Niedergang der westlichen Zivilisation" (ich zitiere hier Professor Gilbert Murray) – den Zusammenbruch der westlichen Gesellschaft, welche die Hauptquelle zur Verbreitung missionarischer Arbeit gewesen war. Die moralische und geistliche Zersetzung im Westen war der Faktor, mit dem die

Einige Entwicklungen im zwanzigsten Jahrhundert

Kirche nun zurechtkommen musste.

Eine weitere Komponente war die Wiederbelebung antiker Religionen. Andere Religionen waren scheinbar ausgestorben, doch im zwanzigsten Jahrhundert wuchsen sie wieder in bestimmten Gegenden. Der Buddhismus in Ceylon (heute Sri Lanka) ist dafür ein Beispiel. Der Islam an vielen Orten ist ein anderes. Sekten nahmen zahlenmäßig zu, die eine pervertierte Sicht des Christentums präsentierten; tatsächlich hatten sie mit dem Christentum überhaupt nichts zu tun, wenn man sie genau untersuchte. Es gab tausende von Städten und Dörfern auf der Welt, in denen kein christlicher Missionar gewesen war, die jedoch von den Zeugen Jehovas oder den Mormonen besucht wurden.

Diese und viele andere Faktoren bedeuteten, dass das zwanzigste Jahrhundert ein Schlachtfeld für die Kirche war, und viele glaubten, das Christentum müsste um sein Überleben kämpfen. Manche gingen sogar soweit, vorherzusagen, dass die Gemeinde in der Mitte des Jahrhunderts nahezu erledigt sein würde. Doch lassen Sie mich vorwegnehmen, dass die Gemeinde nie größer und geographisch weiterverbreitet wurde, als es dann tatsächlich geschah. Es hat noch nie mehr Christen auf der Welt gegeben als heute. Das hilft uns, die Dinge im richtigen Licht zu betrachten.

Wenn man selbst mitten in einer Situation steckt, ist es sehr schwierig, sie objektiv zu betrachten und zu unterscheiden, was wichtig und beständig und was unwichtig und vorübergehend ist. Im Rückblick auf das zwanzigste Jahrhundert, so, wie es sich Ende der 1960er Jahre darstellte, habe ich drei bedeutende Entwicklungen identifiziert, die sich innerhalb der Gemeinde abspielten und die es damals zu beachten galt. Ich glaube, dass die historisch relevanten Dinge die sind, die sich innerhalb der Gemeinde ereignen. Letzten Endes bin ich überzeugt, dass Gott die Geschichte der Welt schreibt, und dass Gottes Volk dabei die entscheidende Rolle spielt.

WO WAR DIE GEMEINDE IN DEN LETZTEN 2000 JAHREN?

Die drei „ismen", die Ende der 1960er eindeutig das Gemeindeleben veränderten, waren: Liberalismus, Ökumenismus und die Pfingstbewegung (Englisch *Pentecostalism*). Damals fasste ich zusammen, was in diesen drei Bereichen geschah, und gab meine Einschätzung dazu ab.

Einer der größten Einflüsse auf das Christentum im zwanzigsten Jahrhundert war zweifellos der Liberalismus. Obwohl seine Samen schon im neunzehnten Jahrhundert gesät worden waren, kam seine Blüte erst im zwanzigsten Jahrhundert zum Vorschein. Wie in vielen anderen Bereichen lag sein Ursprung in Deutschland, das einige der bekanntesten Denker hervorgebracht hat, Philosophen und Theologen von Weltrang. Wir irren uns, wenn wir den Einfluss Deutschlands unterschätzen, insbesondere der deutschen Denkweise auf die gesamte westliche Welt.

Im Großen und Ganzen gibt es ein erkennbares Muster: Was die deutschen Philosophen heute vertreten, denken die britischen Philosophen morgen und die amerikanischen übermorgen – und der Rest der Welt folgt ihnen nach. So sieht dieses Muster aus, und es ist sehr bedeutsam.

Was war das Herzstück des sogenannten Liberalismus? Ich kann es in einem Satz sagen, den ich in einem sehr überzeugenden Buch mit dem Titel *The Death and Resurrection of the Church* (Der Tod und die Auferstehung der Kirche) von Leslie Paul gefunden habe, einem anglikanischen Autor. Er betrachtete die Church of England in dem Versuch, herauszufinden, was sie im zwanzigsten Jahrhundert tun sollte. Sein Buch beendete er so: „Kein Glaube kann überleben, wenn er seine Vergangenheit verleugnet und seine Grundlagen ablehnt." Die neue, „fortschrittliche" Theologie verlangt oft genau das. Die alles entscheidende Krise der Gemeinde offenbart sich in dieser Frage: „Was bekräftigt das Christentum als letztgültiges und unverzichtbares Fundament seines Glaubens?"

Paul packte den Stier direkt bei den Hörnern. Die Krise, der sich die Kirche gegenübersah, war folgende: „Was ist letztendlich die Grundlage dessen, was du glaubst?" Und die Antwort auf diese Frage spaltete bekennende Christen in drei Lager, nämlich in das liberale, das katholische und das evangelikale. Alle drei sprachen über die Kirche, die Bibel und die Erfahrung, doch wenn Kirche, Bibel und Erfahrung sich zu widersprechen scheinen, ist das letztgültige Fundament dasjenige, welches man auswählt, um die anderen beiden daran zu messen. Die katholisch Geprägten sagten, die Kirche sei die ultimative Grundlage – sie allein interpretiere sowohl die Bibel als auch die Erfahrung. Die Evangelikalen erklärten die Bibel zum letztgültigen Fundament, an dem man die Kirche und die eigene Erfahrung überprüfen müsste. Die Liberalen hingegen machten die eigene Erfahrung zum entscheidenden Maßstab, und an dieser Erfahrung gelte es, die Bibel und die Kirche zu messen.

Das ist natürlich sehr stark vereinfacht, doch genau das ist damit gemeint. Der Begriff „liberal" beschreibt Menschen, die zwar die Bibel nutzen und an die Kirche glauben, doch letztlich ihre *eigene Erfahrung* verwenden, um etwas auf seinen Wahrheitsgehalt zu prüfen – sei es nun ihre mentale, ihre moralische oder ihre geistliche Erfahrung.

Wenn die Erfahrung entscheidet, was wahr ist, dann ist ziemlich offensichtlich, dass es bestimmte, jahrhundertealte Lehren der Gemeinde gibt, derer man dann nicht mehr so sicher ist. Der Himmel ist z.B. ein solches Thema. Ich habe bisher keinerlei Erfahrung mit einem Ort namens Himmel gemacht. Woher weiß ich, dass er existiert? Die Bibel sagt es zwar, doch wie kann ich mir sicher sein? Er ist außerhalb meiner *Erfahrung*. Was noch wichtiger ist: Die Hölle ist etwas, das noch nie jemand erlebt hat. Glauben Sie niemals denen, die behaupten, man schaffe sich seine eigene Hölle hier auf Erden. Das tut man überhaupt nicht. Die Hölle ist etwas, das absolut außerhalb meiner Erfahrung liegt. Wenn ich sie also anhand meiner Erfahrung beurteile, werde ich von ihr nicht besonders überzeugt sein. Wunder sind ein weiteres Paradebeispiel. Die Bibel ist voller Wunder, doch es gibt heute viele Menschen, die bisher noch keine Wunder erlebt haben und die daher übernatürliche Ereignisse anzweifeln. Der Zorn Gottes ist etwas, das keiner von uns in seiner Fülle bisher erfahren hat – keiner von uns! Eines Tages wird Gott seinen Zorn auf die Sünde der Welt offenbaren, doch bisher hat er dies noch nicht getan; seit den Tagen Noahs ist das nicht mehr geschehen, daher liegt es außerhalb unserer Erfahrung. Und deshalb kann man beginnen, den Zorn Gott anzuzweifeln, wenn die Erfahrung als Maßstab für die Wahrheit dient.

Ich habe Ihnen genug gesagt, um die Richtung anzuzeigen, in die sich das alles bewegt. Man zweifelt die Wunder, den Himmel und vor allem die Hölle an, man stellt den Zorn Gottes und vor allem die Sünde des Menschen in Frage, denn natürlich besagt meine Erfahrung, dass die Menschen sehr nett sind! Sie haben zwar ihre Fehler, natürlich, doch meine Erfahrung bestätigt natürlich nicht, dass sie Sünder sind, die auf die Hölle zusteuern – diese netten Menschen, die neben mir wohnen? Wenn meine Erfahrung der Maßstab ist, wäre das für mich sehr schwer zu glauben.

Der amerikanische Theologe H. Richard Niebuhr (der Bruder von Reinhold Niebuhr) hat das soziale Evangelium kritisiert, indem er über einen „Gott ohne Zorn" schrieb, der „Menschen ohne Sünde in ein Reich ohne Gericht brachte durch das Werk eines Christus ohne ein Kreuz." (Siehe *The Kingdom of God in America,* Das Reich Gottes in Amerika, Chicago, 1937). Das ist eine sehr gute Zusammenfassung – denn so sah der zerstörerische Gedanke aus, der in die Gemeinde eindrang. Was bleibt dann noch vom Evangelium übrig? Worin besteht die gute Nachricht? Wenn Sie die Hölle rausschneiden, die Sünde und den Zorn Gottes, was ist dann das Evangelium?

Die Antwort lautet, dass Sie eine andere Art Evangelium finden müssten, was tatsächlich auch geschah. Auf der einen Seite gab es die, die ein sogenanntes *soziales* Evangelium entdeckten – ein neues „Evangelium", bei dem die gute Nachricht angeblich darin bestand, „die Gesellschaft zu christianisieren." Andere kamen mit einem *psychologischen* Evangelium, das besagte, Jesus errette uns von unseren Neurosen. Nach dem Motto: Jesus rettet uns von unserem Schuldkomplex statt von unseren Sünden. Jesus rettet uns von unserem Frust und unserer Bedrückung, wobei die Bekehrung einfach nur eine psychologische Integration der Persönlichkeit bedeutet.

Ob es sich nun um das soziale oder psychologische Evangelium handelte, man glaubte tatsächlich, dass der Mensch nicht so schlecht sei, wie die altmodischen Prediger behaupteten, und dass die Hölle nicht die Endstation des Menschen darstelle.

Ende der 1960er Jahre schien es, dass die beiden Weltkriege dieser Art des Liberalismus einen Schlag versetzt hätten. Der Krieg hatte zwei jungen Schweizer Philosophen, Karl Barth und Emil Brunner, gezeigt, dass der Mensch nicht immer besser wurde, dass die Sünde Realität war und Gottes Zorn darauf echt war – und dass der Krieg ein Beispiel für die Konsequenz ist, welche die gefallene menschliche Natur produziert. Barth und Brunner wurden zu berühmten Namen in der Theologie des zwanzigsten Jahrhunderts, und Sie werden ihre Bücher in den Regalen jedes Geistlichen finden. Sie ließen das Pendel in die andere Richtung schwingen und begannen über Sünde, Sühne durch das Kreuz, den Zorn und die Gnade Gottes zu predigen. Eine Zeit lang sah es so aus, als würde das Evangelium erneut so gepredigt werden, wie es von unseren Vorvätern verkündet worden war. Doch leider passierte es nicht wirklich. Warum? Auch wenn sie in vielen Bereichen zum Altbewährten zurückkehrten, zur Sünde, zur Sühne, zu allem anderen, gab es etwas, das sie nicht wieder aufgriffen, und dieses etwas war entscheidend: Sie kehrten nicht zu dem Glauben zurück, dass die Bibel das Wort Gottes darstellt. Sie blieben bei der liberalen Ansicht, die Bibel sei ein Buch über menschliche Erfahrungen wie jedes andere Buch auch und müsse entsprechend behandelt werden. Die Bibel müsse auf genau dieselbe Art untersucht werden wie das *Domesday Book* [das

WO WAR DIE GEMEINDE IN DEN LETZTEN 2000 JAHREN?

Reichsgrundbuch Englands vom Ende des elften Jahrhunderts, Anmerkung der Übersetzerin] und die *Magna Charta*.

Folgendes war das Problem: Sie versuchten zu einem biblischen Evangelium zurückzukehren, ohne erneut die Bibel als das Wort Gottes zu betrachten. Das Resultat zeigte, dass man Menschen ohne die Bibel nicht beim Evangelium halten kann. Sie können nicht das, was in der Bibel steht, predigen, ohne zu glauben, dass es der Wahrheit entspricht. Sie können Menschen nicht von der Wahrheit biblischer Lehre überzeugen, ohne selbst von der Wahrheit dieses Buches überzeugt zu sein. Daher begann das Pendel erneut zurückzuschwingen zu einer neuen Form des Liberalismus, die jedoch nicht als solcher bezeichnet wird. Man nennt ihn „Radikalismus", doch es ist dasselbe alte Phänomen in neuen Kleidern, das von Autoren wir Bultmann und Tillich vertreten wird – beide sind übrigens Deutsche. Wieder einmal begründeten sie einen Trend in Philosophie und Theologie, der das Pendel durch die Meinungsmacher in unserem Land wie den Bischof von Woolwich und andere in Amerika soweit zurückschwingen ließ, dass Theologen, die künftige Geistliche ausbildeten, erklärten: „Gott ist tot." Was meinten sie damit? Sie sagten damit nicht, sie hätten aufgehört, an Gott zu glauben. Sie meinten damit, dass der Gott der altmodischen Prediger tot sei. Wir haben zu Ostern ein Poster aufgehängt, auf dem stand: „Unser Gott ist nicht tot. Tut uns leid für euren!" Wer sagte: „Gott ist tot", behauptete damit, dass der Gott, an den mein Großvater glaubte, tot sei, der Gott, der auf Sünder zornig ist und sie in die Hölle schickt. Das war eine weitere Idee des zwanzigsten Jahrhunderts.

Ein Professor für Kirchengeschichte an der Universität Yale wurde damals gebeten, das Glaubenschaos in den protestantischen Gemeinden zu kommentieren, und er erklärte: „Niemand von uns ist sich sicher, was wir glauben, doch lasst uns gemeinsam nicht glauben." Also wirklich! Wenn das die einzige Einheit ist, die wir haben könnten, würde es die Welt außerhalb der Kirchenmauern kaum beeinflussen. Einheit muss auf Wahrheit gegründet sein. Wir müssen uns darüber einig sein, was wir glauben – dann werden wir einen Unterschied machen.

Zwei Gruppen leisteten starken Widerstand gegen den Liberalismus. Einerseits waren die Römisch-Katholischen dagegen, weil sie meinten, dass nicht die Erfahrung, sondern die Kirche der Maßstab sein sollte. Im Jahr 1950 verkündete der Papst einen neuen Glaubenssatz, dass nämlich die Himmelfahrt der Jungfrau Maria nach ihrem Tod, also ihrer Leiche, jetzt zum christlichen Glauben dazugehörte. Auf diese Weise bekräftigte er, dass zumindest für die Katholiken die Kirche die höchste Instanz in Wahrheitsfragen ist.

Die andere Gruppe, die dieser Bewegung widerstand, waren die Evangelikalen – und Gott sei Dank befindet sich die Mehrheit der Protestanten in dieser Gruppe, wenn auch nicht in unserem Land. Die Evangelikalen erklärten: „Für uns ist die Bibel die höchste Instanz, wenn es um die Wahrheit über Christus geht; weder die Kirche noch meine Erfahrung entscheidet darüber – beide müssen durch das Wort Gottes geprüft werden, das unserer Glaubensüberzeugung nach in der Heiligen Schrift enthalten ist." Die Evangelikalen fanden zumindest einen Fürsprecher in dem berühmtesten Prediger des zwanzigsten Jahrhunderts, einem Baptisten namens Billy Graham, dessen Schlagwort: „Die Bibel sagt...!" zu einem sehr realen und beliebten Ausdruck der evangelikalen Position wurde.

Liberalismus war also der erste „ismus". Der zweite, der in den 1960er Jahren zu einem wichtigen Faktor werden sollte, war Ökumenismus. Erzbischof Temple sagte: „Das war der große neue Faktor unserer Zeit." Ich habe bisher über einen „ismus" gesprochen, der durchweg schlecht ist. Jetzt rede ich von einem „ismus", der sich sehr komplex darstellt, weil er so vieles vermischt, und ich möchte versuchen, absolut fair zu sein. Lassen Sie uns zuerst den Begriff „ökumenisch" erklären. Dieses Wort verwenden viele, doch sehr wenige verstehen es auch. Es kommt vom griechischen Begriff *oikumene*, was „die gesamte bewohnte Welt" beschreibt (abgeleitet von *oikein*, bewohnen). Dieses Wort wird benutzt, um eine Bewegung der Einheit unter Christen auf der gesamten bewohnten Erde zu beschreiben, in der ökumenischen Sphäre.

Schauen wir uns an, wie sie sich entwickelt hat. Schlüsseldaten, die wir im Kopf behalten sollten, sind 1910, 1948 und 1961. Zunächst will ich Ihnen über die Einheitsbewegung vor 1910 berichten. Jedes Buch, das ich über die ökumenische Bewegung gelesen habe, erklärt, dass sie 1910 begann. Das stimmt jedoch nicht, sie nahm schon Jahre früher ihren Anfang. Sie begann tatsächlich im neunzehnten Jahrhundert. Man könnte sagen, dass sie mit dem Vorschlag von William Carey losging, Christen aus der ganzen Welt sollten sich am Kap der Guten Hoffnung versammeln, um Gemeinschaft miteinander zu pflegen. Das war der erste Vorschlag für ein Event der Einheit, und er wurde am Ende des achtzehnten Jahrhunderts gemacht. Doch tatsächlich verspürten die Christen im neunzehnten Jahrhundert das Bedürfnis nach Einheit. Beachten Sie bitte, dass es die Evangelikalen waren, die dieses Drängen fühlten und es als erstes umsetzten.

1845 wurde die Evangelische Allianz gegründet. Sie begann, die Gräben zwischen Denominationen zu überspringen. Bewegungen wie das *Student Christian Movement* (SCM) und der *YMCA* (CVJM), die in ihren Anfangstagen durch und durch evangelikal waren, zielten darauf ab, Einheit zwischen Christen verschiedener Kirchenströmungen zu erreichen. 1875 begannen die Keswick-Versammlungen unter dem Banner „Alle eins in Christus Jesus". Sie brachten Christen aller Denominationen zusammen. Am Anfang des zwanzigsten Jahrhunderts entstanden Bewegungen wie *The Federal Council of Evangelical Churches in Britain* (Rat evangelikaler Kirchen in England). Später wurde das Wort evangelikal fallengelassen und der Begriff Freikirchen eingeführt, sodass daraus *The Free Church Federal Council* (Rat der Freikirchen) wurde.

Gleichzeitig begannen die Denominationen weltweite

Gemeinschaften ihrer Kirchenströmungen zu gründen wie z.B. die *Baptist World Alliance* (Baptistischer Weltbund) und den *Methodist World Council* (Weltrat methodistischer Kirchen). Letztere entstanden in den ersten zehn Jahren des vorletzten Jahrhunderts. Daher gab es nun eine Einheit unter den Evangelikalen, die denominationsübergreifend war, und internationale Organisationen der einzelnen Kirchenströmungen, die sich bildeten. Das war das gängige Muster bis 1910.

1910 versammelten sich die Missionare der Welt in Edinburgh, weil sie ein Problem belastete, das ich ganz einfach beschreiben kann. Ein Freund von mir ging nach Indien, begegnete dort einem indischen Christen und sagte: „Ich freue mich so sehr, einen indischen Christen kennenzulernen." Woraufhin der indische Christ antwortete: „Aber ich bin ein kanadischer Baptist!" Dieses alberne Verhalten verursachte das Problem. Wir haben unsere Ideen, unsere Organisationen und unsere Schubladen auf der ganzen Welt verbreitet. Statt Menschen zu Christus zu führen, haben wir ihnen einen Stempel aufgedrückt. In den 1960er Jahren wurde dieser Fehler im Allgemeinen nicht so sehr in Lateinamerika gemacht, doch er wurde von Missionsgesellschaften auf der ganzen Welt im neunzehnten Jahrhundert begangen. Und man begriff, dass wir Christen in ihre eigenen kleinen Schubladen gesperrt hatten, getrennt voneinander und mit unterschiedlichen Bezeichnungen versehen. Daher kamen die Missionare 1910 zusammen und sagten: „Das ist lächerlich. Was ist die Lösung?"

Es gibt zwei mögliche Antworten, doch tragischerweise diskutierten sie nicht beide! Eine Antwort lautet, die Denominationsbezeichnungen abzuschaffen, bzw. tatsächlich die Denominationen aufzugeben. Die andere Antwort ist, die Kirchenströmungen zu einer großen Denomination zu vereinen und sie als solche zu benennen. Man zog nur die zweite Möglichkeit in Betracht – und aus dieser Konferenz entstanden mehrere Dinge. Was Lateinamerika betraf, stimulierte sie die Evangelikalen, sich als *Evangelical Union of South America*

(Evangelikale Union Südamerikas) zu vereinen.

Doch aus Edinburgh gingen verschiedene Bewegungen hervor und zwar eine, die Glaubenssätze untersuchen sollte, namens *Faith and Order* (Glaube und Ordnung). Die andere sollte das Verhalten in den Fokus nehmen und nannte sich *Life and Work* (Leben und Arbeit). Diese beiden Bewegungen wuchsen schrittweise zusammen, bis 1938 der *World Council of Churches* (WCC, zu Deutsch Weltkirchenrat) gegründet wurde. Der Krieg verhinderte, dass er tätig werden konnte, und es sollte weitere zehn Jahre dauern, bis 1948, dass der WCC sich schließlich unter diesem Namen in Amsterdam traf.

In der Zeit zwischen 1910 und 1948 hatten sich zahlreiche Vereinigungen gebildet. In Kanada (1925) wurden Methodisten, Kongregationalisten und Presbyter zur *United Church of Kanada* (Vereinigte Kirche Kanadas). In Südindien (1947) bildeten Methodisten, Kongregationalisten, Presbyter und Anglikaner die *Church of South India* (Kirche Südindiens). 1929 vereinten sich drei verschiedene Gruppen in Schottland zur *Church of Scotland*. 1932 wurden aus drei unterschiedlichen Gruppen von Methodisten *The Methodist Church*.

Im Weltkirchenrat erklärten 147 Denominationen aus 44 Ländern ihren Willen, beisammen zu bleiben. Das klingt nach einer sehr beeindruckenden Zahl, doch die Mehrheit der Christen blieb *außerhalb* des Weltkirchenrats. In den 1960er Jahren und darauffolgenden Jahrzehnten hörten wir viel über den WCC. Daher nahmen viele an, es sei die einzige Vereinigung von Christen. Doch das stimmt nicht, es ist nur eine unter mehreren. Orthodoxe Ostkirchen schlossen sich dem WCC an, doch die römisch-katholische Kirche gehörte nicht dazu. Sie hält diskreten Abstand, ist ihm jedoch freundlich gesinnt. Die überwiegende Mehrheit der Baptisten oder der Evangelikalen ganz allgemein befindet sich außerhalb des WCC, während die Episkopalen (Anglikaner), Methodisten, Presbyter und Kongregationalisten sich ihm angeschlossen haben.

1961 beim WCC-Treffen in Neu-Delhi verschob sich der Schwerpunkt von der Einheit zum Zusammenschluss. Jetzt appellierte man an die Kirchen, nicht nur Einheit miteinander zu leben, sondern aufs Ganze zu gehen und sich zusammenzuschließen. Dabei wurde diese Einheit vor Ort als organisierter Bund definiert.

Mitte der 1960er Jahre griff *die Nottingham Faith and Order Conference* in England dieses Thema auf. Mit einem eindringlichen und phantasievollen Appell bat sie die Kirchen in Britannien, bis Ostern 1980 einen organischen Zusammenschluss der Denominationen Englands zu bewerkstelligen – und dieses Datum regte die Vorstellungskraft vieler Kirchenströmungen an. Anglikaner und Methodisten verhandelten miteinander, genauso wie Presbyter und Kongregationalisten. Warum blieben die Katholiken draußen? Weil sie fest daran glaubten, dass die *Kirche* letzten Endes der entscheidende Maßstab für die Wahrheit ist. Warum hielten sich die Evangelikalen fern? Hauptsächlich, weil sie glaubten, dass die *Bibel* der alles entscheidende Standard ist.

Seit 1910 ist die ökumenische Bewegung größtenteils ein Partner des liberalen Denkens. Viele wunderbare Christen gehörten dazu, Männer von einem Kaliber wie John R. Mott, J.H. Oldman, Bischoff Bell und viele andere, die ich erwähnt habe. Die Evangelikalen behaupten durch ihr Fernbleiben nicht, dass die Mitglieder keine Christen seien. Sie sagen damit: Wir glauben nicht, dass die Gemeinde Christi aus allen Denominationen besteht, sondern wir glauben, dass alle dazugehören, die aus dem Heiligen Geist wiedergeboren sind. Wir glauben nicht, dass Einheit etwas sein soll, dass sich durch eine sichtbare Organisation ausdrückt. Wir glauben, dass Christus, in der Nacht vor seinem Tod, dafür betete, dass seine Jünger eins sein sollten, wie er und sein Vater eins waren. Auch das war keine sichtbare Einheit, sondern eine Einheit des Herzens, des Verstandes und des Willens.

Evangelikale sind folgender Ansicht: Bis es eine Einheit

des Herzens, des Verstandes und des Willens gibt, ist eine organisatorische Einheit nur ein billiger Abklatsch wahrer Zusammengehörigkeit. Aus diesem und vielen weiteren Gründen hat sich die Mehrheit der Evangelikalen weltweit aus dem WCC herausgehalten. Dennoch verspüren viele von ihnen den Wunsch, mit den aufrichtigen Christen, die zum Herrn gehören und innerhalb der Bewegung Probleme haben, im Gespräch zu bleiben und mit ihnen Gemeinschaft zu pflegen, um zu erleben, dass wahrer Zusammenhalt entsteht.

Die wichtigste Frage, die meiner Ansicht nach beantwortet werden muss, lautet: Was war die vordringliche Inspiration für den WCC? War sie satanisch, menschlich oder göttlich? Das mag sich für Sie wie eine höchst gotteslästerliche Frage anhören, doch ich glaube, dass man sehr gut alle drei Möglichkeiten vertreten kann. Da es nämlich eine solche Mischung aus allen dreien ist, sieht man weder ein rotes noch ein grünes Licht, sondern ein gelbes, das folgende Aussage symbolisiert: „Vorsicht, einen Schritt nach dem anderen." Wie Gamaliel sagte: „Wenn es von Gott kommt, wird es bestehen. Wenn es nicht von ihm kommt, wird es vergehen."

Ich glaube nicht, dass die Kirche Jesu Christi auf dieser Seite des Himmels jemals sichtbar eins sein wird. Sollte es uns gelingen, alle bis morgen in eine Organisation zu integrieren, wird jemand schon nächsten Sonntag wieder ausgetreten sein, um eine eigene Gemeinschaft zu gründen. Doch die wahre Einheit ist die Einheit des Heiligen Geistes, die unter Christen aller Kirchenströmungen zu finden ist, die aus dem Geist wiedergeboren sind und die den Herrn Jesus Christus kennen und lieben. Einige wird man immer finden, wenn man unterschiedliche Gemeinden besucht. Und wann immer man ihnen begegnet, stellt man fest, dass man innerhalb weniger Minuten Gemeinschaft mit ihnen haben kann. Das ist die grundlegende Einheit.

Eine gute Sache, die meiner Ansicht nach aus dieser Bewegung entstand, war folgende: Sie regte die Evangelikalen zu engerer

Einheit sowohl in der *World Evangelical Fellowship* (Weltweite Evangelikale Gemeinschaft) als auch auf lokaler und nationaler Ebene an. Wer den Herrn und sein Wort in diesem Land liebt, kommt in England und in Übersee zusammen – und diese Zusammenkünfte werden künftig immer stärker werden.

Der dritte „ismus", zu dem ich jetzt komme, ist die Pfingstbewegung (Englisch Pentecostalism). Sie entstand zu Anfang des zwanzigsten Jahrhunderts. Lustigerweise erhielt ich, weil ich die Bestnote in einigen Theologieprüfungen erreicht hatte, als Geschenk ein Werk über Kirchengeschichte, ein großes, dickes Buch, verfasst von dem berühmten baptistischen Gelehrten in Amerika, Kenneth Scott Latourette. Es ist eine wunderbare Präsentation der zweitausendjährigen Kirchengeschichte, der ich viel verdanke. Es stellt die Fakten hervorragend zusammen, und wenn Sie zirka 1500 Seiten lesen wollen, besorgen Sie sich dieses Buch. Doch ich suchte darin vergeblich nach einer Erwähnung der protestantischen Gruppe, die am schnellsten wächst und mittlerweile die größte weltweit ist, den Pfingstlern. Nicht ein Wort darüber, und das Buch geht bis 1950. Ich finde, das ist ein unglaublich blinder Fleck. Ich weiß, dass die Pfingstbewegung die jüngste aller Gruppen ist, doch ab 1960 kann man sagen, dass es sich um die Bewegung handelt, die zweifellos am schnellsten wächst, insbesondere in Lateinamerika, aber auch in Nordamerika, Afrika und Teilen Asiens.

Diese Bewegung wurde, genau wie das Christentum selbst, in einem Stall geboren – in der Azusa Street in Los Angeles im Jahr 1906. Sie entstand, weil es Menschen gab, die intensiv für eine Erweckung durch den Geist Gottes beteten. Sie hatten beim Eintritt in das zwanzigste Jahrhundert den Eindruck, dass alles furchtbar schieflaufen würde, wenn der Heilige Geist nicht eingriff. Dort begannen Dinge zu geschehen, die sie zunächst selbst nicht verstanden, jedoch später begreifen sollten.

Es gab einen Methodisten-Pfarrer im norwegischen Oslo, Rev. T.B. Barratt, der nach New York reiste, um dies zu untersuchen.

Die Erweckung von Wales 1904 hatte ihm bereits geholfen, doch er erkannte, dass es in Amerika noch mehr zu entdecken gab. Er reiste also nach New York – und kam nie nach Los Angeles, das er nur per Brief von New York aus erreichte, doch er kehrte mit einer bemerkenswerten Erfahrung des Heiligen Geistes nach Norwegen zurück. Rev. Alexander Boddie von der anglikanischen All Saints' Gemeinde in Sunderland hörte von Barratt und bat ihn, All Saints zu besuchen. Daraufhin brach 1907 Erweckung in Sunderland aus. Aus diesen kleinen Anfängen in Los Angeles, in Oslo und in Sunderland in Durham County ist die mittlerweile größte protestantische Gruppe entstanden. In den 1960er Jahren zählte sie bereits zirka 30 Millionen Mitglieder und viele weitere Anhänger. Tatsächlich sind die Baptisten und Pfingstler zu den beiden größten protestantischen Gruppen geworden.

Das Anwachsen der Pfingstbewegung in Lateinamerika war absolut erstaunlich. Ein Methodisten-Pfarrer, der mit einer Gruppe amerikanischer Methodisten als Missionar in Lateinamerika war, wurde aufgefordert, die Denomination zu verlassen, weil er pfingstlerisch gesinnt war. Zum damaligen Zeitpunkt zählten die Methodisten dort 4.000 Mitglieder. Zehn Jahre später konnte er auf eine Erweckung mit 25.000 Mitgliedern zurückblicken, während die Methodistenmission, die er verlassen hatte, immer noch 4.000 Personen zählte. (In den rund 40 Jahren seit Ende der 1960er Jahre hat es in der Pfingstbewegung sogar ein noch dramatischeres Wachstum gegeben).

Das warf Fragen auf, insbesondere 1960, als dieser Aufbruch, der fälschlicherweise als „neue Pfingstbewegung" bezeichnet wurde, Eingang in die großen Kirchenströmungen fand – angefangen bei den Episkopalen Amerikas – und sich schnell in weiteren Denominationen ausbreitete.

Ohne Ihnen seine ganze Geschichte zu erzählen, möchte ich direkt auf seine Lehre zu sprechen kommen. Was ist das Herzstück der Bewegung, die wir die Pfingstbewegung nennen, welche die ersten sechs Jahrzehnte des zwanzigsten Jahrhunderts abdeckt?

Einige Entwicklungen im zwanzigsten Jahrhundert

Nach viel Lektüre, einiger Erfahrung und viel Gemeinschaft und Diskussionen mit Pfingstlern kam ich zu folgendem Schluss: Was auch immer sie über den Kern ihrer Bewegung sagen – alles dreht sich um *einen realen Glauben an eine übernatürliche Erfahrung*. Das findet seinen Ausdruck in zwei grundlegenden Überzeugungen – und es ist die Aufgabe aller Nicht-Pfingstler, nachzuforschen, „ob dies mit der Heiligen Schrift übereinstimmt", wie es die Jünger in Beröa taten.

Die erste grundlegende Lehre lautet, dass es eine Taufe im Heiligen Geist gibt. Sie stellt eine bewusste Erfahrung dar, nach der alle Christen streben sollten – und ist gerade kein automatisches oder unbewusstes Erleben zum Zeitpunkt der Bekehrung. Diese Erfahrung kann zum Zeitpunkt der Bekehrung geschehen oder auch nicht. Im letzteren Fall sollte man sie danach anstreben. Zweitens, eine Taufe im Heiligen Geist ermöglicht die Ausübung übernatürlicher Fähigkeiten, die in der Bibel „Geistesgaben" genannt werden, also Gaben der Heilung, die Fähigkeit Gott in unbekannten Sprachen anzubeten, das Vermögen, diese Sprachen auszulegen, Gaben, Wunder zu wirken, Gaben außerordentlicher Erkenntnis, übernatürlicher Weisheit, besonderen Glaubens etc.

Bis die Pfingstler dies propagierten, glaubte man, allgemein gesagt, in anderen Kirchen, dass diese Phänomene, von denen man in der Bibel liest, mit den Aposteln aufgehört hätten – und dass die Kraft des Heiligen Geistes in der Apostelgeschichte eine Art Startrakete für das Christentum darstellte – sobald das Christentum sich auf seiner Umlaufbahn befand, fiele diese Startrakete ab und verglühte. War die Gemeinde erst einmal in Gang gekommen, würden diese Dinge nicht mehr gebraucht. Das war die weitverbreitete Ansicht.

Doch Ende der 1960er Jahre mussten wir uns zurückbesinnen und uns fragen: „Steht irgendetwas darüber in der Bibel, dass diese Dinge nicht für uns heute bestimmt sind?" Ich studierte die Schriften und konnte keine Aussage finden, die erklärt hätte, dass die Geistesgaben heute überflüssig geworden seien. Das bedeutet, dass die Gemeinde 1. Korinther 12-14 sehr ernstnehmen muss, wie die Pfingstler es behaupten, und dass diese Dinge immer noch möglich sind. Daher war Pfingsten nicht nur ein Jahrestag im Kirchenkalender, sondern eine Erfahrung, die für jeden Gläubigen bestimmt ist, der diese Macht sucht.

Natürlich birgt jede Art von Macht Gefahren, und der Missbrauch, die Exzesse, die Spaltungen, die Emotionalität und der Fanatismus, der sich manchmal erhob, sind gut bekannt – tatsächlich werden Sie feststellen, wenn Sie die Briefe des Paulus an die Korinther betrachten, dass auch damals die Gaben von dem genannten Missbrauch begleitet wurden. Doch Paulus schrieb gerade nicht: „Lasst die Gaben wegen des Missbrauchs fallen!", genauso wenig wie er sagte: „Hört auf mit dem Abendmahl!", weil sich einige dabei betranken. Paulus würde sagen: Die Antwort auf den Missbrauch von Geistesgaben lautet nicht, mit ihnen aufzuhören, sondern sie auf richtige Art und Weise zu nutzen.

Eine der größten Schwächen der Pfingstbewegung ist der Mangel an gesunder biblischer Lehre, die alles anständig und ordentlich ablaufen lässt, so, wie es nach Gottes Willen sein sollte. Es braucht vier Schutzmaßnahmen gegen Missbrauch und Exzesse: das *Wort Gottes*, das Ihnen sagt, wie Sie die Gaben zum Wohle anderer einsetzen können; der *Verstand des Menschen* im Gegensatz zu einer so starken Betonung der Gefühle, dass der Verstand sich verabschiedet; die *Disziplin* der Gemeinde und die *Heilung* des Gläubigen. Sind diese vier Dinge vorhanden, können die Geistesgaben die Gemeinde sehr bereichern, das wurde mir bewusst. Doch um ehrlich zu sein: Als die Pfingstbewegung in Erscheinung trat, waren die meisten älteren Gemeinden wie alte Weinschläuche, in die neuer Wein hineingegossen wurde.

Ich möchte zusammenfassend einige Dinge erwähnen, die ich von der Pfingstbewegung gelernt habe, die meiner Ansicht nach jede Gemeinde lernen sollte. Sie ist eine Bewegung der *einfachen Leute*. Damit will ich niemanden herabsetzen, sondern sehr direkt sein. Abraham Lincoln hat gesagt: „Der Herr muss die einfachen Leute lieben. Er hat so viele von ihnen geschaffen." Damit meine ich: Gemeinden, die sich auf natürliche Gaben verlassen, werden durch und durch bürgerlich und in der Mittelklasse angesiedelt. Doch die Pfingstbewegung hat uns gezeigt, dass es bei übernatürlichen Gaben kein Ansehen der Person gibt. Jeder, der den Herrn liebt und mit dem Geist erfüllt ist, kann eine Gemeinde leiten. Daher ist, um es ganz unverblümt zu sagen, etwas an der Kritik dran, die sich in dieser ziemlich groben Aussage zeigt: „Das kirchengeistliche Bürgertum und das pfingstlerische Proletariat." Doch die Pfingstbewegung ist die einzige Strömung des zwanzigsten Jahrhunderts, die aus der Zwangsjacke der Mittelklasse ausgebrochen ist, worüber ich mich sehr freue. Ich denke, wir sollten daraus lernen. Wenn Gott Geistesgaben schenkt, dann beachtet er weder akademische Titel noch Diplome des Empfängers oder die Größe seines Hauses, sondern Gott verteilt seine Gaben so, wie es ihm gefällt.

Das Zweite, was ich gelernt habe: Wenn die Zunge der Menschen in der Anbetung gelöst wird, *dann wird sie auch zum Zeugnisgeben gelöst.* Einer der Gründe, warum Christen außerhalb der Kirchenmauern nicht mehr über Christus sprechen, ist, dass sie innerhalb der Kirchenmauern nicht öfter mit Christus reden. Ich bin überzeugt, dass der Gottesdienst davon profitiert, wenn der Geist alle dazu veranlasst, deutlich hörbar anzubeten, und sie dazu befähigt, dies zu tun.

Das Wichtigste, was ich gelernt habe, ist die *glaubensvolle Erwartung, Gott wirken zu sehen.* Die ultimative Antwort auf die „Gott ist tot" - Bewegung ist es, den Heiligen Geist wirken zu sehen. Das ist eine Antwort, der man nichts mehr entgegensetzen kann. Ein Wirken des Heiligen Geistes kontert die „Gott ist tot" - Bewegung und proklamiert, dass dieser Gott, dieser „altmodische" Gott, an den wir glauben, immer noch lebt und immer noch retten, Menschenleben verändern und Wunder tun kann.

WO WAR DIE GEMEINDE IN DEN LETZTEN 2000 JAHREN?

Es geht darum, an einen *lebendigen* Gott, einen *wunderwirkenden* und *übernatürlichen* Gott zu glauben. Das ist es, was ich gelernt habe. Wir haben gesehen, dass das zwanzigste Jahrhundert für die Gemeinde sehr schwierig, aber nicht unmöglich war. Bei Gott sind alle Dinge möglich. Manche Türen haben sich geschlossen, während andere sich weit geöffnet haben. Lateinamerika hat sich geöffnet, wie wir bereits festgestellt haben. Später zeigte sich das auch an anderen, früher „verschlossenen" Regionen.

Auch wenn man es nicht in England beobachtet hat, auf der ganzen Welt wuchs die Gemeinde, selbst damals, Ende der 1960er Jahre. Ermutigend ist auch, dass die Bibel immer noch der Bestseller überhaupt war. Die Wycliffe-Bibelübersetzer, die 1933 ihre Arbeit begannen, haben hunderte von Sprachen in Angriff genommen. Es gibt weltweit über 3.600 Sprachen, und 1933 waren zirka 1.600 bewältigt. Unter dem Motto „Noch 2.000 Sprachen" sagten die Wycliffe-Bibelübersetzer damals: „Wir werden den Rest anpacken und sicherstellen, dass jeder das Wort Gottes in seiner eigenen Sprache lesen kann."

Ich habe in den 1960er Jahren festgestellt, dass Radio und Fernsehen im Vereinigten Königreich für Christen nicht im selben Ausmaß verfügbar waren wie anderswo, doch das hat sich seither dramatisch verändert – durch das Satelliten- und Kabelfernsehen und das Internet.

Vor allem gab es einen wachsenden missionarischen Eifer im Verlauf des zwanzigsten Jahrhunderts, der sich im einundzwanzigsten fortsetzt. Eigentlich steht Amerika hier an vorderster Front, und in gewisser Weise stimmt das auch. Großbritannien ist weltweit nicht mehr auf Platz eins, was die Aussendung von Missionaren und Finanzen betrifft, sondern Amerika. Doch zu den spannendsten Fakten des zwanzigsten Jahrhunderts gehört, dass die jüngeren Kirchen Afrikas, Asiens und Lateinamerikas missionsorientierte Gemeinden geworden sind, die ihre eigenen Missionare aussenden. Es veränderte das gesamte Modell der *China Inland Mission*, die ihr Hauptquartier von England nach Singapur verlegte, um Bürger ihrer dortigen Gemeinden in andere Länder zu schicken. Die Richtung war nicht länger nur von West nach Ost und von Nord nach Süd. Die Zeit war gekommen, dass Gläubige aus diesen Nationen in unser Land kamen, um den Heiden Englands von unserem Herrn Jesus Christus zu berichten, von dem diese noch nie etwas gehört hatten.

Kapitel 12

DIE GEMEINDE DER ZUKUNFT

Ende der 1960er Jahre traf ich viele pessimistische Christen, die meinten, die Gemeinde sei ein Auslaufmodell und das Christentum würde aussterben. Wie wir wissen, ist das nicht geschehen. Zu den Tatsachen, die mich am meisten ermutigen, gehört, dass die weltweite Verfügbarkeit der Bibel in so vielen Sprachen kontinuierlich zunimmt, genauso wie der Hunger nach Gottes Wort in der Bibel. Die Menschen wollen immer noch gute Nachrichten hören, weil es so viele schlechte gibt, und dieses Buch enthält *die* gute Nachricht.

Als die Urgemeinde auf ihre ersten Probleme stieß und einige Christen ins Gefängnis geworfen wurden, sagte einer der weisen Männer, der auf der Richterbank saß, um ihren Fall anzuhören: „Lasst diese Männer in diesem Fall in Ruhe. Denn wenn dieser Plan oder dieses Handeln von Menschen kommt, so wird es scheitern. Doch wenn es von Gott kommt, werdet ihr nicht in der Lage sein, sie zu überwinden. Sonst steht ihr noch als solche da, die gegen Gott kämpfen."

Das waren die Worte Gamaliels, und wir sollten sie beherzigen, während wir nach vorne schauen. Im Jahr 1900 glaubten die Menschen, dass die Kirche eines Tages alles übernehmen und die ganze Welt erreichen würde, sodass sich alle bekehrten und eine christliche Welt entstünde. Das war die überwiegende christliche Überzeugung um die Jahrtausendwende. Sie wurde von der Welle des Optimismus mitgerissen, dass sich das Britische Empire überall ausbreitete, und wenn Sie ein typisches Kirchenlied aus dieser Zeit hören, finden Sie diese sehr optimistische Sicht dort sehr deutlich wieder. Doch ich möchte ganz deutlich sagen, dass ich nicht glaube, dass dies jemals geschehen wird. Meine Hoffnung liegt nicht darin, dass die Gemeinde jeden Bewohner der Erde bekehren wird, und tatsächlich verlieren wir gerade die Schlacht mit der Bevölkerungsexplosion. Es gibt nicht viele Christen, die dieser Tage so positiv denken.

Während man also 1900 die Gemeinde auf dem Vormarsch sah, erklärten 1950 viele Menschen, die Kirche werde in Kürze aussterben – man nahm also die gegenteilige Sicht ein, die pessimistische Sicht, die davon ausgeht, die Kirche sei totgeweiht und am Ende. Ich stimme Ihnen zu, dass man so denken könnte, wenn man viele Kirchen besucht, aber es ist dennoch eine irrige Annahme.

Wir wenden uns nun den letzten Jahrzehnten zu und dann der Zukunft, die ich nicht mit Daten versehen kann. In ihr werden bestimmte Ereignisse innerhalb unserer Zeitrechnung stattfinden. Schließlich betrachten wir die ultimative Zukunft der Gemeinde in der Ewigkeit – jenseits unserer Zeitrechnung.

Ich könnte viel Zeit damit verbringen, über die Glaubenssätze oder das Verhalten der Gemeinde zu spekulieren. Hier kommen einige meiner Spekulationen. Ich glaube, die Kirche wird innerhalb unserer Zeitrechnung niemals sichtbar in einer Organisation vereint werden. Das erwarte ich nicht und ich glaube auch nicht, dass es geschehen kann.

Zweitens gehe ich davon aus, dass die Kirche sich weniger institutionell und weniger klerikal entwickeln wird. Ich erwarte, dass das künftige Christentum informell sein wird, möglicherweise ohne Gebäude und Geistliche mit besonderer Kleidung. Stattdessen werden Gemeinden spontan in Häusern entstehen, an Arbeitsplätzen, auf allen möglichen Wegen.

Ich glaube, dass die Führungsmacht der Kirche von der nördlichen auf die südliche Erdhalbkugel übergehen wird – und dass die Kirchen und Gemeinden, die traditionell das Evangelium und die Finanzen ausgesandt haben, zu Empfängern werden müssen, was sie tief demütigen wird.

Die Gemeinde in der Zukunft

Was den Glauben betrifft, betrachten wir die Dreiteilung, die ich vorgenommen haben, in katholisch, liberal und evangelikal (oder welche Bezeichnungen man auch immer verwendet; zum Beispiel werden Evangelikale manchmal Fundamentalisten genannt, während man Liberale neo-orthodox nennt) – doch wie immer die Bezeichnungen ausfallen, es gibt drei Gruppen. Ende der 1960er Jahre habe ich vorhergesagt, dass alle in der mittleren Gruppe oder die Hauptkirchenströmungen, nämlich die Anglikaner, Presbyter, Methodisten und Kongregationalisten dazu tendieren werden, sich viel enger zusammenzuschließen und sich tatsächlich in vielen Ländern zu vereinen – wie sie es in Kanada und Süd-Indien getan und es in Pakistan versucht haben – und in England, denn die Anglikaner und Methodisten führten miteinander Gespräche, genauso wie die Kongregationalisten und die Presbyter, die mittlerweile zur *United Reformed Church* (Geeinte Reformierte Kirche) geworden sind.

Ich habe auch gewagt vorherzusagen, dass dies keinen großen Unterschied bezüglich ihres Einflusses machen wird. Denn letztlich ist es die Wahrheit, die Einfluss ausübt, nicht die Einheit. Menschen bleiben nicht der Kirche fern, weil sie nicht geeint ist, sondern weil sie verunsichert sind, da sie keine klare Antwort erhalten (im Sinne von: „Das ist es, was wir glauben.").

Was klare Antworten betrifft, wird das Feld offen gesagt den Katholiken und den Evangelikalen überlassen bleiben – die einerseits erklären: „Das ist es, was die Kirche sagt", und andererseits: „Das ist es, was die Bibel sagt."

Ich glaube, wenn die Katholiken ihre Methoden anpassen (was sie gerade tun), werden sie wahrscheinlich an Boden gewinnen. Sie verlieren ihn zwar in Südeuropa, doch sie erzielen möglicherweise Gewinne in Nordeuropa und anderswo auf der Welt.

Die Evangelikalen werden gleichzeitig geeinter und gespaltener werden – aus mehreren Gründen. Ich glaube, dieser Trend wird sich in den kommenden Jahrzehnten noch deutlicher zeigen.

WO WAR DIE GEMEINDE IN DEN LETZTEN 2000 JAHREN?

All dies ist Spekulation und geht von einer großen Annahme aus: dass sich gegenwärtige Trends in dieselbe Richtung fortsetzen werden. Doch die eine Tatsache, die ich ausgelassen habe, ist die Möglichkeit, dass Gott der Heilige Geist eingreift, was alles bisher Gesagte komplett verändern könnte. Denn ich setze dem, was der Heilige Geist in jeder Kirche, in jeder Denomination, in jedem Land und in jeder Person tun kann, keine Grenzen. Aktuelle Trends können sich völlig umkehren. Das ist von Zeit zu Zeit in England geschehen, als der Heilige Geist Erweckung über unser Land ausgegossen hat und die Geschichte daraufhin ihren Lauf änderte. Bitten Sie Gott, dass wir zu unseren Lebzeiten erneut eine solche Erweckung sehen werden, wie wir sie schon erlebt haben. Doch lassen Sie es sich gesagt sein: Es wird nicht so kommen wie früher. Keine Erweckung wiederholt sich, und Sie müssen sehr aufmerksam beobachten, wo Gott wirkt, manchmal an höchst unerwarteten Orten und durch die unwahrscheinlichsten Personen.

Nach all diesen Ausführungen, die spekulativ sind und keinesfalls berücksichtigen können, was der Heilige Geist tun wird, möchte ich Ihnen noch einige Dinge weitergeben, derer ich mir sicher bin, weil Gott sie in seinem Wort festgeschrieben hat.

Erstens, das Evangelium wird jede Nation der Welt erreichen. Es gibt Christen auf jedem Kontinent, doch es gibt immer noch bestimmte Regionen der Welt, in denen erst vor Kurzem das Evangelium gepredigt wurde. Ich glaube, dass es Gottes Willen entspricht, dass jede Nation, jeder Stamm, jedes Volk und jede Sprachgruppe das Evangelium hören. Und wenn Gott dies will, wird es geschehen, und die Gemeinde wird es gemäß seinem Willen ausführen. Das heißt nicht, dass jeder sich bekehren wird, doch jeder wird es hören – und mit den modernen Massenkommunikationsmitteln glaube ich, dass es in Reichweite liegt.

Zweitens, er hat uns auch sehr deutlich gesagt, dass es einen großen Abfall geben wird, und dass die Liebe vieler Christen

Die Gemeinde in der Zukunft

erkalten wird – mit anderen Worten: eine Welt voller abtrünniger Christen. Ich halte das für einen unheilvollen und schrecklichen Gedanken, doch er steht in der Bibel, wo ich ihn nicht überlesen kann. England ist voller abtrünniger Christen! Gehen Sie raus auf die Straße und fragen Sie den Erstbesten, der Ihnen begegnet: „Waren Sie im Kindergottesdienst? Haben Sie als Kind von Jesus gehört?" Sie werden erstaunt sein, wie viele Menschen es gibt, deren Liebe erkaltet ist und die in ihrer Jugend einen guten Start hatten.

Warum? Aus vielen Gründen: falsche Lehren, eine pervertierte Sicht des Christentums, Prediger, die den Leuten nach dem Mund reden und Märchen erzählen, weil diese etwas Neues statt etwas Altes hören wollen.

Doch der wichtigste Grund dafür ist meine dritte biblische Vorhersage: Die Christenverfolgung wird immer mehr zunehmen. Es wird immer schwieriger werden, sich zu Jesus Christus zu bekennen, und die Gemeinde muss sich jetzt auf schwierige Zeiten einstellen. Es wird immer schwieriger werden, als Christ zu leben, während die Geschichte sich auf ihr katastrophales Ende zubewegt.

Soviel zur *unmittelbar* bevorstehenden Zukunft. Jetzt möchte ich über die *mittelfristige* Zukunft der Gemeinde sprechen. Was ist das nächste große Weltereignis? Es wird im Neuen Testament 300 Mal erwähnt – nicht das Kreuz, es liegt in der Vergangenheit, auch wenn es 300 Mal erwähnt wird, sondern die Wiederkunft unseres Herrn Jesus Christus auf diese Erde in körperlicher und sichtbarer Form – in einem Körper, der an seinen Händen und Füßen Nägelmale hat. Wenn dies geschieht, wird sich der Zustand der Gemeinde radikal wandeln.

Alle Christen, die das Wort Gottes lieben, glauben, dass Jesus Christus wiederkommt, und teilen denselben Glauben über den Tag, an dem er erscheinen wird. Doch sie sind gespalten (oder unterscheiden sich zumindest) in der Frage, was vor seinem Kommen geschehen muss und was danach passieren wird – und über diese beiden Punkte möchte ich kurz sprechen. Alles, was ich tun kann, ist Ihnen mein eigenes Verständnis mitzuteilen. Nach all den Jahren, in denen ich das Neue Testament studiert habe, kann ich Ihnen nur das sagen, was ich darin gefunden habe. Studieren Sie es selbst und schauen Sie, was *Sie* auf seinen Seiten finden werden.

Die drei Ereignisse, um die es hier geht, werden von vielen Christen mit technischen Bezeichnungen versehen: die Bedrängnis (oder Trübsal), die Entrückung und das Millennium. Wir sind uns einig, was die Entrückung betrifft. Es gibt einen Unterschied im Verständnis der Bedrängnis und unterschiedliche Meinungen zum Millennium. Ich will Ihnen nun erklären, was diese drei Begriffe bedeuten, und dabei den mittleren Begriff betonen und unterstreichen. An ihm sollten Sie Ihre Hoffnung festmachen.

Zunächst einmal die Trübsal – sie ist ein Begriff, den wir manchmal verwenden, „die große Trübsal" – diese biblische Bezeichnung beschreibt die wenigen letzten Jahre der Geschichte, in denen es schrecklich zugehen wird. Das englische Wort dafür, *tribulation,* kommt von *trouble,* d.h. Problem, und ist vom Lateinischen *tribulum* abgeleitet. Dieser Begriff wurde für einen Dreschschlitten verwendet, der auf der Unterseite mit eisernen Spitzen versehen war. Man fuhr mit ihm über das Getreide, um die Spreu vom Weizen zu trennen – und in der großen Trübsal werden Sie den Eindruck haben, dass alles Sie überfährt und in Stücke reißt. Die große Trübsal beschreibt also einige wenige Jahre am Ende der Geschichte, wenn alles schiefläuft – Jahre der Tyrannei mit einem Weltdiktator und einer Weltreligion, einem totalitären Staat, der im Austausch für Frieden und Sicherheit die Menschheit vollkommen für sich beansprucht, nicht nur körperlich, sondern auch mental und geistlich – und er tut dies, indem er die Anbetung des Diktators etabliert.

Wir haben diese Schrecken totalitärer Staaten bereits gesehen. Manche von uns haben sie durchlebt, und jeder totalitäre Staat

Die Gemeinde in der Zukunft

stürzt sein Volk früher oder später in Krieg und Leid. Multipliziert man dieses Phänomen auf globaler Ebene, dann erhält man das, was die Bibel als große Trübsal beschreibt. Ein Höhepunkt totalitärer Herrschaft, der die Menschen letztendlich in einen großen Krieg stürzen wird.

Es herrscht Uneinigkeit unter Christen, was während der großen Trübsal am Ende der Geschichte mit der Gemeinde geschehen wird. Viele aufrichtige Gläubige, die ich sehr respektiere, doch mit denen ich bei aller Liebe nicht übereinstimmen kann, glauben, dass die Gemeinde vor der großen Trübsal aus der Welt herausgenommen wird. Diese Ansicht entstand erst im neunzehnten Jahrhundert, und sie wurde von zwei Personen verbreitet: Edward Irving, einem Presbyter, und J.N. Darby, einem anglikanischen Geistlichen. J.N. Darby verbreitete sie unter allen Gruppen, die als *die Brüder* bekannt sind – und durch die Scofield Bible wurde diese Vorstellung auch an viele andere Christen weitergegeben. Ich kann nur sagen, dass ich sie nirgendwo in der Heiligen Schrift finden konnte – in der Scofield Bible jedoch schon; ich kann sie auch in Büchern vieler Autoren entdecken, doch ich habe noch nie jemanden getroffen, der allein durch sein Bibelstudium darauf gestoßen ist.

Andere glauben, dass die Gemeinde in der Hälfte der Trübsalszeit herausgenommen wird, während wieder andere meinen (ehrlich gesagt gehöre ich dazu), dass die Gemeinde diese Bedrängnis durchmachen wird. Jesus wird am Ende erscheinen und sie dann herausholen. Das ist mein persönliches Verständnis der Bibel. Der einzige Weg, um dieser Not zu entkommen, wird der Märtyrertod sein, so wie ich es verstehe.

Warum wird es nun eine solche Zeit der Bedrängnis für Gottes Volk geben? Die Antwort ist sehr einfach. Es gibt zwei Gruppen von Menschen, die einfach nicht in einen totalitären Staat passen: Juden und Christen. Sie sind die einzigen beiden Gruppen in totalitären Staaten der Vergangenheit, die gesagt haben: „Wir können keinen Menschen anbeten" – selbst wenn uns im Gegenzug Frieden und Sicherheit angeboten wird. Gottes Volk wird am meisten leiden, und ich persönlich glaube, dass die Gemeinde sich darauf vorbereiten und bereit sein muss, diese Not durchzumachen – genauso wie sie andere Bedrängnisse durchlitten und nach der Ankunft Jesu Christi Ausschau gehalten hat, der kommen wird, um seine Gemeinde zu retten und sie zu sich zu nehmen.

Sollten Sie anderer Meinung sein als ich, möge Gott Sie segnen, und lassen Sie uns in Liebe übereinstimmen, uns uneinig zu sein. Ich möchte Sie nur eindringlich bitten, keine Bibel mit Erläuterungen zu lesen, sondern sich vorbehaltlos dem Wort Gottes zuzuwenden und zu fragen: „Was sagt die Bibel?"

Doch was das zweite Phänomen in der mittelbaren Zukunft betrifft, kann ich dogmatischer sein: Es geht um die Entrückung. Was wird passieren, wenn Jesus zurückkommt? Ich sage Ihnen Folgendes: Sollten Sie noch nie geflogen sein, werden Sie es dann tun. Wie ich schon erwähnt habe, geht es um den lautesten Vers der Bibel. Die Posaune wird blasen, der Erzengel wird schreien, und der Herr wird mit einem lauten Ruf aus dem Himmel herabkommen. Dieser Ruf wird laut genug sein, um die Toten aufzuerwecken – und die Ersten, die ihm an jenem Tag begegnen werden, sind Menschen, die schon gestorben sind. Die zweite Gruppe, die ihn dann trifft, sind diejenigen, die noch leben. Das bedeutet, dass eine Generation von Christen niemals sterben wird. Für eine Gruppe von Christen wird es keine Beerdigungen mehr geben. Dieser Gedanke begeistert mich. Doch es ist auch ein ernüchternder Gedanke.

Ich erinnere mich noch an den Abschlussabend einer Großevangelisation von Billy Graham in Wembley. Als ich mich umschaute und die Menge von wahrscheinlich über 100.000 Christen und anderen Menschen betrachtete, die im dortigen Stadion Gott Loblieder sangen, dachte ich bei mir: Das ist eine große Versammlung, doch wie wird es dann dort oben in den Wolken mit Jesus sein? Jeder Christ, der jemals gelebt hat, wird

Die Gemeinde in der Zukunft

dabei sein! Es wird kein Stadion auf der Erde geben, das dafür groß genug ist, daher hat Jesus es so arrangiert, dass wir ihm in der Luft begegnen. Dort gibt es genug Platz. Stellen Sie sich die riesige Menge aus jeder Nation vor, aus den Toten, Menschen aus vergangenen Zeiten, alle in einer Versammlung. Das größte christliche Event, das je stattgefunden hat. Zudem wird es das längste überhaupt sein – Sie werden für immer beim Herrn sein. Doch die Bibel erinnert uns daran: Wer Christus in der Luft begegnet – was für eine anregende Erfahrung das sein wird, sogar körperlich – wer emporgehoben wird, um ihn zu treffen, wird andere zurücklassen. In einer der ernüchterndsten Aussagen, die er je gemacht hat, sagte Jesus: *„Zwei Frauen werden in einer Küche stehen – die eine wird gehen, während die andere zurückgelassen wird. Zwei Menschen werden im selben Bett liegen, und entweder der Ehemann oder die Ehefrau werden im Doppelbett allein bleiben."* Es wird ein außergewöhnlicher Tag sein, an dem Jesus die Gemeinde nach Hause holt. Darf ich Sie ernsthaft fragen, ob Sie sich ganz sicher sind, dass Sie zu dieser großen christlichen Versammlung am Ende der Geschichte dazugehören werden? Sie müssen sich dessen sicher sein. Selbst wenn Ihr Ehepartner sich sicher ist, heißt das noch lange nicht, dass Sie auch dabei sein werden. Sie mögen Ihren nichtgläubigen Ehepartner in einen Gottesdienst mitschleppen, doch Sie werden ihn nicht zu dieser Versammlung mitbringen können. „Einer wird genommen", sagte Jesus, „und der andere wird gelassen". Doch was für ein Anblick und was für ein Klang wird das sein, wenn wir den Herrn Jesus treffen. Aus diesem Grund steht auf dem Grabstein meines Großvaters: „Was für eine Versammlung!" – ein Kommentar, der Menschen verblüfft, die sich gerne Grabsteine anschauen.

Das dritte Phänomen, das ich im Zusammenhang mit der mittelfristigen Zukunft erwähnt habe, war das Millennium, ein lateinisches Wort, das eintausend Jahre bedeutet (ein Begriff, der auch dafür verwendet wird, heißt Chiliasmus, vom griechischen *chilia*). Das Neue Testament spricht von eintausend Jahren am

Ende der Geschichte, nach der Wiederkunft Christi, in denen er diese Welt regieren wird. Christen verstehen diese Zeit unterschiedlich. Manche glauben, es handle sich um eine rein symbolische Zahl, die keinen konkreten Zeitabschnitt beschreibt. Andere meinen, dass die Gemeinde diese tausend Jahre in Gang setzen wird, und dass Christus an ihrem Ende kommen wird. Wieder andere, zu denen auch ich gehöre, glauben, dass genau das gemeint ist, was dasteht. Es wird eine Zeit von eintausend Jahren sein, in der Christus zeigen wird, was er tun kann, wenn er diese Welt regiert. Diese unsere Welt sollte ursprünglich Gottes Welt sein. Der Teufel bekam sie zu fassen und regiert sie momentan. *„Wir wissen, dass wir zu Gott gehören, und die ganze Welt um uns herum wird vom Teufel beherrscht."* Jesus nannte den Teufel den „Gott dieser Welt". Er führt sie momentan. Wenn Sie wissen möchten, warum es Kriege gibt – es liegt daran, dass Satan die Welt beherrscht. Wenn Sie morgen einen Konflikt befrieden, wird es nächste Woche an anderer Stelle Krieg geben, weil er dafür verantwortlich ist. Wie kommt es, dass wir mit all unseren Ressourcen, all unserem Wissen, all unserer Wissenschaft und Bildung keine Welt schaffen können, in der wir unsere Kinder beruhigt aufwachsen sehen? Weil Satan die Welt beherrscht, genau aus diesem Grund.

Doch wie wunderbar könnte diese Welt aussehen, wenn Jesus sie regieren würde. Es würde Frieden geben, weil Gerechtigkeit herrscht. Wir hätten die Dinge, die wir eigentlich haben sollten. Eine Welt, in der sogar die Tiere nicht aufeinander Jagd machen. Ich glaube, dass Jesus am Ende der Geschichte zeigen wird, was er tun kann, wenn er die Herrschaft übernimmt. Ich glaube, eines Tages wird die Herrschaft auf seiner Schulter ruhen. Daher freue ich mich auf die mittelfristige Zukunft. Doch ich werde nicht mehr dazu sagen, außer zu betonen, dass ich genau diese Regierung meine, wenn ich bete: „Dein Reich komme, wie im Himmel, so auf Erden." Denn dieser Ausdruck „wie im Himmel, so auf Erden" bezieht sich auf die drei vorangegangenen Begriffe. „Geheiligt werden deine Namen, wie im Himmel so auf Erden. Dein Reich komme, wie im Himmel so auf Erden. Dein Wille geschehe, wie im Himmel so auf Erden." Er beschreibt alle drei, und ich glaube, dass es ein Königreich Christi geben wird, und dass alle Reiche dieser Welt zum Reich Jesu werden müssen – und dann kann er sie dem Vater zurückgeben, und Gott wird alles in allem sein.

Das bringt mich zu der ultimativen Zukunft, die danach kommt, die dritte große Phase in der Zukunft der Gemeinde. Überraschend wenig wird darüber gesagt, denn sie ist unvorstellbar!

Das Einzige, was ich dazu anmerken muss, ist: *„Was kein Auge jemals sah, was kein Ohr jemals hörte, und was sich kein Mensch vorstellen konnte, das hält Gott für die bereit, die ihn lieben."* Daher kann ich Ihnen nicht viel über die ultimative Zukunft sagen. Was ich Ihnen sagen kann, ist, dass sie so anders ist, wie zum Beispiel der Unterschied zwischen dem Verlobt- und dem Verheiratet-Sein. Es ist wunderbar, verlobt zu sein, verliebt zu sein. Doch verheiratet zu sein, das ist das Echte und Wahre. Dazu sagt Paulus: *„Ich habe euch mit Christus verlobt"*. Eines Tages wird es eine Hochzeit geben, und die Beziehung zu Christus im Himmel wird sich genauso von meiner jetzigen Beziehung zu ihm unterscheiden, wie meine Beziehung zu meiner Frau heute anders ist als zu unserer Verlobungszeit. Das ist etwas, worauf wir uns freuen sollten.

Sie werden im Himmel anbeten. Ich schäme mich dafür, wenn Menschen über die Länge eines Gottesdienstes meckern. Wenn ich an Baptisten in der früheren UdSSR denke, die in Moskau drei Stunden lang Gottesdienst feierten, und an Gemeinden im Nachkriegsdeutschland, ohne Dächer und Heizung, die sich bei zehn Grad unter null vier oder fünf Stunden lang versammelten... oder Menschen in Lateinamerika, die nach einem Gottesdienst nicht nach Hause gehen, sondern immer weitermachen wollen. Warum sagen wir dann in England: „Es dauert schon eine Stunde?"

Zuallererst möchte ich Ihnen sagen, dass Gott Sie aufgefordert hat, ihm einen Tag zu schenken, nicht nur ein paar Stunden. Einen Tag – und wenn Sie in den Himmel kommen, werden Sie ihn ununterbrochen anbeten. Wenn Sie den Herrn wirklich lieben, ist ewiger Lobpreis für Sie der Himmel. Das ist wirklich so, und jedes Mal, wenn Sie hier unten einen Vorgeschmack des Himmels erhaschen, könnten Sie einfach weitermachen, nicht wahr?

Sie werden ihn Tag und Nacht anbeten und ihm dienen. In 24-Stunden-Schichten! Beschweren Sie sich niemals, dass Sie zu viel für den Herrn tun, dass er ihnen zu viel auflädt. Dort oben werden Sie ihm Tag und Nacht dienen. Was für eine wunderbare Vorbereitung, hier für den Herrn so viel zu tun, wie Sie nur können, Tag und Nacht.

Ich weiß nicht, welchen Dienst wir dort ausüben werden. Die Details wurden mir nicht mitgeteilt. Ich weiß nur, dass ich nicht den ganzen Tag in einem Sessel sitzen werde, der mit „Ruhe in Frieden" bestickt ist. Ich werde etwas tun, nämlich Gott dienen sowie Tag und Nacht mit seiner Arbeit in seinem heiligen Tempel beschäftigt sein. Das wird ein höchst aktiver Ort sein. Tatsächlich so wunderbar, dass ich ihn einfach nicht beschreiben kann, genauso wenig wie Sie, selbst wenn Sie dort gewesen wären.

Paulus spricht davon „in den siebten Himmel versetzt" worden zu sein. Eine unvorstellbare Zukunft für die Gemeinde! Die Gemeinde schaut nicht auf die unmittelbare Zukunft und noch nicht einmal auf die mittelfristige. Sie blickt darüber hinaus und erklärt: Es gibt eine ultimative Zukunft mit einer neuen Welt – einem neuen Himmel und einer neuen Welt – und jeder Bewohner wird zur Gemeinde Christi gehören. Zum ersten Mal wird es etwas geben, an das ich schon immer geglaubt, jedoch noch nie gesehen habe: eine heilige, katholische (d.h. allumfassende) und apostolische Kirche, denn die Apostel werden dort in ihrer Mitte sein. Wie herrlich wird das sein!

Ich glaube, dass die Gemeinde als einzige menschliche Gesellschaft auf der Erde eine Zukunft hat – hauptsächlich, weil sie die einzige Gesellschaft der Erde ist, die nie auch nur ein einziges Mitglied durch den Tod verliert. Und sie ist die einzige irdische Gesellschaft, die jede Minute, jede Stunde, jeden Tag, jeden Monat, jedes Jahr, jedes Jahrzehnt, jedes Jahrhundert und jedes Millennium immer größer wird – seit Christus gesagt hat: *„Petrus, ich werde meine Gemeinde bauen."*

Es gibt drei christliche Tugenden: Glaube, der auf der Vergangenheit aufbaut, auf dem, was Gott bereits getan hat; Hoffnung, die auf die Zukunft baut und das, was Gott tun wird; und Liebe, die in der Gegenwart gegründet ist. Ein christlicher Lebensstil ist unausgewogen, wenn er stark im Glauben und sogar in der Liebe ist, doch schwach in der Hoffnung. In diesem Buch habe ich versucht, Ihre Hoffnung anzuregen. Für den Christen bedeutet das Wort „Hoffnung" nicht „Wunschdenken", wie es für viele andere Menschen der Fall ist. Es bedeutet vielmehr eine absolute Gewissheit im Blick auf die Zukunft.

Ich schließe mit den Worten eines großen Mannes, Bischof John Charles Ryle, dieses berühmten anglikanischen Bischofs von Liverpool aus vergangener Zeit. Er hat eine kleine Broschüre mit dem Titel *The True Church* (Die wahre Gemeinde) geschrieben, die er so beendet:

> *„Menschen erwägen, ob sie sich dieser oder jener Kirche anschließen, am Abendmahl teilnehmen oder bestimmte Formen und Riten praktizieren sollten, die alle ihre Seele ansprechen müssen. Das ist eine absolute Selbsttäuschung und ein schwerer Fehler. Beachten Sie, Sie mögen ein eingeschworener Anglikaner oder Presbyter, Kongregationalist, Baptist, Methodist oder Plymouth Bruder sein – und trotzdem nicht zur wahren Kirche gehören. Ist das der Fall, wäre es letztendlich besser, Sie wären nie geboren worden."*

www.ingramcontent.com/pod-product-compliance
Lightning Source LLC
Chambersburg PA
CBHW052022070526
44584CB00016B/1866